温州大學中文學科建設叢書

马略橡树
中西文化论札

金文兵 著

ZHEJIANG UNIVERSITY PRESS
浙江大学出版社

总　序

温州大学中国语言文学学科的历史文脉可以追溯到晚清学术大师、教育家孙诒让先生于1906年创建的温州师范学堂。在百年的历史积淀中，一代词宗夏承焘、戏曲宗匠王季思、经史学家周予同、古文字学家戴家祥、著名作家王西彦、敦煌学专家蒋礼鸿、戏曲学家徐朔方、九叶诗人唐湜等先贤曾在此求学或执教，为本学科铸就了深厚的人文底蕴。

斯文不坠，薪火相传。

进入21世纪以来，本学科广纳天下英才，发展态势喜人。2003年，文艺学、汉语言文字学两个二级学科及相关的民俗学获批硕士学位授权点。2010年，获批一级学科硕士学位授权点。2016年，成为浙江省"十三五"一流学科A类。2017年，学科下属"浙江传统戏曲研究与传承中心"成为浙江省哲学社会科学重点研究A类基地。2019年，与本学科紧密关联的汉语言文学专业成为首批国家级一流本科专业建设点。

目前，本学科已形成中国古代文学、中国古典文献学、文艺学、中国现当代文学、汉语言文字学等5个优势学科方向，戏曲研究、域外汉文献研究、文艺美学研究、汉藏语言比较研究、鲁迅研究、温州文学与文化研究等在海内外学界颇具影响力。其中，以南戏研究为龙头的传统戏曲研究，有力地支持了浙南区域文化建设；域外汉文献和东亚俗文学的对接研究以及汉藏语言比较研究，可以为"一带一路"的文化交流提供重要支撑；以文艺学为基础的审美文化研究，注重理论与实践的结合，拓展出语言诗学、神话美学、地域文学、媒介传播等特色方向。

回首来时路，瞻望未来梦。我们编纂本丛书，旨在集中推出一批高水平的学术成果，或继往开来，或引领潮流，或特色鲜明，打造温州大学中文学科品牌，续写新的历史篇章。

孙良好

目　录

第四辑

第五辑

第一辑

鲁迅的大学讲席经历

　　鲁迅自1920年[①]起先后在北京的几所高校兼课，而后南下厦门、广州，当了总计不到一年任期的教授。最终还是选择定居上海，结束了甚为不快的大学讲席生活。这段经历广为人知，不算复杂。但令笔者感兴趣的是：一、鲁迅为什么迟至1920年才开始他的大学讲席生活而且是兼职？二、鲁迅又为什么没有在大学的讲席位置上一直坐下去？

　　产生第一个疑问的原因其实很简单：一、辛亥革命之后，与鲁迅同在日本问学的章门弟子（如黄侃、朱希祖、钱玄同、朱宗莱等）或所谓的余杭人士（如马裕藻、沈尹默）先后于1913年、1914年进入北京大学。[②]初回国内的鲁迅与章门弟子一直保持着联系，在给许寿裳的信中就多次提及为章太炎集资刊刻《小学答问》事宜；而在章门弟子及其他余杭人士进京之后，也频有来往。鲁迅没有趁此时机进入大学而是寄身教育部，只能说另有缘由。二、1917年随着蔡元培入主北京大学，《新青年》的大本营也趁势搬了进来。陈独秀、胡适、刘半农，加上已在北大的钱玄同，刘半农所谓的《新青年》四大"台柱"，全部到齐。周作人也于该年进校任职。可以说，大学讲席之门再度向鲁迅敞开。

---

① 本书所涉日期，引文及括注依照原文，正文所述，公历纪年以阿拉伯数字表示，农历纪年以汉字表示，以示区分。
② 陈万雄.五四新文化的源流[M].北京：生活·读书·新知三联书店,1997:31-37.

正是这两次不无关联的机会，和鲁迅所拥有的章门弟子、余杭人士及《新青年》作者这三重身份，让一个似是而非的问题增添了不少意味。但真正将该段时间（1913—1917年）稍作比照便又不难发现，这些看似必然的机缘其实统统发生在鲁迅一心抄书辑古时期。鲁迅1912年经许寿裳推荐进入教育部。5月由南京转北京赴任，与许寿裳、钱稻孙交往频繁，日记中常常出现相互"招饮广和居"的记载。再度走出"越中棘地"的鲁迅，心情颇为快慰。而1913—1914年，也就是章门弟子、余杭派涌入北京大学期间，鲁迅的生活又重归沉寂。主要工作除了到部点卯之外，便是抄书辑古。与马幼渔、黄季刚、钱中季、朱遏先等虽然频有应酬，但心若古井，并无他想。

新文化运动前的鲁迅，正如《〈呐喊〉自序》所言，因为《新生》的流产，倍感未尝经验的无聊与悲哀。而他提及的"后来也亲历或旁观过几样更寂寞更悲哀的事"[①]，想必包括回国后三年郁郁不得志的地方教育经历。查阅鲁迅致许寿裳书信："他处有可容足在者不？仆不愿居越中也，留以年秒为度。"（一九一〇年七月十一日）"越中棘地不可居，倘得北行，意当较善乎？"（一九一一年正月八日）"闲居越中，与新颢气久不相接，未二载遽成村人，不足自悲悼耶。"（一九一一年闰六月初六日）[②]

初回国"未二载"，鲁迅便经历了杭州师范、绍兴府校两度失意的教习生活，教书职业也终究沦为"变米肉"的谋生手段。他致信许寿裳："师范收入意当菲薄，然教习却不可不为。"（一九一一年二月初七日）何谓"不可不为"？同信又云："起孟来书，谓尚欲略习法文，仆拟即速之返，缘法文不能变米肉也，使二年前而作此语，当自击，然今兹思想转变已如是，颇自闵叹也。"显然，两年前的鲁迅是耻于言"米肉"的；两年后的鲁迅这么说了，足见他对地方教育的

---

① 鲁迅. 鲁迅杂文全集 [M]. 郑州：河南人民出版社,1994:129.
② 鲁迅.《鲁迅书信集》：上、下卷 [M]. 北京：人民文学出版社,1976：5，8，12.

失望。鲁迅到底失望于什么？同日信中，有如下注脚："绍兴府校教员，今年颇聘得数人，刘楫先生亦在是，杭州师校学生则有祝颖……，是数人于学术颇可以自立，然太氏憧憧往来吴越间，不知何作。今无一存者。"人才的相继流失，使得鲁迅对于此间教育现状失望之极。他致信章廷谦："夫浙江之不能容纳人才，由来久矣，现今在外面混混的人，那一个不是曾被本省赶出来？"（一九二七年，七，二八）再一次重申了他对当地教育的不满。可以说，正是这近三年不甚如意的地方教习"碰壁"生活，构成了鲁迅离开浙江以及卜居京城专心抄书辑古的心理基础。既为抄书辑古，在哪不都一样呢？哀莫大过于心死，对于一个只想埋身故纸堆与碑石当中的人而言，"然以饭故"，也就沉寂地活着。

而后，随着蔡元培入主北京大学，《新青年》的主将相继进入北京大学，周作人也来了。但鲁迅似乎依然不为所动。他致信许寿裳："大学学生二千，大抵暮气甚深，蔡先生来，略与改革，似亦无大效。"（一九一九年一月十六日）可见一直到发表《狂人日记》的次年和终于兼课的头一年，鲁迅对于"太学堂"的前景也并不怎么乐观。后来尽管还是做了"教一两点钟的讲师"，但正如《我观北大》中所声明的，"我向来也不专以北大教员自居"[1]。此文作于1925年，是为北大二十七周年的纪念而写下的文字。时值章士钊出掌教育部，大搞"整顿学风"，使北大的改革务新呈现"勒转马头"之势。所以，借着这篇"命题作文"，鲁迅还是站出来为北大说了好话。北大之于鲁迅其实代表的是一种新的精神，除却了这种新精神，他在里面就只是一个没有名分可言的兼职讲师而已——这与他以沉寂之心做官、抄书又有何区别呢？鲁迅本人无意于"太学堂"教职，看来是很清楚的事了。周作人在《知堂回想录·琐屑的因缘》中，也一语道破了鲁迅"兼课"大学的偶然性。

这里面有个细节当值得注意，马幼渔早自1913年进京，常与鲁迅有走动，

---

[1]　鲁迅.鲁迅杂文全集[M].郑州：河南人民出版社,1994:179.

这在鲁迅日记里多有记载。如果鲁迅有意谋求讲席，当轮不到做弟弟的来让梨。周作人在《关于鲁迅》中也谈道，"豫才对于古小说虽然已有十几年的用力，（其动机当然还在小时候所读的书里）但因为不喜夸示，平常很少有人知道"①。这倒是实情。"亲历或旁观过几样更寂寞更悲哀的事"的鲁迅，早已无意事功，把更多的精力放在了辑佚、校勘和金石学方面。正如蔡元培在鲁迅去世后所总结的："鲁迅先生本受清代学者的濡染，所以他杂集会稽郡故书，校《嵇康集》，辑谢承《后汉书》，编汉碑帖、六朝墓志目录、六朝造像目录等，完全用清儒家法。"②他的这段抄书辑古生活，其实也不妨理解为"穷愁著书"。

鲁迅自己倒也说过，"古人所谓'穷愁著书'的话，是不大可靠的"（《"碰壁"之后》）③。所谓"穷愁著书"，一方面当然是为了沉寂度日。鲁迅后来主张"要少——或者竟不——看中国书"，就在于"看中国书时，总觉得就沉静下去，与实人生离开"④。但光看到或强调这一面，也是有欠公允的。鲁迅毕竟师出名门，学术上的耳濡目染，使他不单循守清儒家法，而是蹊径独辟，为后学开示法门。所以蔡元培先生对他评价极高，认为"打破清儒轻视小说之习惯；又金石学为自宋以来较发展之学，而未有注意于汉碑之图案者，鲁迅先生独注意于此项材料之搜罗；推而至于《引玉集》、《木刻纪程》、《北平笺谱》等等，均为旧时代的考据家赏鉴家所未曾著手"⑤。有意思的是，1912年前的鲁迅积极用事，而1912年后近十年间的鲁迅倒更像个遗民——抄书辑古，孑然于世。他在民国元年的年底书帐上曾附注一笔，聊以自嘲："今人处世不必读书，而我辈复无购书之力，尚复月掷二十余金，收拾破书数册以自怡说，也可笑叹人也。"⑥

① 钟叔河 . 周作人文类编：第 10 卷 [M]. 长沙：湖南文艺出版社 ,1998:180.
② 蔡元培 . 黑暗与光明的消长 [M]. 北京：东方出版社 ,1998:270.
③ 鲁迅 . 鲁迅杂文全集 [M]. 郑州：河南人民出版社 ,1994:152.
④ 鲁迅 . 鲁迅杂文全集 [M]. 郑州：河南人民出版社 ,1994:135.
⑤ 蔡元培 . 黑暗与光明的消长 [M]. 北京：东方出版社 ,1998:270.
⑥ 鲁迅 . 鲁迅全集：第 14 卷 [M]. 北京：人民文学出版社 ,1982:38.

周作人把归国后的鲁迅分为两期，"上期重在辑录研究，下期重在创作，可是精神还是一贯，用旧话来说可云不求闻达"①。用"不求闻达"来概括鲁迅的辑录与创作，可谓知兄莫过于弟。即便是重在创作时期，抄书辑古仍然构成着鲁迅的一种不变的生活方式，以至鲁迅在被增聘为北大研究所国学门委员会委员之后，与胡适的交往日见频繁起来。两位新文化运动的主将，在"革命"之初虽然一致联手对外，但并无甚交情；时过境迁，反在学术的酬唱中有了"知遇"之感，真是有趣得很。

关于"国学"，鲁迅的态度其实并非如想象的那样偏激。1922年他相继写了《估〈学衡〉》《所谓"国学"》《"以震其艰深"》等杂感，可以看出他其实反感的只是"于旧学并无门径"的冒牌货，而对于真正国学家与真正国学书则是赞誉有加的——"中国有一部《流沙坠简》，印了将有十年了。要谈国学，那才可以算一种研究国学的书。开首有一篇长序，是王国维先生做的。要谈国学，他那才可以算一个研究国学的人物"②（《不懂的音译》）。言语之中不难看出，国学在他心目中真正的地位。

当然，一再强调鲁迅的不求闻达、穷愁著书，并非有意削弱他在新文学中的启蒙地位。但有一点也是不容忽视的，即以鲁迅"勤苦作事"的作风，他作为"学者"的大贡献不应该只停留在一部《中国小说史略》上。真正把鲁迅从清寂书斋中赶出来的，只能说是1925年发生的女师大风潮。而次年发生的"三一八"惨案更是直接将他逼出了北京城。自1926年7月底应厦门大学聘，担任国文系教授兼国学院研究教授，至1927年4月辞去中山大学一切职务，在白云楼闭门不出，历时九个月。鲁迅这才真正意义上进入大学，堂堂正正做起了教授，名副其实当起了学者。所谓"堂堂正正"，是因为曾遭到过"教一两

---

① 钟叔河.周作人文类编：第10卷[M].长沙：湖南文艺出版社,1998:180.

② 鲁迅.鲁迅杂文全集[M].郑州：河南人民出版社,1994:124.

点钟的讲师"和"北大派"之类的攻击。鲁迅在"太学堂"兼课，有教授推出"教一两点钟的讲师"不配与闻校事的名论，以至有了《我观北大》中"我向来也不专以北大教员自居"的声明。所谓"名副其实"，又是因为在女师大风潮时有人指责他"没有学者的态度"。对于"学者"这个"体面"的名称，鲁迅在文中多有调侃的意味。其实，对于真正学术或真正学者的真正态度，鲁迅在评价《流沙坠简》与王国维时已有表态，无须赘述。而对待不学无术的冒牌货，鲁迅一贯是很不屑的。他在《杂论管闲事·做学问·灰色等》中就"油滑"了一番："现在的留学生是多多，多多了，但我总疑心他们大部分是在外国租了房子，关起门来炖牛肉吃的，而且在东京实在也看见过。那时我想：炖牛肉吃，在中国就可以，何必路远迢迢，跑到外国来呢？……所以，我看见回国的学者，头两年穿洋服，后来穿皮袍，昂头而走的，总疑心他是在外国亲手炖过几年牛肉的人物，而且即使有了什么事，连'佛脚'也未必肯抱的。"[1]这很让人联想起《藤野先生》一文中清国留学生的"标致"画像。

应该说，在学问上鲁迅是很看重真才实学，也是自视甚高的。除了已有的一本《中国小说史略》，他也说过，"如果使我研究一种关于中国文学的事，一定也可以说出别人没有见到的话来"[2]。事实上，正是他的这种一贯的不肯迁就我行我素的"学者的态度"，让他总计不到一年的南下大学教习生活，变得非常糟糕："这两年来，我在北京被'正人君子'杀退，逃到海边；之后，又被'学者'之流杀退，逃到另外一个海边；之后，又被'学者'之流杀退，逃到一间西晒的楼上，满身痱子，有如荔皮。"[3]（《而已集·革"首领"》）这话写于1927年9月9日的广州白云楼，大有戏谑的意味。倘若把第二个"之后"置换一下，就更能体现出命运的乖舛了——之后，又被"学者"之流杀退，逃到的还

---

① 鲁迅.鲁迅杂文全集 [M].郑州：河南人民出版社,1994:190.

② 鲁迅.两地书·原信 [M].北京：中国青年出版社,2005:169.

③ 鲁迅.鲁迅杂文全集 [M].郑州：河南人民出版社,1994:281.

是一个海边——上海。

"走'人生'的长途，最易遇到的有两大难关。其一是'歧路'，倘是墨翟先生，相传是恸哭而返的。但我不哭也不返，先在歧路头坐下，歇一会，或者睡一觉，于是选一条似乎可走的路再走，……其二便是'穷途'了，听说阮籍先生也大哭而回，我却也像在歧路上的办法一样，还是跨进去，在刺丛里姑且走走。"①

这是鲁迅心迹自剖。身为"过客"的鲁迅，经历了从绍兴到南京，再从南京到东京；而后又返回绍兴、南京，再往北京的多重变故。所以才有了关于"歧路"与"穷途"的感慨。鲁迅避难厦门时的想法大致是教书，不过也有做点学问的念头。他所谓"如果使我研究一种关于中国文学的事"，指的是后来未完成的《中国文学史》和根本来不及着手的《中国字体发达史》。1926年年末已辞职的鲁迅还致信李小峰："你大约还不知道底细，我最初的主意，倒的确想在这里住两年，除教书之外，还希望将先前集成的《汉画象考》和《古小说钩沈》印出。"但厦门大学带给鲁迅的依然是失望："此地很无聊，肚子不饿而头痛。我本想在此关门读书一两年，现在知道已属空想。"（一九二七年一月十二日致翟永坤信）"总之这是一个不死不活的学校，大部分是许多坏人，在骗取陈嘉庚之钱而分之，学课如何，全所不顾。且盛行妾妇之道，'学者'屈膝于银子面前之丑态，真是好看，然而难受。"（一九二七年一月八日致韦素园信）学者们围绕着金钱大行妾妇之道，兼之人事的倾轧，让鲁迅非常失望。第二年年初便转往广州中山大学。又因不满文学院长傅斯年聘顾颉刚来校任教而辞职。可以说，正是对于所谓"学者"的一贯不屑态度，对于人事的不肯迁就个性，以及对于日趋体制化官僚化的大学大行"妾妇之道"的失望之情，注定了鲁迅的大学之路已走到尽头。在广州白云楼闭门不出的几个月，正是他面对歧

① 鲁迅.两地书·原信[M].北京：中国青年出版社,2005:5.

路的老办法：不哭也不返，先在歧路头坐下，选一条似乎可走的路再走。

然而，可走的路在哪儿呢？除了日本，他把自己所走过的地方全都权衡了一遍。浙江是不行的，尽管当时的浙江在筹建大学，正值用人之际，但"浙江之不能容纳人才，由来久矣"；"自钱肃武王的时代起，就灰心了"（一九二七年七月十七日致章廷谦信）。南京和浙江一样，"在浙与宁，吃饭必更费力也，……南京也有人来叫我去编什么期刊，我已谢绝了"（一九二七年七月十八日致章廷谦信）。北京也不行，"想起北京来，觉得也并不坏……大约回去也并不妨。不过有几个学生，因为是我的学生，所以学校未进妥……。我想陪着他们暂时漂流，到他们有书读了，我再静下来"（一九二七年九月十九日致瞿永坤信）；"凤举说燕大要我去教书，已经回复他了，我大约还须漂流几天"（一九二七年九月十九日致章廷谦信）。看来，剩下的只有未尝经验的上海了。"我先到上海，无非想寻一点饭，但政、教两界，我想不涉足，因为实在外行，莫名其妙。也许翻译一点东西卖卖罢。"（一九二七年九月十九日致瞿永坤信）

上海是鲁迅人生的最后一站，除了做些演讲，和大学之间的关系就基本宣告结束。在他本无意谋食而又"不可不为"的大学讲席上，鲁迅一待八年，终是没有一条道走到黑。唯一的解释只能是，道不同不足与谋——习惯了我行我素只管埋头做事的鲁迅，对于政教两界的污浊实在外行而"莫名其妙"。倒是南下的两年漂泊生活，让鲁迅把教书做研究与做文学家的关系理清楚了。在1926年致李小峰信中就曾抱怨："然而编了讲义来吃饭，吃了饭来编讲义，可也觉得未免近于无聊。别的学者们教授们又作别论，从我们平常人看来，教书和写东西是势不两立的，或者死心塌地地教书，或者发狂变死地写东西，一个人走不了方向不同的两条路。"次年7月在广州知用中学的演讲中也提到："现在有几个做文章的人，有时也确去做教授，但这是因为中国创作不值钱，养不活自己的缘故。……别人我不知道，我自己的短篇寄给大书铺，每篇卖过二十元。当然要寻别的事，例如教书，讲文学。研究是要用理智，要冷静的，而创作须情感，……这也是职业和嗜好不能合一的苦处。苦倒也罢了，结果还是什么都弄不好。"①（《读书杂谈》）在北京的鲁迅，因为有"官饷"，又是兼课，得以有闲抄书辑古，写写文章，可以说职业与嗜好全不耽搁。而到了专职教书，吃饭是不成为问题，但远没有了先前的"自由"，一不小心还会卷入人事的旋涡，于写文章和做研究两不讨好。所以，结束大学教席选择去上海卖文章，实为权衡之举。

说到教书做研究和做文学家，鲁迅并不是以新文学家身份跻身大学的第一人。开此先例者当为胡适、刘半农。胡适尽管被很多人视为因倡导文学而暴得大名，年纪轻轻便做了北大的教授，但他毕竟有洋博士的头衔，在学术上也下过功夫，所以走得很顺利。刘半农则不一样，靠写"红男绿女"小说出的名，又因为在上海沾染了不少洋场少年的习气，所以颇为"绅士派"所不齿。不得已只好跑去国外，拿了个国家博士学位回来，才算一吐恶气，做稳了教授。后来的新文学家为了生计也多有进大学教书的，但除了有洋学位的都做得很辛苦，尤其所教又是新文学课程的，像朱自清、沈从文等，就颇受非议、排挤。对于那一代乃至几代知识分子而言，突然少了传统科举的晋身之阶，文化又断裂得厉害，再加上受了各色主义或主张的影响，要确立起一个清晰的社会身份与稳固的社会地位都是极不容易的。新文化运动的兴起，虽然提供了一个相对具有聚合力的以高校为依托的公共舆论空间，但毕竟遭逢乱世，风雨飘摇中谋生总是第一位的。如果说新文化运动之初，借便于蔡元培革新校务、兼蓄并包的思想，大学之于文学家是一个自由言说的场所，那么在经历了"三一八"惨案及国民党"清党"事件之后，大学之于文学家就只是一个避难所——朱自清、闻一多便是在这样的背景中逐渐由"向外走"转而"向内走"的："在国学里找着了一个题目，开始像小儿的学步"，虽然"这正是望'死路'上

---

① 鲁迅.鲁迅杂文全集[M].郑州：河南人民出版社,1994:271.

走"，但"这是个更安全的逃避所。所以我猜，此后的参加者或者还要多起来的"。①1928年，而立之年的朱自清这么慨叹着总结自己，并猜想着未来。事实上，躲进国学里的"参加者"不仅多起来了，而且是越来越多。可见，行走在人生的"歧路"与"穷途"，其实是几代知识分子"走异路，逃异地"的一个缩影。只不过，结局就像个围城，有人进来了，也有人还是冲了出去。

就鲁迅的抉择而言，他是冲出来中的一个清醒者。他在大学讲堂几进几出的经历，其实也代表着社会转型时期知识分子的身份认同问题。现代大学在创建初期依赖新派人士引导风气，促成了新文化运动的风云人物聚集大学——蔡元培先生主政的北京大学既开此先例，也树立了范例；但随着现代大学在机制上的逐渐完善，其体制化的弊端也就完全暴露出来。这样大学由一个兼蓄并包畅所欲言的自由公共舆论空间，逐渐演进为一个争权逐利滋长"妾妇之道"的机制化、官僚化场所。而所谓社会转型时期知识分子的身份认同问题，就是指大学在经历了机制上的转型之后，日益丧失了它在政治参与和文化批判上的功能，从而导致现代知识分子在学院身份的认同问题上开始产生了怀疑。鲁迅在大学讲堂几进几出的曲折，固然存在来自政治、人事及个性诸方面的因素；但逃离已经完全机制化官僚化的大学体制，也不能不说是一个值得思考的角度。正如他在《我观北大》中所总结的，北大代表着一种常新、向上的精神。丧失了这种"常为新的，改进的运动的先锋"②精神，大学的意义又何在呢？所以我们也可以说，鲁迅与北京大学的两度失缘，以及在大学讲堂几进几出的经历，实质上代表着社会转型时期现代中国"公共知识分子"③的一种不妥协行为，具有很强的时代象征意义。

（原载《温州师范学院学报》2005年第6期，题名有改动）

① 郭良夫.完美的人格[M].北京：生活·读书·新知三联书店，1987:226~227.
② 鲁迅.鲁迅杂文全集[M].郑州：河南人民出版社，1994:179.
③ 拉塞尔·雅各比.最后的知识分子[M].南京：江苏人民出版社，2002.

岑寂之中见性情

——施蛰存在1962—1965年

1962—1965年对于中国的一些不合时宜的文人而言，注定是一段岑寂的日子。无论是沈从文的惶然不安，蜷身故宫；还是施蛰存的闲寂终日，与金石为伴。如果说孤独无望的沈从文只能在古代服饰研究中寻找慰藉，那么施蛰存也只有沉迷碑拓搜集工作，竟日不辍。最终前者奉献出的是沉甸甸的《中国古代服饰研究》，后者则为《唐碑百选》《北山楼集古录》等十多种金石学著作。对于那段历史人们早已习惯了健忘，对于他们所做过的工作也是当然地和故纸堆联系在一起，从而没有人能够体察到他们在那段日子里的内心真实感受。在这个意义上，《施蛰存日记》尤其是《闲寂日记》的出版为我们提供了一份心灵的实录。

读施先生从容简约的《闲寂日记》，我们看到的是一个宠辱不惊的老人，在按照自己的方式接洽着命运的安排。除了闲寂，几乎看不出失意的现实给他带来更多的影响。蛰居北山楼的老人，在他自诩的"四窗"中单单把创作之窗谨慎关上，但依然只手撑起另外三扇窗，在金石学、外国文学、古典诗词领域自得其乐。严格讲，他以小说为主的文学创作早自1937年就已终止，转而致力于古代文学的教学与研究。新中国成立后的五六年间，又做了大量的文学翻译工作。到20世纪50年代末至60年代，就只剩下古籍和碑拓成为他终日摩挲、赏玩的手边之物。他在金石学方面的成就，也主要得益于该时期。

这从《闲寂日记》里可以看得很清楚。或玩碑，或抄碑，或撰碑跋，或访碑购碑，竟日不辍，心无旁骛，几乎就构成了他在闲寂日子里生活的全部。而得碑之喜，玩碑之乐，也是情不自禁，跃然纸上。

1964年5月23日得老友李白凤寄自河南的拓片，乃欣然记上一笔："一日之内得碑十七种，摩挲至深夜，殊不觉倦。"而查阅1963年和1965年元旦的日记，能够排遣岑寂或聊以自慰的也只有碑拓。

> 晨起，独坐小室，殊岑寂。检去年所购碑本，凡唐碑十，唐墓志七，晋碑一。五年以来，去年所得最少。自朵云轩停止供应碑版拓片后，上海无地可得此物矣。郭休碑求之多年，近始得之，虽非佳拓，矣自足珍。（1963年）

> 尽日玩碑为乐，展阅所得旧拓西狭颂，下有望三益斋印，又盱眙吴氏珍藏印，始知此是吴仲宣（棠）故物，去自今亦百余年矣。（1965年）

集碑对于一个闲居的老人而言，是一种兴趣与安慰，但也是一种奢侈。在购买碑片和与碑片有关的古籍时，遇到手头窘迫，或只有慨然放弃，或欠下债务。放弃当然是很无奈的事情，而欠下的钱款总是要还的。这时他能做的是卖书。卖掉手头用不上的书，买回自己想要的书，或者偿还购碑之债，这在《闲寂日记》里常有记载。如在1965年12月15日，"卖去西书卅四本，得五十元，将以付千帆碑价"。虽是寥寥几笔，其实从中也不难管窥到当时文人的一种生活实况。

1964年2月8日，施先生就又写到"卖去西书四十六本，得四十元，聊以卒岁”的事实。而次年除夕，"怀中仅余二元"（1965年2月1日）。对于岁末年初的囊中羞涩，施先生戏言："昔罗瘿公甲子卒岁仅余一元，余已较胜之矣。"据施先生的自我估算，他的西书收藏量当在两千册之上，"十之九皆英文本"（1963年4月24日）。这些书除了抗战时期毁于兵灾四五百册外，"近年来陆续斥售者凡六七百册"。数字不可谓不惊人，以至于二十多年后研究20世纪三四十年代上海都市文化的李欧梵先生，还在旧书市场淘得施先生的不少藏书。

单从石刻收藏的角度来看，《闲寂日记》无疑是一部金石学研究的重要资料。但它所包含的又绝对不只是这些。施先生对日记文体有自己独到的理解，甚至可以说偏爱。早在1934年，他就编译过一本包括托尔斯泰、曼斯菲尔德、乔治·桑、高更等在内的外国近代文人日记，认为它们均是最个人化的美文作品。而后，他又在《十年治学方法实录》一文中高度赞誉夏承焘先生的《天风阁学词日记》，"可以目为'词林外史'，还可以入《今世说》"。他在对中国文人日记进行历史性概述的基础上，认为日记文学具有文学性与史料性的双重价值。

但施先生不喜欢《求阙斋日记》《越缦堂日记》之类"早已意识到将来的读者"的日记，他喜欢的是《湘绮楼日记》《缘督庐日记》这种"为自己而记"的日记。施先生的《闲寂日记》就保留着后者的遗风，翻读它不仅可以获得某种见识，还可以看到一个文人的心境与性情。其记录集碑经历的文字，也可以做如是观；而另有一些文字，看似寥寥闲笔，实则也是别有意味。除了碑拓，施先生还在日记里用轻简的文字记录着与亲友之间的活动，让我们看到了他在书斋之外的日常生活。比如和妻子的相濡以沫，对子女的牵挂之情。因为历史的原因，自己蛰居在家，而子女则是天各一方，有的远在新疆，有的孤身西南边陲，以致有个病痛，也只能老夫妻俩互相照应，搀扶就医。而作为对子女的一种挂念性文字，日记里惜墨如金，只是就子女何时来何时走，或何日得信何日复信，草草记上一笔。只有读1963年8月4日的日记，才能体会到一个做父亲的真实心情："迈儿成婚，家下无余屋可作洞房，因假雷君彦丈家小楼一角为临时合卺之所。今日迈儿假满去南宁，计新婚休假只二周耳。婚事草草如此，亦可兴慨。"

另外在1964年12月8日，施先生六十寿辰。上日记载："明日为余六十生辰，儿媳辈为治庖，晚间暖寿，颇不寂寞，惜诸子均不在耳。"当日又记："自念入世匆匆六十春秋，多在刀兵水旱政治纷乱中过却，可谓生不逢辰矣。"这是日记中仅有的一次对命运发出慨叹！多少让人联想起他的小说《妻之生辰》中主人公的影子，算是闲寂生活中又一种心理写照。但总体上看，施先生还是一个身处乱世、处变不惊的人。每逢传统的纪念性日子，比如儿子成婚、自己和老伴的寿辰，还有冬至作供、老人忌日、重五熏术藟饮雄黄酒、赴杭州西湖边祭祖等，他也会按着旧俗去做，然后记上一笔。在他处理日常生活的迎来送往当中，完全显示出来一种从容不迫的作风。所以读他的日记，就会有闲寂、简约之感。其实这本身也正代表着一个历经磨难的老人面对现实时所保有的从容处世态度。

至于和朋友之间的交往，日记里记录最多。施先生首先是一个创作型文人，然后才是一个研究型学者。这决定了他的性格比较外向，喜欢结交朋友，而不是深居简出，苦坐书斋。早年他和戴望舒、杜衡、刘呐鸥、叶灵凤、姚蓬子等沪上文人，乃至从北京南下上海的冯雪峰、沈从文等，都有过不浅的交情。这种圈子里的交往对他进行文学创作、主持刊物等都起到过重要的帮助作用。可以说在余暇里寻访寻访朋友，是施先生日常生活当中的一种习惯或乐趣。这一点，无论是读他的《同仇日记》，还是读《闲寂日记》，都不难发现到。战乱时期他是如此，敢于冒着空袭之险在上海的里弄串门；政治敏感的时代里，他也一点没变，还是乐于找好朋友稍聚聊天。清寂之余，他和程千帆、沈祖棻、叶灵凤、启功、李白凤，和郑逸梅、金性尧、周煦良、孔令俊、张静庐等朋友之间，或是书函问候，或是登门造访。这既是他的一种秉性，也可以看作文人间的一种交游传统。和朋友之间的来往交流，一来可以获得一些外面世界的信息，二来也可以借此机会把自己从幽闭的环境里放出来，散散步，透透气，或者换个好的心情。在日记里，施先生对于外面听来的消息往往会注上一笔，而对和朋友间的具体谈话内容则隐而不论。其实施先生很健谈，和朋友聊上一两个小时，也只能算小谈。这除了说明他知识渊博之外，还可以看出他是一个很具识见的人。在知人论事方面，往往出语精当，自成一家之言。所谓知无不言，言无不尽，当是他的又一脾性。凡读过他的奇文《一人一书》者，对此当不会有所异议。

而在交友上，施先生也保持着这种一以贯之的坦荡率直性格。读《闲寂日记》，我们会发现他去邵洵美、韩侍桁家走动较多。邵洵美当年在上海滩是个颓废的浮浪文人，富家产，留过洋，著有唯美主义诗集《花一般的罪恶》；而韩侍桁主要从事过文学的译介与评论工作，曾被鲁迅划入"第三种人"行列。他们和施先生一样，走的基本都是和左翼作家相异的"纯文学"路子，新中国成立后遭遇新政权的冷落也就一点不意外。在一个政治气候异常敏感的时代里，像邵洵美、韩侍桁之类的失意人物，一般人避之且唯恐不及，但从施先生的日记来看，他与二位的来往一如既往。或坐而小谈，或借还书籍，可谓无拘无忌。这一点是那个时代里重势利的风派人物远所不及的，也可说明施先生是个顾念旧情、胸怀坦荡之人。

施先生不仅重情，而且尚义。从这层意义上读《闲寂日记》，还可以看出他的某种急公好义之举。其松江乡贤、前辈诗家姚鹓雏老先生，遗稿十六本。施先生得之，便把编定工作视为己责。其实这时候的施先生自己尚且境遇不妙，右派的帽子是摘了，但"禁锢未解"，送审中华书局的《水经注碑录》，被全稿退回（1962年12月10日）。然而他还是着手了这项工作。"鹓公诗尚不亟谋刊行，零落堪虞，此固后辈之责也，余当力为图之。"（1963年2月24日）这种不遗余力尽乡里之谊后学之责的心迹，诚可为之做一叹！笔者1995年因写作现代文学专业的硕士论文，经华东师范大学的陈文华老师（施先生的硕士研究生，《昭苏日记》中常有提及）引见，与施先生在他的愚园路寓所幸得一面之缘。闲谈之中，他得知我来自南京大学，便询问起已故曲学专家钱南扬先生的遗稿整理出版情况。施先生与钱先生当年同在松江中学执教过，算是故交。钱先生早年求学东南大学（今南京大学前身）国文系，师从曲学大师吴梅先生专事南戏研究。从1959年起回南京大学执教，1987年故世，著有《宋元南戏百一录》《宋元戏文辑佚》《戏文概论》《元本琵琶记校注》《永乐大典戏文三种校注》等。因我对钱先生的遗稿整理工作也不清楚，答应回去细问。后来施先生在一封复函中又再三嘱托："我希望你向南大中文系任曲学的老师反映一下我的期望，为钱南扬编一个全集，你们南大是曲学的发源地。"（1995年11月15日致笔者信）话虽不多，却语重心长。施先生的这种不遗余力尽朋友之谊学术之责的心迹，诚又可做一叹！

前后二事，世事变迁，施先生的境遇已不可同日而语。但他宠辱不惊，不以物喜，不以己悲，体现出来的依然是一贯的做人本色。"年轻时，一家一家的去看朋友聊天。现在年老了，朋友一个一个的去世，不再是一家一家的去，而是一个公墓又一个公墓的去访问朋友了。"施先生曾引用英国诗人苔微思的诗句表达自己对已故朋友的怀念之情。劫后昭苏的他在走出闲寂的日子之后，除了学术工作，做得最为忙碌和认真的事情便是以文祭奠故人，以及关心故人的文稿整理出版事宜，从而尽可能做到还他们以清白，付他们以公允的评价。对于喜爱寻访朋友的施先生而言，这已是另一种与朋友谋面的方式。但无疑也是最见心性的一种方式。

现在施先生自己也走了。他曾说过，他的老朋友都走了，只剩下他了。言下之意，他要找朋友们叙旧去了。

（原载《读书》2004年第11期）

前尘旧梦燕自知

——重读《燕知草》

二序一跋《燕知草》

俞平伯与西湖的最早关系，自然是缘起于他的曾祖俞樾以及那幢联结着两个世纪荣悴的俞楼。在"他处处在写杭州，而所着眼的处处不是杭州"的《燕知草》中，俞楼固然不可不提，但说及更多更见情愫的还是同游的人。这层机关，写序的朱自清早就说破——"你看，这书里所写的，几乎只是和平伯有着几重亲的H君的一家人——平伯夫人也在内；就这几个人，给他一种温暖浓郁的氛围气。他依恋杭州的根源在此，他写这本书的感兴，其实也在此。就是那《塔砖歌》与《陀罗尼经歌》虽像在发挥着'历史癖与考据癖'，也还是以H君为中心的。"这话出自挚友之口，自然是不会错的。然而检读全书，有一点还是值得旧话重提的。那就是于"温暖浓郁的氛围气"之外，文字里其实更多怅惘与幻灭的气象。

朱先生也说过，"'杭州城里'在我们看，除了吴山，竟没有一毫可留恋的地方。像清河坊城站，终日是喧闻的市声，想起来只会头晕罢了；居然也能引出平伯那样怅惘的文字来，乍看真有些不可思议似的"。那么，这种弥漫在文字里的"独立小桥风满袖，平林新月人归后"的怅惘心情，到底又从何而起呢？怕不是仅仅来自同在同游的H君一家吧。冒昧想来，在这"同在的人"里，应当还有萦绕在作者心里挥之不去的先曾祖在。朱先生当然清楚俞家的文脉，只是以朱先生为人之谨严端方，是不肯妄作推断的。即便是老辣的周作人，在跋文里也是言辞闪烁，点到即止，只是把作者"写平伯多杭州少"的文字，与陶庵公的《琅嬛文集》相比，认为"各占一个时代的地位"。有此一比，再将它与俞平伯重刊《陶庵梦忆》联系起来看，说俞平伯写杭州西湖别寄幽怀，而不单单是局限于现世的生活做优游的文字，也算不得无稽之谈。

正如周作人在《陶庵梦忆》重刊序言里所云："对于'现在'，大家总有点不满足，而且此身在情景之中，总是有点迷惘似的，没有玩味的余暇。所以人多有逃现世之倾向，觉得只有梦想或是回忆是最甜美的世界。"张宗子的遗民文字如此，那么作为世家子弟的俞平伯流连于杭州湖山之间，想必也是感同身受的。从《燕知草》序跋和《陶庵梦忆》重刊序言来看，认为俞平伯学张宗子，借杭州西湖委曲述怀抒发身世荣衰之感，便可以说得通了，所谓"鸡鸣枕上，夜气方回，因想余生平，繁华靡丽，过眼皆空,五十年来，总成一梦"而已。对于俞平伯而言，往事"繁华靡丽"是言重了，但"过眼皆空"则足以解怀。一个很重要的事实就是他在当时，相继重刊了《浮生六记》《陶庵梦忆》，并且作成《红楼梦辨》。这恐怕不是以事出偶然就可以塞责的。顺理成章的倒是，他也由此写下了《燕知草》。但朱先生还是从"H君一家"着眼，解读出一种现世的"温暖浓郁的氛围气"；即便是对《燕知草》里显露出来的名士趣味，也是颇花了一番笔墨做辩解的。揣摩当时风气，朱先生是有意要将身为"新文学家"的老友与"明朝人"划清界限。在这一点上，周作人倒是显得很通脱，他说"张宗子是大家子弟,《明遗民传》称其'衣冠揖让,绰有旧人风轨',不是要讨人家喜欢的山人,他的洒脱的文章大抵出于性情的流露,读去不会令人生厌",其实也是可以看作为议论俞平伯的。

俞平伯先生擅长解词,其成就当在现代词学批评大家之列。他解词不作迂阔之言,胜在感同身受,然意境自是别出,一往而情深。酣畅所在,箭箭鹄的,堪称一个射雕好手。由解词而撰文,其实最不难看出俞氏行文家法。"文章之道,射道也。""若矢之所向唯在于鹄,一发如破,三发以至百发如之,于是射者掷弓,观者叫绝,皆大欢喜。何则?眼目清凉也。知有此清凉世界而后可与言文矣。"(《清真词释》)用移花接木之术,也可以说,知有此射道而后可言《燕知草》矣。《燕知草》何尝又不是俞平伯清凉目下之世界?借杭州西湖障人眼目,委曲述怀,一箭三雕,所谓伤逝、伤世、伤时是也,以致才有此怅惘幻灭之气象。

前尘旧梦燕自知

所谓伤逝、伤世、伤时,本不可以分开讲。逝者,时也;世者,亦有身世、时世之义,三者当互有申义。只是为了行文方便,聊备此一说而已。作《燕知草》的俞平伯也就二十出头,但感兴所在直比耆宿。"中国文人有'叹老嗟卑'之癖",这在他三十一岁那年写的《中年》里就说过。大凡清凉法眼之下,"人生也不过如此"——"变来变去,看来看去,总不出这几个花头"。倚老卖老,自当别论。然倚未老而卖老,在"叹老嗟卑"之癖外,又自当作别论了。

俞平伯早年与杭州西湖真正结缘的文字,始自《湖楼小撷》。

住杭州近五年了,与西湖已不算新交。我也不自知为什么老是这样"惜墨如金"。在往年曾有一首《孤山听雨》,以后便又好像哑子。即在那时，也一半看着雨的面子方才写的。原来西湖是久享盛名的湖山，在南宋曾被号为"销金锅"，又是白居易、苏东坡、林和靖他们的钓游旧地，岂稀罕渺如尘芥的我之一言呢？

在住杭近五年（1920—1924年）的时间里，俞平伯出版了他的论著《红楼梦辨》和诗集《冬夜》，唯独于杭州西湖"惜墨如金"。如果说是出于谦抑或者矜持，那么又何来《燕知草》里一味的依恋呢？引发他感兴的，就在于离杭的最后一年（1924年）移居俞楼，并由此而撰得《湖楼小撷》。《湖楼小撷》共计五篇，记录了近半个月湖楼生活的所看所想。而所记无非桃红柳绿，以及"神光离合乍阴乍阳"中西湖殊异的色相，却已然让时年二十有五的年轻人感物伤怀，叹春光易逝，兀兀生出"怯怯无归，垂垂的待老"之心。可以想见，在独上高楼难遣轻愁之外，别有的幽情其实也正寄予在这眼前的山山水水一草一木当中的。因为"这种微婉而入骨三分的感触，实是无数的前尘前梦酝酿成的，没有一桩特殊事情可指点，也不是一朝一夕之功"（《清河坊》）。而这无数的前尘旧梦，又自然是蕴含了他曾祖在西湖诂经的岁月，蕴含有俞楼的几世沧桑在其中的。

《曲园自述诗》有云："高居西湖第一楼，居然三十一春秋。明年勇撤谈经席，坐看滔滔逝水流。"俞曲园笔下的西湖情缘，除诗词而外，多见于《春在堂随笔》。"同治七年，余主讲西湖诂经精舍。精舍有楼三楹，余每日凭栏俯瞰，湖光山色，皆在几席间，甚乐也。"而课士之余，又遍迹湖山，多有兴会。检读之下，始信俞平伯所谓"前尘前梦"非"一朝一夕之功"语。卷一记造船之想，就颇见雅兴，所谓"舣之堤下，兴之所至，纵其所如。暮春晨曦，随时领略，庶几不负湖居"也。尤其是记明人造舟游湖二事令人神往。后俞曲园门生徐花农造"采莲舟"玉成所愿。有联为证："唤作采莲舟，最难禁露冷风香，夜半红衣清不寐；也如浮梅槛，容几许诗瓢酒盏，此中画稿我先成。"一时纷纷仿制。另有一事，也可参证俞氏与西湖缘深。时有人以一方印章"西湖长"见赠。然"西湖长"本名自苏轼，杨万里有诗"东坡元是西湖长，不到罗浮那得休"。曲园老人倒也会自我宽慰："余虽不敢当，然年来适为西湖诂经精舍山长，未始不可妄窃以自娱也。"遂居之不疑。

再说到俞楼，落成之前，"篙工菱女，争望落成，得鼓舲呼渡于其下"，已是热闹非凡。"及楼成，余有《俞楼经始》一卷，刻入《俞楼杂纂》中，流播艺林。文墨之士，遂无不知有俞楼者。"时人冯听涛曾作一楹联："诸子群经平议两，吴门浙水寓庐三。"便深得楼主之心。"盖余所著书，两《平议》为最大，而苏州有曲园，杭州有俞楼、有右台仙馆,皆余寓庐也。"

"衰年岂复事登临，一别西湖戌到壬。难得吾孙归自蜀，不妨旧梦再重寻。"（《曲园自述诗》）所记为楼主离开经席之后的1902年俞陛云视学蜀中事。但旧梦虽好，往事难寻。俞楼早不复当年盛况，西湖又岂是昨日色相？楼主临终曾以诗见别俞楼："占得孤山一角宽，年年于此凭栏杆。楼中人去楼仍在，任作张王李赵看。"有了如许前尘做铺垫，便不难设想，1924年移居湖楼的新主人，凭栏远眺，又该是怎样的一种滋味在心头。确实，对于久享盛名的杭州与西湖而言，也许并不稀罕渺如尘芥的新楼主多发一言，而能够打消这种谦抑或矜持的就在于他笔下的西湖，不单是当年"白居易、苏东坡、林和靖他们的钓游旧地"，也是承载自家历史的西湖。"无怪乍醒的人凭到阑干，便痴然小立了。"因为"人对于万有的趣味，都从人间趣味的本身投射出来的。这基本趣味假如消失了，则大地河山及它所有的兰因絮果毕落于渺茫了"。

诚然，在《燕知草》"微婉"的感触中，并无直书家史的文字。但这些历史又是实实在在的。观1933年俞平伯所写《春在堂日记记概》，便足见他于先曾祖之为人行事及学问文章，别有会心。可谓心驰神往，不由得人不做一慨叹。选抄几段如下：

曲园先生日记两册，手写本，起自清同治六年丁卯迄光绪二年丙子，首尾完整。字迹在楷隶之间，虽随意挥翰，而精谨端严，规范自在。

此记体裁与世传诸家日记颇异，不矜才，不使气，亦不臧否同时人物，盖纯以治学之精神行之。

先曾祖律身行事，处处以端慎出之，而迈往无前之精神遂为人所忽。浅见之士，每喜高远，相习成风，其实知人论世，亦复谈何容易。此区区短书亦正有其一贯之精神在焉，谓可与其五百卷之全书相发明。

窃观所记不外伦常日用之间，而学养性情往往流露，实抵得一部长篇的传记。盖情真则语亦真，语真则虽简易而动中肯要，中肯要则读其书想见其为人，不为难矣。

此记起笔，正当草《诸子平议》之时，循其月日观之，可见用力之勤，而"拼命著书"良非虚语。

至此，前文所谓"伤逝""伤世"也就一并地讲了。逝者，时也；世者，身世也。孰是孰非，就不一一对号入座，读者自有明鉴。

处身于不夷不惠之间

《燕知草》中一篇《重过西园码头》，托名赵心馀所作。朱自清先生在序言里也是大摆迷阵，宣称"平伯虽是我的老朋友，而赵心馀却绝不是，所以无从知其为人"云云。但明眼人从原文的记事中并不难排查出，赵心馀自为俞平伯，而沈彦君当是许引之。1933年俞平伯所撰《祭舅氏墓下文》也可旁证："'生存华屋处，零落归山丘。'抚今追昔，诚有如羊昙之过西州者。昔年车达城站，距舅家咫尺耳，每虚拟一和煦温厚之梦境，今日湖山无恙，坊市依稀，自顾此身，已为茕茕之客矣。"

  1924年3月31日俞平伯随舅父也是他的岳丈许引之一家———"H君的一家"，由杭州城头巷寓，移居西湖俞楼。是年底许引之病逝。许引之之死，其实也就意味着"一和煦温厚之梦境"的幻灭。《重过西园码头》一文，即由此而起。当然，我记这些不在索隐。我也相信，俞平伯作此文也不专为祭奠。《祭舅氏墓下文》便足表哀痛。他之所以假托别名，亦当借清凉眼目，委曲述怀，兴伤逝、伤世、伤时之慨也。

  如果此文诚如小引作记，作于1928年，倒令笔者想起了另一桩公案。那就是同年春陈寅恪请俞平伯以小楷抄录韦庄《秦妇吟》长卷，而陈寅恪又应俞平伯之请为俞曲园先生《病中呓语》作跋。这看似平常的应酬背后，却另有深意。对义宁陈氏之学深有研究的刘梦溪先生，在《陈寅恪与〈红楼梦〉》（载《文艺研究》2001年第1期）一文中就此有过专门讨论。《秦妇吟》"本写故国离乱之惨状,适触新朝宫闱之隐情"（陈寅恪《韦庄秦妇吟校笺》），是陈寅恪极重视的一篇作品，先后三次校笺。故有抄录之请。俞平伯在抄后留跋："明知字迹尘下，无以塞命，唯念古今来不乏鸿篇巨制，流布词场，而寅恪兄独有取于此，且有取于稚弱之笔法，则其意故在牝牡骊黄之间也。"而《病中呓语》乃曲园先生晚年诗作，以其对时事变幻多有预见而称奇士林。陈寅恪在跋语中云："当时中智之士莫不惴惴然睹大祸之将届，况先生为一代儒林宗硕，湛思而通识之人，值其气机触会，探演微隐以示来者，宜所多言中复何奇之有焉!"

  《秦妇吟》与《病中呓语》，一写离乱惨状，一预时世变故；而俞平伯与陈寅恪应相互之请，或抄录,或作跋，何尝不是声应气求惺惺相惜之举。值此二事，共同所系实为"忧生之念"。诚如陈寅恪所言："吾徒今日处身于不夷不惠之间，托命于非驴非马之国，其所遭遇，在此诗第二第六首之间。"（《病中呓语》跋）俞平伯亦云："余与寅恪倾盖相逢，忘言夙契。同四海以漂流，念一身之憔悴，所谓去日苦多,来日大难，学道无成，忧生益甚，斯信楚囚对泣之言,

然不自病其惑也。"（《秦妇吟》抄录跋）

至此可以回到俞平伯的《重过西园码头》。这篇假托别名"关怀生死过切"的长文，在做了大段大段的生死高论之后，记述了从初识"许彦君"（庚戌之夏）于苏州，到一起移居西湖别墅（甲子岁）近十五年的相知同处生活，情深意切，催人潸下，把一个惯于宦海沉浮又常念优游泉石而不得的长辈形象，活脱脱表现了出来。俞平伯作此文，当不专为纪念丧亲哀痛。他着意要写出的，是一个人由"有能吏之称"之壮年走向"忧煎倍急，意绪萧寥"之老境的人生变故。无论是"癸亥的冬天，江南渐见戎马仓皇"，还是甲子岁"时局消息，一天好一天歹，好像黄梅雨"，都尽显出一派偷安而不能的乱世凄惶窘相。这真正应验了俞平伯先曾祖《病中呓语》的第六首："几家玉帛几家戎，又见春秋战国风；叹息当时无管仲，茫茫劫运几时终？"这既是陈寅恪"处身于不夷不惠之间，托命于非驴非马之国"之所指，也是作者假托别名感时伤怀之所在。

陈、俞二氏，乃士林世家。值此国运式微之际，同怀长忧，惶惶栖身，"莫不惴惴然睹大祸之将届"。时世已然，足叫后人亦作一浩叹！几年后，"九一八""一·二八"事变相继发生。俞平伯致书周作人："我的《救国论》大约也毁于炸弹下。此是为书生之一棒喝！"1933年秋俞平伯携眷南归，故地重游，作《癸酉年南归日记》。所记甚为简略，不外走亲访胜拍曲度日，直是"人生也不过如此"的散淡行止。唯日记末尾所录月下老人祠的题壁诗，可注解其当时心境：

> 西子含颦望五湖，苏台鹿迹混青芜。
>
> 香云一舸随风去，为问当年事有无。

说到俞平伯依恋杭州的根源以及写《燕知草》的感兴所在，朱自清先生在序言里其实已说得很明白。只是"一箭射了，掉头而去，好不纳闷杀人也"

（《清真词释》），这才引来不学晚辈的一番附会，贻笑大方。杭州西湖自白居易为之扬名以来，向为历代文人居留长哦之地。既有"梅妻鹤子"之孤隐，也有"市列珠玑，户盈罗绮"之繁盛；既享"长忆钱塘,不是人寰是天上"之美誉，又存"慨故宫离黍，故家乔木，那忍重看"之遗恨。兴会所在，荣悴炎凉，就只看各人的造化啦。《燕知草》似乎也难例外。

（原载《书屋》2006年第10期）

"末路"章氏王朝

在民国学界，以章太炎为中心的章氏王朝可谓云蒸霞蔚，极一时之绚烂。而章氏在《清儒》中言戴震："始入四库馆，诸儒皆震竦之，愿检衽为弟子。"俨然其自家风光的写照。晚年他为五大弟子封王，以及在苏州刊刻《弟子录》，只此二事，至今仍然为人所津津乐道，这本身就蕴含着非常丰富的意味。弟子录的具体人数及人员，鉴于说法不一，已难考订。其实章氏王朝的意义，并不在于他到底有多少弟子，而在于他拥有多少能够传其衣钵，乃至开辟新的门风的得意弟子。就此而言，他门下的五大王，再加上若即若离的周氏兄弟，才真正算得是建立章氏王朝盛世功业的扛鼎人。

从笔者掌握的有限材料来看，如《章炳麟论学集》（北京师范大学出版社1982年版）、《积微翁回忆录》（《杨树达文集》之十七，上海古籍出版社1986年版）等，还是记录了有关章氏王朝的大量史实的。尤其是《章炳麟论学集》，由于纯属章太炎与弟子吴承仕之间的私人通信，最能反映太炎先生对本门基业的良苦用心，也最能见证章氏王朝的末路情状。

毋庸讳言，章太炎晚年封弟子王，刻弟子录，均可以看作是他对本门盛世的标榜之举。其中他最器重大弟子黄侃，也是公认的。而从他写给吴承仕的信中不难看出，他最牵挂又最不放心的也还是黄侃，以为其"性情乖戾"，"去年曾以忠信笃敬勉之，彼甚不服"；"季刚性行，恐难免于乱世，是则深可忧也"（一九二六年十一月二日）。

因此，章太炎在与吴承仕的通信里，提及黄侃的次数最多。

"季刚在武昌师范，两次过汉，皆忽促未与相见，不知近有何等著撰耶？"（一九二一年一月十四日）

"得六日书，知已为季刚谋一炊地。""其获此，亦幸矣。"（一九二四年十月十四日）

"得书为之喷饭。季刚四语，正可入《新世说》，于实事无与也。然揣季刚生平，敢于侮同类，而不敢排异己。昔年与桐城派人争论骈散，然不骂新文化。今之治乌龟壳、旧档案者，学虽肤受，然亦尚是旧学一流，此外可反对者甚多。发小豜而纵大兕，真可怪也。劝之必不听，只可俟后世刘义庆来为记述耳。"（一九二四年十月二十三日）

"季刚在鄂，乃与校长石瑛冲突，其实不过口舌之争。""鄂中本有党羽不易攻破，而京师飘摇无定，足下似应劝季刚暂留，不必逾淮化枳也。"（一九二五年六月二十一日）

"来书云，季刚已去，是否往关东耶？"（一九二六年十一月二日）

对于这位大弟子的偏爱之心与护犊之情，可谓跃然纸上。当年在日本向章氏问学的弟子，民国后陆续进驻京城，并以北大与教育部为中心把持学界。就黄侃骂倒太学重镇"桐城派"的显赫功绩而论，理当位列仙班之首。但他因为看不惯新文化人士的做法愤然辞职，改任武昌高等师范学校。却又与校长石瑛起了冲突，后者不惜登报称将请吴稚晖来任国文系主任以示威胁。这让章太炎对这位大弟子的出路深表担忧。正是在他的多次顾问之下，性情乖戾的黄侃才得以先后转教北京师范大学、东北大学、中央大学。章氏晚年效法太平天国封钱玄同为"翼王"，封黄侃为"天王"。这是站在了章氏王朝的学统立场。事实上换个角度看，黄侃出走京城之后的飘摇处境，其实才更具有石达开的悲剧意味。

后黄侃因病早故，太炎先生最是痛心疾首。他致信吴承仕："季刚突于昨天去世，深有祝予之叹。"（一九三五年十月九日）祝予之叹典故，可参见《世说新语·伤逝》第十七："羊孚年三十一卒，桓玄与羊欣书曰：'贤从情所信寄，暴疾而殒，祝予之叹，如何可言！'"又据徐震堮注：

> 公羊传曰："颜渊死，子曰：'噫。天丧予！'子路亡，子曰：'噫，天祝予！'"何休曰："祝者，断也；天将亡夫子耳！"

由此可见黄侃在章太炎心中的地位，以及黄侃之死所带给师门的重创。

据汪东《寄庵谈荟》："先生晚年居吴，余寒暑假归，必侍侧。一日戏言余门下当赐四王"，"季刚尝节老子语天大地大道亦大，丐余作书，是其所自命也，宜为天王"。又，钱玄同"以其尝造反也"，自为翼王。只有东王、北王章太炎未作明示，其实也好理解，无非汪东（旭初）在金陵、吴承仕居北京之故也。该掌故虽出自戏言，其实也与章太炎当时意欲重振国学的心迹相吻合。1934年他由上海迁居苏州，创章氏国学讲习会，主编《制言》，其宗旨就在于兴国学造人才。但从与吴承仕的通信里还是可以看出，老夫子逆风而行的举措，实在显得太不合时宜。

"驻苏一月有半……学风败坏，殆难振救。在苏新收学子数人，视前者皆不相及，盖根柢素薄使然。季刚旭初辈在金陵教学数年，学子成就者亦无过三四人，此皆可遇不可求者。人才难得，过于隋珠，未知后起者又何如也？"（一九三四年七月二十日）

"近欲宣说经义，与众公之，尚苦学子读经者日少，诲之谆谆，听则藐藐。"（一九三五年三月三日）

境况惨淡有如此，兼之年事已高，精力不济，所谓"斗历又移，衰年正觉时去之速，而强壮者正务精进也"（一九三五年二月十六日）云云。此时的章太炎到了急需为他的国学讲习会谋求"传灯人"的时候。所不幸的是，黄侃正好就在1935年病故，所封王中只剩东王能抽空侍侧伴驾（时任国立中央大学国文系系主任），难怪老夫子要作祝予之叹。天将亡夫子乎？天将亡夫子耳！切肤锥心之痛，唯夫子自己知道。

勤王大军里本还有把持北方的翼王与北王，但翼王已不堪重用。这不单为他"尝造反"故。章太炎致书吴承仕："得玄同书，其辞平正而衰委，非蜕化，实缘病困。……玄同以半农、晦闻云亡，时时出涕，不可谓非有情人。"（一九三五年三月三日）"闻北京大学受东人威胁，有意南迁。如玄同辈于北平植根已深，恐不能舍之他去。"（一九三五年七月四日）因此，连本由翼王、北王并为校刊的《章氏丛书续编》，也不得不交北王专办。

有鉴于此，章太炎修书一封，力劝吴承仕应中央大学聘，南下助阵。其信云："得复，于中央作教事，尚有踌躇。南都学风较北京为平正，学潮既少，学子于闻望素深之人，亦皆帖服。……况近世经术道息，非得人振起之，恐一线之传，自此永绝。从以小学文学润身，未足为贤者识大之道。足下研精经谊，忍使南土无继起之人乎？……旭初意以了此，故拟发聘书，以明年二月为始。此三四月中，则悬榻以待也。"（一九三五年十月二十日）

其实这里面最值得玩味的不是"悬榻以待"之类的虚辞，而是章氏对吴氏"一线之传"的三礼学将"自此永绝"的深忧。吴承仕列章门稍后，然问学最勤，成就可观。据《章炳麟论学集》附录的《吴承仕大事年表》记，1933年章太炎在写给潘承弼的信中称："前此从吾游者，季刚、检斋，学已成就。"当吴承仕《经籍旧音辨证》出版时，章太炎亲自作序，钱玄同题签，黄侃作《笺识》。足见推重。而他的代表作《三礼名物》《三礼名物略例》，在三礼研究的资料搜集、研究规模及学术见解等诸多方面，"并世殆无第二人可及"。所以章太炎称誉其学为"一线之传"。

但据《积微翁回忆录》记载："检斋为章门高等弟子，学问精实。其同门多在北大任职；以检斋列章门稍后，每非议之；实则以检斋学在己上媚嫉之故。一日，余以请吴任教告同事马幼渔教授。马云：'专门在家著书之人，何必请之！'马君固列章门下，十年不作一文者也。"（一九二五年六月一日）遇夫先生与检斋同为思误社成员，"服其精实"，这才为朋友打抱不平，并借机把马幼渔也挖苦了一下。他在还记有检斋与黄侃"大决裂"事："检斋为人近笃实，以季刚有学问，事之甚谨；种种委曲，见者或以为太过。而季刚则愈益横肆，视检斋若无物。致检斋无可再忍，遂致如此。"（一九二七年五月七日）看来，吴承仕遭同门排斥之事也不是空穴来风。然而同门归同门，老师归老师。应该说，章太炎对吴承仕还是推重有加的，尤其对于他"一线之传"的三礼学。在力邀其南下之前就说过，"足下能明《三礼》名物，最为核实。此之一线，固不可令绝也"（一九三五年三月三日）；而在获悉其允就中央大学聘之后，更是欣喜万分，力陈"非足下不可"，"万望勿却"（一九三六年一月三十日）云云，将国学讲习会的《三礼》传授任务提前交班。

事实上，吴承仕1936年并未南下就职。而太炎先生也于该年六月病逝苏州。据《章炳麟论学集》附录的《吴承仕大事年表》记，是年春吴承仕加入中国共产党。而三年后，钱玄同、吴承仕相继病逝北平。

太炎先生一直深忧的"一线之传"就此永绝。至此，章氏旧王朝走完了它最后的历程。随着章太炎本人以及他最倚仗的黄季刚、钱玄同、吴检斋相继仙游，仅存的东王汪东、西王朱希祖均不足以光大其旧学之门庭。

周予同先生的《中国经学史讲义》在述及"章太炎的经学成就"时，说过这么一番颇耐人寻味的话："章太炎之死标志着古文经学的结束。他的学生们都不是古文经学家。例如，鲁迅走向文学，钱玄同走向文字语言学，黄侃研究文学及音韵学，朱希祖研究南明史及版本学，吴承仕研究'三礼'学。"这是就章氏的经学事业而言。事实上，正如梁启超在《清代学术概论》中所指出的，"炳麟中岁以后所得，固非清学所能限矣"。以章门学术之阔大，即便作为旧学的"王朝"已经崩塌，其继往开新之余威与后劲也同样是不容低估的。

钱穆对《国故论衡》的评价就很值得推究："论衡者，乃慕王充之书。太炎对中国已往二千年学术思想，文化传统，一以批评为务。所谓国故论衡，犹云批评这些老东西而已。故太炎此书即是一种新文化运动，唯与此下新文化运动之一意西化有不同而已。"（详见《太炎论学述》）这里面有两个信息值得注意：一是所谓"慕王充之书"；一是指称"此书即是一种新文化运动"。王充作《论衡》，打破了"述而不作"之传统，又"问孔""刺孟"，不以"距师""伐圣"为忤，有妄作嫌疑，为历来正统学界所诟病。而章太炎"慕王充之书"而作，对"中国已往二千年学术思想"做一大胆廓清，其视孔子为"良史"以及将小学、文学、诸子学作为国故等量齐观，都是可以看作清末思想界"离经叛道"之举的，也是深具学术新"典范"（paradigm）意义的。因此，把《国故论衡》视为一种新文化运动并不为过。章太炎的国故新文化运动虽然"与此下新文化运动之一意西化有不同"，但"离经叛道"之精神是吻合的，更何况紧接着又有个胡氏招牌的"整理国故"在做注脚，岂不是更加拉近了这两个新文化运动之间看似各行其是又实在若即若离的关联？其实，钱先生的未尽之言，已由余英时先生在《五四运动与中国传统》一文中做了阐发。钱穆《中国近三百年学术史》与梁启超《清代学术概论》有一处地方大不相同，那就是没有为章太炎留一席地，而以康有为殿后。这不知是否与其视章氏为民初新文化运动之先驱有关？虽不好妄断，也足见章太炎学术身份吊诡之处。胡适撰文《五十年来中国之文学》，倒是有接着梁启超讲的意思。他对章太炎的学问文章倍加推崇，只是因为抱守"活文字"与"死文字"之成见，还是将章太炎打入古文经学家冷宫，借以凸显民初白话文运动之伟业。如果仅就民初学术的大体格局而言，其实很难说它就一定摆脱了钱穆先生所指认的章氏"国故新文化运动"之轨辙。以胡适颇得意的半部《中国哲学史大纲》论，虽冠以"哲学"面目，终在章太炎《国故论衡》的"诸子学"体系建构之内。梁启超在《中国近三百年学术史》中就说过，"晚清'先秦诸子学'之复活，实为思想解放一大关键"，"颇间接影响于近年思想之变化"。诸子学地位的提升，是对经学正统地位的最大挑战，从而也为民初新文化运动的反孔教、反读经思潮埋下伏笔。

说民初新文化运动翻不出章太炎的五指山，可能太夸张了。但就民初学术的大体格局与内在理路而言，章氏王朝的余威与后劲确实容不得一点小觑。甚至可以这么说，抗战前的民国学术史基本上就是一部"祛章门学术之魅"的历史。而借一句时髦的话说，该时期的学术又大凡是围绕如何摆脱章太炎及其门人"影响的焦虑"而展开的。最公开的秘密便是"某籍某系"罪名，借《语丝》派与《现代评论》派的笔战而广为流传；另一个著例则是周树人与顾颉刚之间的"候审"官司。表面上看是个人恩怨的口舌之争，其实罪在章门这棵大树的盘根错节。前文已说过，杨树达借为吴承仕打抱不平之机，对马幼渔的不学与黄侃的横肆颇有微词。其实《积微翁回忆录》中类似这样的记载屡见不鲜。尤其对黄季刚，死后也不能饶其过。然又以他借浙籍学人单不庵"欲北大办好，非尽去浙人不可"（见一九三〇年三月三十日记）反戈之语，以示怨愤，最令人瞠目。究其实，乃马幼渔、朱希祖专断把持且"贪"之过也。遇夫先生就曾给朱希祖记上过一笔："逖先于教授外，以卖书为副业，收入颇丰。后在南京，以经售伪古物为士林所讥云。"（一九二四年十一月）另据桑兵先生在《晚清民国的国学研究》一书里提供的材料，迟至1934年，蒋梦麟与胡适还在为解决北京大学国文系浙人把持的问题颇费心思；而1928年傅斯年创办中央研究院历史语言研究所，更是痛斥"章炳麟君一流人尸学问上的大权威"，一副要同章太炎及其门人弟子公开宣战的架势。足见章门因为"横肆""高亢"而招致同行怨恨之深广。

倘若撇开以上个人意气或门户之争的因素，平心而论，章氏以及章门弟子的学术影响力，也不能全以"横肆""作伐"等而视之。章氏王朝的鼎盛，还是得力于章门学术自身之阔大。概括起来就是：继往不专为守成，开新而多有所本。所以在学术上往往有创造性转化之功。其中的周氏兄弟就是一个著例。周氏兄弟与太老师之间关系非常微妙，其中周作人还演了一出"谢师"。但正是在这样的一种若即若离的关系中，周氏兄弟对章太炎的继承才显得不拘一格，别有会心。今天的人已就此作了不少文章，无须赘述。

其实，从学问专精的角度看，周氏兄弟并没有如黄侃、吴承仕那样得"一线之传"的绝学在身；然于章氏之小学、文章学、诸子学、佛学等诸多领域，又无所不窥。换句话说，周氏兄弟不传章门专门之学，但融会贯通，能得其精神要旨。章氏论学，原本立意深远，纵横捭阖，又不守成规俗见，所为多属创获之言。这自然不是仅凭"口授"就能悟入的，需要"心传"。周氏兄弟纪念太老师的文字，多言及精神风采，而少谈学问枝节，旨趣也大概在此。值得一提的倒是，假如说抗战前的民国学术史基本上就是一部"祛章门学术之魅"的历史，那么整个20世纪又何尝不可以说是一部人人欲"杀伐"周氏兄弟而后快的历史？

所谓"末路"章氏王朝，毕竟只是一个说辞而已，似乎还无人能够真正断定它的尽头在哪里。这也正是章门学术因阔大而常新的有力注脚。

（原载《读书》2007年第6期）

接着说"章太炎与王阳明"

　　关于章太炎与王阳明，在20世纪80年代初有两篇代表性的文章，那就是朱维铮先生的《章太炎与王阳明》（1980年）和孙万国先生的《也谈章太炎与王阳明》（1982年），均收入章念驰编选的《章太炎生平与思想研究文选》（浙江人民出版社1986年版）。朱维铮先生的立论点，主要在于通过对《訄书》初刻版、重订本、《遣王学》以及《检论·议王》之比较，解读章太炎对王阳明态度背后的"历史"公案。就《訄书》而言，由《訄书》初刻版的不置一词——"连王阳明的名号都没有提及"，到《訄书》重订本新增一篇《王学》大力"抨击"王阳明，认为章太炎"从写作到修订《訄书》，始终以康有为、梁启超为论争对象"，所以"批评虽不尽符合历史上的王学真相，却相当符合现实中的'康学'本色"。其中的玄机实乃愈演愈烈的革命派与保皇派之争。而《遣王氏》也在此声讨之列，所谓"其学既卑，其功又不足邵"，带着明显的"檄文"色彩。只不过，"同《訄书·王学》相比，《遣王氏》对王阳明的批评，重点已由揭露他的'学'，转到否定他的'功'"。总之，章太炎撰写《王学》与《遣王氏》之目的，名为抨击王阳明，实为批判康有为、梁启超。该文继而检讨的则是《检论·议王》，即章太炎对王阳明由"遣"到"议"，由判决改为评议的态度转变。按照朱维铮先生的理解，"他这时所以要议王，无非要议论推翻清朝的革命派"，警示胜利后的革命党人，放弃效仿日本"用王学以致富强"的念头。因为王阳明之学，"所贵于截削省要者，非谓其能从政也，谓敢直其身，敢行其意也"。这种亦褒亦贬看似矛盾的态度，其实正是章太炎对王阳明在认识上的两个重要砝码，也可以说是关于王学认识上的制衡论，倾斜于任何一方他都要加以匡正。这是章太炎对王学的一贯认识，本可以直接贯穿到后期的《王文成公全书题辞》等文章中继续讨论。

朱维铮先生之所以没有接着往下说，推想起来无外乎两点。一是可能存在的立场问题。因为他很不认同章太炎的观点："拿它治国不行，拿它修身则好得很，岂非怪论？难道宁折勿弯，言出必行，不正是政治家的应有品格吗？"二则可能与该文的题旨有关。他着力阐释的是历史的某段公案，即作为革命派的章太炎"借尸还魂"，名为"遣王""议王"，实为与外部的保皇派以及内部的革命派"斗法"。就20世纪80年代初的国内学界而言，对章太炎研究的调子也基本定位在"革命派"这重身份上。由此说来，《章太炎与王阳明》一文不仅以精彩的春秋笔法，勾勒出一个作为"所向披靡"的革命家的章太炎形象，"令人神往"（可参阅鲁迅《关于太炎先生二三事》），同时也留下来一个充满思想"矛盾"的"学者"的章太炎形象，让后来者浮想联翩。

关于章太炎对王阳明的评价问题，其政治意图是一方面，而真正的学术价值认同又该如何呢？换而言之，关于章太炎与王阳明这个话题，朱维铮先生所着眼处在政治思想史的阐释，那么有没有一种学术史阐释的可能呢？在某种意义上，海外学者孙万国所作《也谈章太炎与王阳明》大致是可以视为一篇"接着说"的论文。他以章太炎作于1924年的《王文成公全书题辞》和《王文成公全书后序》为底本，认为《议王》"已经是一篇肯定大于否定的折中之作，饱和着太炎必将转向晚年新评价的契机"，其后20年间发表的"议王文字"，"几乎全面修正了他早年对王守仁的评价"，而"这些文字才是章太炎评价王阳明的

'晚年定论'"。并在此基础上，将《王学》归为章太炎借《訄书》构建中国学术史的条目之一，将《遣王氏》归为"民族主义的政治小品"，"不是严格的论学文字"，从而对朱维铮先生的观点提出异议。

孙万国先生写作这篇长文的缘起，正是来自朱维铮先生所作之《章太炎与王阳明》。作为海外学者，不存在受当时国内主流学术立场制约的问题——只要读一读李泽厚先生的《中国近代思想史论》，便不难理解朱维铮先生着眼于从政治思想史阐释的时代必然性。新中国成立后的章太炎研究，除了他曾经显赫的"革命派"身份之外，还有一点也很值得注意，那就是他在20世纪70年代的"儒法斗争"中曾一度被抬了出来，作为反儒家的代言人。另一个显赫的人物是李卓吾。至今还可以看到当时作为"评法批儒"文献而刊印的《秦政论》《秦献记》《四书评》等。当时的学界风气，由此可见一斑。其实，朱维铮先生作为经学专家周予同先生门下弟子，以传统学术的路子解释清末民初之学术流变本是专长。他后来收集在《求索真文明》的文章，即是一部以经学史为切入点的"晚清学术史论"。只是以写作《章太炎与王阳明》的时代背景而论，题目似乎只能那么去做，而且也确实从一个颇有意味的阐释角度出发，解决了包括《议王》在内的此前章太炎评价王阳明的历史真相问题。

由此可以说，《也谈章太炎与王阳明》与《章太炎与王阳明》一文，区别仅在于着眼点不同。着眼点不同，也就带来了以《议王》为分界的两个时期的章太炎评价王阳明的问题。整体而言，《也谈章太炎与王阳明》的讨论底本，主要是章太炎作于1924年的《王文成公全书题辞》和《王文成公全书后序》，落脚点为民国之后章太炎评价王阳明的"晚年定论"，所以在学术史的爬梳与整合上用力深入。而《章太炎与王阳明》一文则基本是以民国之前的康章党争为主线，属于政治思想史的探讨范畴。限于讨论者各自出发点不同，讨论的时限不同，兼之时代使然的国内与海外所持学术理路不同，论述的着眼处与侧重点自然大相异趣。

有趣的是，学术史能解决的问题，政治思想史不一定能解决。以《也谈章太炎与王阳明》一文为例，因为有了章太炎后期所作《王文成公全书题辞》和《王文成公全书后序》做支撑，谈儒侠，谈子路之风，谈儒行，在学理上可以说一脉相承，坦承直下。看起来，这不单可以解决王阳明"敢直其身，敢行其意"的评价问题，似乎也在某种意义上为诠释章太炎的"革命家"风采找到了思想源头。以"儒侠"为思想资源探讨章太炎"精神上的独行侠"之本色，这一思路也得到国内一些学人的认可。如孟实的《仰梁以思章太炎》（《读书》1990年第4期）、李振声的《作为新文学思想资源的章太炎》（《书屋》2001年第7、8期）等，均引用过该文的观点，为研究章太炎乃至鲁迅的精神气质在学理上更进了一步。这两篇文章相对海外而言，在方法上可能是滞后了一点。但也正好说明只有在进入20世纪90年代以后，国内学术风气才开始真正有了一种开放与包容的态度。

这里有必要特别说明一下，国内学者当中最早对学风问题公开表示不满的，可能是王元化先生。据钱钢、钱文忠、盛勤《"必须有心的光明"——建国后的王元化先生学术思想评述》（《开放时代》2000年第3期）一文介绍，王元化先生在1980年为鲁迅百年诞辰而作的《关于鲁迅研究的若干设想》中就说过："如果只根据鲁迅本人的文章来品评，明于此而昧于彼，那就会使他的许多针对性的观点难以索解。"而对于中国思想史研究的状况更是不客气地指出："目前在思想史方面我们还很缺乏具有卓见的文章。"从后来罗银胜所辑录《王元化谈鲁迅》（《书屋》2006年第9期）的内容来看，王元化先生所谓"明于此而昧于彼"，其中当包含有对国内思想史研究缺少学术史考察方法支撑的不满。但即便如此，王元化先生"关于鲁迅研究的若干设想"，也是直到20世纪90年代之后才在《鲁迅与太炎》等文章中真正落实下来的。由此可见国内学术风向之微妙变化，同时也可以视为学术史推动思想史研究的个案。

当然，政治思想史能解决的问题，学术史也未必全能解决。还以《也谈章太炎与王阳明》一文为例。在谈到章太炎思想转变原因时，作者也同样摆脱不了作为"外烁因子"的时代论调子，认为"章太炎是一个传统解体时代中的急先锋。然而到了民国后，也恰恰与政治上的五族共和相应，太炎在学术上开始流露出保守的、调和的动向"。他以民国为界，概论章太炎经历了从破坏到建立，从分析到综合，从排斥到兼容的学术思想发展过程："在拆散时候，他首先以打破和否定的眼光注视王学。后来他虽已经发现了王学中不无可以肯定的成分，但在调和重建之前，他也只是模棱两可地看待阳明而已。要对王学做出正面的、大张旗鼓的肯定，还是要等到章太炎的哲学视野与包容进一步扩展的时候，也就是在他'以佛解庄，以庄证孔'完成了儒释道三家的融合之后。这时，他的哲学体系才告'大功圆满'，他的真界事业才算完成。过此高峰，他只好'回真向俗'了。在向俗的路上，他一反从前的高蹈，凡事概取中庸平和之见。思想上以儒家为宗，统筹道释。"这段话看似将章太炎评价王阳明所存在的"自相支绌""古怪的变化"（见朱维铮：《章太炎与王阳明》）做了"内在理路"式的解释。或又未必全然。

章太炎是否"对王学做出正面的、大张旗鼓的肯定"呢？权置不论。倒是章太炎对王阳明评价的所谓"晚年定论"真相，更值得玩味。这从民国初年章太炎写给吴承仕的信（收在《章炳麟论学集》，北京师范大学出版社1982年版）里或许能管窥一点玄机。"仆近欲起学会，大致仍主王学，而为王学更进一步。"（一九一七年四月三日）在稍后的信里又提道："今之所患，在人格堕落，心术苟偷，直授大乘所说，多在禅智二门。虽云广集万善，然其语殊简也。孔老庄生，应世之言颇广。然平淡者难以激发，高远者仍须以佛法疏证。恐今时未足应机，故先举阳明以为权说，下者本与万善不违，而激发稍易。上者能进其说，乃入华梵圣道之门，权衡在我，自与康梁辈盲从者异术。若卓吾辈放恣之论，文贞权机之用，则在所屏绝久矣。要之，标举阳明，只是应时方便，非谓实相固然，足下以为何如？"

从其中"恐今时未足应机""先举阳明以为权说""只是应时方便"之语，不难看出章太炎"起学会""主王学"的真正用意，不单要"为王学更进一步"，而且更似一种开启民智、收拾人心的权宜之策。巧合的是，"自与康梁辈盲从者异术"一语，偏偏又将王阳明与康梁绑在了一起，为《章太炎与王阳明》一文的党争之说做了旁证。以章太炎素向傲视群伦的作风来看，康梁自当不在话下，王阳明恐也难成其拳拳服膺之人物。再就所谓"回真向俗"来看，回真当指思想上的圆融自达，向俗则指不放弃对世俗社会的关怀。《淮南子·庄子略要》曰："江海之士，山谷之人，轻天下，细万物，而独往者也。"司马彪注曰："独往，任自然，不复顾世也。"故陶渊明有"怀良辰以孤往"之咏。但革命时期倡导"独行"精神的章太炎，在革命成功之后，一直是忧患心切，无时不以世务为念的。这在民国初年写给吴承仕的多封信里都有体现，所谓"今之所患，在人格堕落，心术苟偷"云云，不多列举。事实上，章太炎早在《訄书·原学》（《章太炎全集》第三册，上海人民出版社1984年版）里就论述过："视天之郁苍苍，立学术者无所因。各因地齐、政俗、材性发舒，而名一家。"而"九隅既达，民得以游观会同，斯地齐微矣。材性者，率特异不过一二人，其神智苟上窥青天，违其时则舆人不宜。故古者有三因，而今之为术者，多观省社会，因其政俗，而明一指"。足见"政俗"二字在章太炎学术思想当中的重要地位。

钱穆先生在章太炎去世的1936年，作有《余杭章氏学别记》（收在钱穆《中国学术思想史论丛》第八卷，安徽教育出版社2004年版）一文，也认为"太炎之望于政者虽觳，而期于俗者则深"。并云："昔顾亭林有言，目击世趋，方知治乱之关，必在风俗人心，而所以转移人心，整顿风俗，则教化纪纲为不可缺。太炎早岁即慕亭林，其严种姓，重风俗，皆与亭林论学之旨相近。"

另外就康章之争的问题他也有总结：

> 当其时，与为论相抗衡者，有南海康氏。康极恢奇，而太炎则守平实。故康欲上攀孔子为教主，称长素；而太炎所慕则在晚明遗老，有意乎亭林之为人，而号太炎。然康主保王，太炎则力呼革命。康唱为变法，太炎又谆谆期循俗焉。太炎之于政治，其论常夷常退；其于民族文化，师教身修，则其论常峻常激。

这在某种意义上，又从学术史转回到了政治思想史的讨论层面。朱维铮先生认为章太炎"议王"，"无非要议论推翻清朝的革命派"，担心胜利后的革命党人，效仿日本"用王学以致富强"。这个论述的角度是很有道理的。应该说，章太炎对于王阳明思想的取舍或褒贬态度，不仅仅是一个纯粹的学术史问题，同时也是其所言立学"因其政俗"的社会关怀问题。在进入民国之后，不独《议王》可以作如是观，在《章炳麟论学集》所收书信里，也可以看出他对当时风气之颓败，民心之偷薄，深忧不已。这才是章太炎思想前后看似矛盾的关键点，也是他一度反省自己"激而诋孔"，以及作《王文成公全书题辞》和《王文成公全书后序》，又晚年在苏州创办国学讲习所的根本原因之所在。这些看似前后矛盾的多变之举，光靠单纯的学术史显然是很难解答的。因为站在章太炎的立场上看，一切无非是从收拾人心的"应时方便"出发。大致犹在其关于王学"拿它治国不行，拿它修身则好得很"（见前揭朱维铮先生语）的制衡论范围之内。

这里还有一个"公案"也可以借此话题做个了结，那就是钱穆先生的《中国近三百年学术史》何以"没有为章太炎留一席地"的问题（可参阅拙文《"末路"章氏王朝》,《读书》2007年第6期，本书有收录）。钱先生确实在《中国史学名著》(生活·读书·新知三联书店2000年版)一书里说过："在我《近三百年学术史》里，则只写到康有为，有一长篇，以下便不再写。因我此书只写死了的人，不写活在这里的人。"这个听起来好像"盖棺论定"的说法，甚至遭到过他的好友贺麟的直率批评（参见贺麟：《五十年来的中国哲学序》,商务印书馆2002年版）。似乎事实又并非如此简单。

正如贺麟所云："那时章也已经老迈，其在中国学术史上的地位已相当确定。"不仅梁启超的《清代学术概论》早有专论，贺麟的《五十年来的中国哲学》对章太炎也有高度评价。足见少了章太炎的学术史该留下多大的遗憾啊！如果说贺麟的书系属晚出，那么在章太炎去世之后呢？钱先生在《中国史学名著》里仍说："当然我可为他写一篇新的传记，补进《近三百年学术史》里去，只是我当时没有做，只用一篇短的文章记我的讲演。后来有太炎所讲《国学概论》出版，把我这篇讲演笔记也附在底下。我那篇讲演辞虽然很简单，但我认为已提出了太炎学问长处。"明明不可或缺，为何又不补这个缺呢？这里边似乎藏着什么"难言之隐"。看来其中的关键还在于"我那篇讲演辞虽然很简单，但我认为已提出了太炎学问长处"一语。

钱先生所说的讲演辞，乃前揭《余杭章氏学别记》一文。其曰："或问有可永久宝贵之国粹否？太炎答曰，有之，即其国已往之历史也。嗟乎！廑斯一言，足以百世矣。"又曰："晚近世称大师，而真能有民族文化之爱好者，其惟在太炎乎！"全文唯以章太炎的史学为题，视之为"太炎学之精神"，余则一笔带过。尽管赞词不断，也不可谓不客观，但终归说得不全面。唯一的解释就是在"太炎学问长处"之外，钱先生一定是有着不好直说的"隐情"。时隔40年之后，他才以一篇长文《太炎论学述》(收在钱穆《中国学术思想史论丛》第八卷，安徽教育出版社2004年版）将谜底彻底揭开。并且旧事重提："余为近三百年学术史，止于南海康氏，太炎尚在世，因未及。太炎逝世，余在燕京大学曾作演讲，介绍其学术大概。然于其怪诞之论，则未有及。"并且特别说明："太炎此等理论，毕生持守，始终不变，是终不可不述，以为考论民初学术思想，及有意知人论世者作参考，固非好指摘前贤也。"

那么钱先生迟到的评价背后到底又在担心着什么呢？以下引文可见真章：

> 太炎之学，可分为四支柱。……而其崇信印度佛学，则尤为其四支柱中擎天一大柱。然太炎既非一佛徒，又非一居士。其佛学，仅如西方人抱一哲学观点，乃依之以进退上下中国之全部学术史，立论怪诞，而影响不大。……故幸而其思想在当时及身后，亦未有何力量，否则其为祸之烈，恐当尤驾乎其所深恶的后起新文化运动之上。

与《余杭章氏学别记》一文仅谈太炎"史学"精神所大不同者，该文则专揭太炎"佛学"之"隐患"。其曰："论衡检论，检讨国故，属太炎学之旁面。到汉微言明倡佛学，乃太炎学之正面。"并且多处将章太炎怪诞言论，与章太炎所深恶的新文化运动相提并论。如"太炎于中国历代人物，一一凭佛义，判其高下，定其差别。后起新文化运动，一尊西法，亦如太炎之一尊印度"。又如"太炎惟因此诸人一语近佛，遂不问向来学术界传统意见，即认为其所见皆高于阳明，岂不如当时新文化运动，只求一语近于西方，亦尽排传统，刻意尊之"。至此不难看出钱穆先生早年"隐情"之所在。问题是为何要在四十年后才将意见写出呢？恐与新文化运动大势之消长有关。诸风云人物均已先后辞世不说，经过近半个世纪的历史沉淀，学术风气也大不似当年之激昂。在某种意义上而言，章太炎思想的"隐患"基本已经排除了。而从公开意见的时机来看，钱先生的"隐情"其实又是一种"隐忧"。这从他的另一篇文章《记公安三袁论学》（收在《中国学术思想史论丛》第七卷，安徽教育出版社2004年版）里也能看出来：

> 民元以来，新文化运动跃起，高呼礼教吃人，打倒孔家店，无忌惮之风，有过于万历。倘言儒，必喜龙溪近溪乃如李卓吾之徒。倘言禅，则无修无悟，惟可有惊叹。惟当时新文学家亦遂称道及于公安，然惮窥其全书，因亦不知其学之出于龙溪近溪，又直跻于禅而超之，否则或可为三袁更张声气也。

本文以"接着说"为题，谈"章太炎与王阳明"，无非两层意思。其一是前面已经有人说过，本文就其所谈本身做一点补遗。虽无意强作调人，但也难免隔墙看花。其二是前面人所谈的视野基本在近代，本文则有意将该问题的讨论重心再进一步，由近代引向现代。从王阳明到章太炎，再从章太炎到新文化运动，应该是有一条主线下来的。尽管从逻辑上来看，这种看似一脉相承的学理带有很强的修正色彩。正如王阳明料想不到王学之末流会走向"狂禅"，而自信可以"为王学更进一步而后其言无病"的章太炎，似乎也料想不到他竟然成为自己所忌恶的新文化运动之思想资源。但有一点是可以肯定的，在章门弟子里，像周作人、钱玄同均极力推崇李卓吾等王门后学。就此而言，钱穆先生尽管没有明言章太炎是新文化运动的祸首，但他的"隐忧"却绝不是没有道理的。

在周作人《读〈初潭集〉》（见《知堂书话》，中国人民大学出版社2004年版）一文里，便记录了一段他与钱玄同都想收藏《初潭集》的往事，乃至要感叹"于今能与不佞赏识卓吾老子者尚有几人乎"。又据《钱玄同日记》（福建教育出版社2002年版）记载："王阳明之学，一进而为心斋，再进而为山农，于是有何心隐、罗近溪、李卓吾，皆王学中至上之人物，吾所最佩服者也。"（一九三七年十二月八日）

此等现象，章太炎自己应该是有所省察的。他在《致柳翼谋书》（收在《章太炎政论选集》，中华书局1977年版）里就讲到过：

> 而前声已放，驷不及舌，后虽刊落，反为浅人所取。又平日所以著书讲学者，本以载籍繁博，难寻条理，为之略论凡例，则学古者可得津梁。不意后生得吾辈书，视为满足，经史诸子，束阁不观，宁人所谓"不能开山采铜，而但剪碎古钱，成为新币"者，其弊正未有极。

反省也好，自辩也罢，唯留待后人评说而已。而若以梁启超的《清代学术概论》《中国近三百年学术史》，与钱穆《中国近三百年学术史》做一比较，便会发现他们在"中国近三百年学术史"精神源头的发凡上是大相径庭的。梁著以心学人物为先锋，钱著则以书院精神为楷模。准此而论，章太炎在二人心中的学术史地位，不待援笔，则已见高下。说钱穆《中国近三百年学术史》难容章太炎，此也一不可或缺之着眼点。

（原载《读书》2010年第8期，内容根据底稿有所增补）

亚里士多德西来

　　1620年，比利时耶稣会士金尼阁从欧洲携七千部西书来华，是中西文化交流史上的一件大事。关于此中原委，方豪先生历时30余年，数易其稿，撰写了专文《明季西书七千部流入中国考》，交代得十分详细。这七千部书由于历史原因，大都滞留澳门，"带进者尚未有什之一二"。即便如此，经过明末耶稣会士与中国文士的合作，其中一小部分还是得以译介成汉语。与利玛窦时期相比，该时期或者说"后利玛窦时期"译介的一个主要特点，就是将亚里士多德学说做了集中介绍。其中影响最大的，要数葡萄牙籍耶稣会士傅汎际与中国天主教"三大柱石"之一李之藻合译的《寰有诠》《名理探》，翻译底本为葡萄牙科英布拉大学亚里士多德哲学课程的讲义。

　　耶稣会被公认为是一个组织严密、纪律严明的修会。为了建立起一套与其修会宗旨相统一的教育体系，不仅制定了严格的《教学纲要》(Ratio Studiorum)，而且也进行了统一教程方面的改革。作为中世纪神哲学构成的重要基石，亚里士多德哲学课程的教改显得尤为迫切。而科英布拉大学亚里士多德哲学课程的讲义，正是耶稣会内部进行教程改革的产物。后来统一以"耶稣会科英布拉评注"(Commentarii Collegi Conimbricensis Societatis Jesu)为标题，在1592年至1602年间次第出版，获得了极大的成功，成为耶稣会士学习斯塔吉拉人亚里士多德哲学的范本。

裴化行在他的《利玛窦评传》中写道："从1577年6月至1578年2—3月，他在葡萄牙的科英布拉学院继续学习的几个月中，又碰到了这种哲学。学院的哲学教授们，包括他日后保持联系的曼诺埃尔·德·戈埃斯在内，正在撰写《亚里士多德评注大全》，后来斯宾诺莎和莱布尼兹都称之为'科英布拉全书'，加以利用。"①其中提到的"科英布拉全书"，即"耶稣会科英布拉评注"。而这段历史描述的耐人寻味之处，在于它把即将先后登陆中国的利玛窦与科英布拉评注联系在了一起。其纽带自然是葡萄牙。

葡萄牙是利玛窦前往远东传教的欧洲跳板，因为葡萄牙握有远东地区的保教权。他从罗马出发，途经西班牙来到葡萄牙。其漫游之地，正是《劳特利奇哲学史》上所描述的经院哲学在白银时代的知识中心。白银时代（约在1525年至1625年间）的经院哲学，主要集中在伊比利亚半岛。知识的交流，从科英布拉（Coimbra），经过萨拉曼卡（Salamanca），抵达罗马，从而取代了经院哲学在黄金时代（约在1250年至1350年间）由罗马、巴黎、牛津所构成的知识轴心。经院哲学时代的知识中心在大学。而随着耶稣会的兴起，伊比利亚半岛的知识中心，也逐渐由萨拉曼卡转向了科英布拉。当时的科英布拉大学，不仅集中了来自萨拉曼卡大学的路易斯·摩里纳（Luis Molina）、弗朗西斯科·苏亚雷斯（Francisco Surez）等耶稣会籍哲学家，也有被誉为"葡萄牙亚里士多德"的佩德罗·德·丰塞卡（Pedro da Fonseca）。而丰塞卡正是科英布拉大学亚里士多德哲学教程改革的早期负责人。裴化行《利玛窦评传》中提到的曼诺埃尔·德·戈埃斯，则是"耶稣会科英布拉评注"从具体编撰到出版的主要执行者。这项教改工程从启动之始的1561年，到最终完全出版的1606年，历时40余年。

科英布拉评注共有八部，涉及亚里士多德的《物理学》《论天》《天象学》

---

① 裴化行.利玛窦评传［M］.北京：商务印书馆，1993：33.

《自然诸短篇》《尼各马可伦理学》《论生灭》《论灵魂》《工具论》，均收入《北堂图书馆藏西文善本目录》（北京遣使会编，国家图书馆出版社2009年版），编号自1359至1379。北堂图书馆不仅收藏了该评注系列的科英布拉原版，还有不同时期在里斯本、科隆、美因茨、里昂等地的再版，总计20余种。

史家一般认为，傅汎际、李之藻合译的《寰有诠》《名理探》是依据《〈论天〉评注》《〈辩证法大全〉评注》翻译而成。对此最早的记载，应该是出自曾德昭的《大中国志》。曾德昭原名谢务禄，经历过明末的南京教案。他在介绍李之藻的传记里，专门提及《论天》《辩证法大全》与科英布拉评注的关系：

> 他通晓天体学及类似的稀奇的东西，但最有意义的是，他深通并且协助译出亚里士多德的书，以及科因布拉学院提出的有关问题，所以他已完全深入这方面的工作。而最后，他学习了我们大部分逻辑学，为此他留下了20卷已刊印的中文译文，此外，他孜孜不倦地讨论这些及其他的学科。①

《大中国志》原为葡语写作，后又出现意大利语、法语、英语等多个译本。可能是翻译上几经周转的缘故，这段话的意思已经变得含混不堪，但大体上还是可以知道，"译出亚里士多德的书"与"20卷已刊印的中文译文"的"逻辑学"，指的就是《寰有诠》《名理探》。《大中国志》完稿于1638年，应该是来华耶稣会士最早关于科英布拉评注的记载。

后来方豪先生在他的《李之藻研究》《中国天主教史人物传》里，又将毕方济的《灵言蠡勺》、高一志的《修身西学》列入科英布拉评注系列，认为这两本书的翻译底本为该评注本的《论灵魂》与《尼各马可伦理学》。严格来讲，《寰有诠》《名理探》比较忠实原作，基本遵循了原书的评注体例，以

---

① 曾德昭.大中国志 [M].上海：上海古籍出版社，1998：294.

"解""驳""或问""正论"等多种形式,将中世纪经院哲学烦琐考证、反复诘难的文体特征保留了下来。所以,"译"的意味十足。相对而言,《灵言蠡勺》《修身西学》虽也有问有答,但不烦琐,而是直接给予正解或正论。所以,"述"的成分更多。其实,从"述"的角度来看,艾儒略的《性学觕述》、高一志的《空际格致》也是可以包含在科英布拉评注的翻译之列的。《性学觕述》包括了三部分内容:一为《论灵魂》,另一为《自然诸短篇》,再就是《论生灭》。在《论灵魂》方面,艾儒略和毕方济一样,都只是选取了一部分重点进行介绍。"蠡勺"或者"觕述",原本就有节取简述的意思。《自然诸短篇》的译介,则很全面,无一遗漏,至少从标题上来看是如此。《论生灭》的内容最简略。高一志的《空际格致》,描述对象多为自然界的现象,应该是译自《天象学》。这样看来,八部科英布拉评注,除《物理学》无专书外,余则均在明末,由耶稣会士与中方人士合作,逐一介绍进入汉语世界。而高一志的《斐录汇答》大致也是可以视为关于《物理学》或自然哲学常识的简介的。

上述译著的规模,虽与科英布拉评注本大体相当,但是否全都参照科英布拉评注本译介过来,也还是存在疑问的。

李弘祺先生写过一篇关于高一志《修身西学》的论文,是将《修身西学》放进阿奎那的神学伦理思想当中来加以观照的。事实上,该文在对《修身西学》进行具体的文本分析时,所据也全部来自阿奎那的《神学大全》(*Summa Theologica*)。李弘祺先生的写作目的,本不在于一一指认《修身西学》与《神学大全》之间的文本关系,并且他也认为《修身西学》的写作或另有所据。而从中世纪神哲学的特点来看,将《神学大全》中的伦理思想视为高一志撰述的基础,这种论述本身也不应该存在什么问题。阿奎那《神学大全》的伦理思想基础,多源自他为《尼各马可伦理学》所做的评注;而科英布拉评注本的《尼各马可伦理学》,也必然是要将阿奎那的伦理思想视为"正论"的。这体现了中世纪神哲学的"忠实"品质，也是它"教条"之所在。

有鉴于此，若就翻译的底本而论，要说《修身西学》参照的是科英布拉评注本，基本上也不会有什么问题。而且就《修身西学》的撰述结构而言，它与科英布拉评注本非常接近。但正如前文所述，《修身西学》"述"的成分较大，而"译"的细节又被简化了，所以光从"正论"的角度来判断，也很难定论它的翻译底本就是科英布拉评注本。有译有述，或亦译亦述，原本就是两种不同文化在早期交流碰撞中不可避免的现象。若将语言的熟练程度、文化背景的差异性等诸多因素考虑进去，带有介绍意味的成分必然是要大于如实翻译本身的。而且就来自不同文化的早期接受而言，"意译"更便于受众理解，比"实译"所能产生的影响力会大得多。

另外，从《北堂图书馆藏西文善本目录》来看，亚里士多德评注本的收藏十分丰富，几乎就是一部西方亚里士多德评注史的缩影。其中被认为与金尼阁所携西书有关的，从早期亚历山大·阿弗罗狄西亚（Alexandri Aphrodiensis），到耶稣会时期丰塞卡等人的亚里士多德评注，可以说是应有尽有。其中又以阿维罗伊（Averrois，编号885、888）、阿奎那（编号2944）就亚里士多德哲学所做评注本，最为全面，且已被北堂书目确认为"金尼阁遗书"。鉴于历史原因，这些评注本没能被一一翻译成为中文，确实令人扼腕。它们静静地躺在中国土地上某幢建筑的角落，几乎不为人知。直到今天，我们才有可能通过北堂书目了解到，其实在三百多年前，亚里士多德不仅同神学一道来到了中国，而且是以卷帙浩繁的规模，以一部西方亚里士多德评注史的方式来到了中国。

科英布拉评注本，正是上述评注本历史积累的集成。我们几乎不能想象，在耶稣会士们对亚里士多德评注进行译介的过程中，会对这些丰富的宝藏视而不见。这里尤有必要提一下将亚里士多德学说译介到中国的耶稣会士们。在他们当中，与金尼阁同船携书来华的傅汎际，应该是受到过科英布拉评注编撰者们亲炙的学生。这或许可以视为,他在与李之藻合作翻译《寰有诠》《名理探》时,相对要更"忠实"于原著的理由。艾儒略、毕方济同期到达澳门,时间为1610年。高一志更早,1605年便到达澳门。这三人都有过在澳门圣保禄学院执教的经历。圣保禄学院号称远东第一所西式大学,其办学宗旨与课程设置,基本参照科英布拉大学。三人的译著是否与执教圣保禄学院的经历有关,尚不能确定。但从《灵言蠡勺》《性学觕述》等译著的梗概性质来看,也不排除是他们在澳门执教时写就的讲义的可能。这三人中,以高一志居澳门时间最长。高一志原名王丰肃,1616年南京教案兴起之后,被遣返澳门,至1624年重回内地,并改名高一志。高一志在《修身西学》之外,另有《齐家西学》《西学治平》,合称"西方义礼之学"。《齐家西学》《西学治平》所介绍的内容,为亚里士多德的《政治学》,并不在科英布拉评注范围。这在某种意义上,也印证了亚里士多德学说的中文译介未必全出自科英布拉评注的判断。而将亚里士多德道德哲学体系中的个体伦理学、家政学、政治学,与儒家经典《大学》"八目"当中的"修齐治平"相提并论,又似乎让我们隐隐看到了两种不同文化在进行尝试性对话的端倪。

当然,在亚里士多德已然来到中国这样的一个事实面前,我们关于翻译底本的疑问也许并没有想象中那么重要。耶稣会士虽不是专为传播斯塔吉拉人的知识体系而来,但他们却为了神学的信仰将斯塔吉拉人带到了中国。尽管关于他的学说的译介,相对于"七千部"西书的到来而言,相对于他著作的实际到来而言,都只不过是冰山的一角,但在世界文化交流史上,这仍然是一道奇异的风景。当年流入阿拉伯世界的斯塔吉拉人学说,在中世纪重返欧洲之后,成了经院哲学的重要基石。而在欧洲即将拉开近代序幕的前夜,在斯塔吉拉人的知识体系遭受严重挑战之际,它却又不可思议地以神哲学的面目流入远东来到中国,并且在耶稣会士"知识传教"的策略中进入到汉语世界,与同样"西来"但基本中国化的佛学一争高下。如此看来，知识体系的环转周流，文化交汇的机缘巧合，真的是奇妙无比。

（原载《读书》2011年第6期，题名有改动）

《十慰》：来自异乡的消息

利玛窦最早将晚期斯多亚派（Stoic）的思想介绍进入中国，他的《二十五言》译自爱比克泰德《道德手册》（*Handbook of Epictetus*）[①]。利玛窦介绍说，"他们以为此书并不攻击其它宗教，只谈人内心修养，颇呈现希腊斯多噶派学人的意味，但我以适合于我们的伦理为限；此小册子人人喜爱、人人称扬"[②]。这本小册子的成功实得益于利玛窦对中国文化的深透理解。"作为一部灵修作品，《二十五言》没有明显的体系结构，也没有通过归纳推理或演绎推理来论述问题，而是用比喻、例证、类比的方式扬善讥恶。因此，不是通过推理论证来说服人，而是通过心灵睿智来启发人，使人觉悟。在方法上，它与中国传统文化的思维模式互相启迪；在内容上，它与中国传统的修养方法相得益彰。"[③]故为晚明文士所推崇。

爱比克泰德因利玛窦《二十五言》，引起学界关注[④]。相对而言，塞涅卡（Seneca，约前4—65年）来到中国的事实，则显得不那么招人眼目。塞涅卡与爱

---

① Christopher A. Spalatin. Matteo Ricci's Use of Epictetus [M]. Waegwan（Korea）：Pontificia Universitas Gregoriana，1975.
② 利玛窦．利玛窦全集：第4卷 [M]. 台北：光启出版社，1986:276.
③ 郑安德．明末清初耶稣会思想文献汇编·二十五言题解：第一册第六卷 [M]. 北京：北京大学宗教所，2003.
④ 朱锋刚．利玛窦《二十五言》的爱比克泰德思想——兼谈中西哲学比较何以可能[J].中山大学学报（社会科学版），2010，50（6）；郑海娟.跨文化交流与翻译文本的建构——论利玛窦译《二十五言》[J].编译论丛，2012（1）；潘薇绮（Wei-Chi Pan）.跨文化之友伦——论利玛窦《二十五言》的翻译修辞与证道艺术[J].辅仁历史学报，2013（31）.

比克泰德同属晚期斯多亚派，在哲学史上代表着一个新的时期。罗素在他的
《西方哲学史》中引用过这样一段话："形而上学隐退到幕后去了，个人的伦理
现在变成了具有头等意义的东西。哲学不再是引导着少数一些大无畏的真理追
求者们前进的火炬：它毋宁是跟随着生存斗争的后面在收拾病弱与伤残的一辆
救护车。"①这意味着哲学世界的一大转折：古希腊时代的天生爱智之士，在希
腊化的罗马沦为道德伦理的宣讲者与安抚者。用罗素的话说，亚里士多德所代
表的属于哲学家的乐观时代结束了，从他以后哲学走向了悲观避世的渊薮。在
以道德安抚为己任的生活哲学家当中，晚期斯多亚学派的代表人物塞涅卡尤其
典型。塞涅卡的生活指导原则，带有浓厚的命定色彩，他劝慰人们在面对苦难
与不幸时，要顺从如同神谕的自然旨意，并用自我意志来调适内心的宁静。②
他的哲学无异于"忍受的福音"，因而与早期基督教结下不解之缘。有人认为
《使徒行传》抄袭自塞涅卡，甚至对塞涅卡与圣保罗通信一事，也信以为真。
哈斯金斯在《12世纪文艺复兴》一书中曾这么评价"说教的塞涅卡"："人们认
为他是给圣保罗书信的作者，使他赢得了作为一个基督徒的虚假的名声，他也
因此在这个时代进一步扬名。"③

　　塞涅卡的影响力贯穿了基督教在教父时代、神哲学时代的历史，乃至在文
艺复兴时期又受到了人文主义者的追捧。从彼特拉克、伊斯拉谟到蒙田，无一
例外成了塞涅卡的拥趸。可以说，在不同的历史时期，人们各凭所需，从塞涅
卡的救护车中取走精神的安慰剂。尤其值得一提的是，在塞涅卡的传播史上，
他不仅属于欧洲，也曾漂洋过海来到中国。在高一志的《励学古言》《譬学》
《达道纪言》等中文译著里，他的名字叫色搦加。《达道纪言》录有塞涅卡格

---

① 罗素. 西方哲学史：上卷 [M]. 北京：商务印书馆，1963：291.
② 晚期斯多亚学派的思想与中国道家安时顺生有近似之处。《庄子·养生主》云："适来，夫子时也；适去，夫子顺也。
　安时而处顺，哀乐不能入也，古者谓是帝之悬解。"
③ 哈斯金斯.12 世纪文艺复兴 [M]. 上海：上海人民出版社，2005：86.

言30条，《励学古言》里也有10余条，加上《譬学》当中未署名的塞涅卡譬喻，多出自圣经人文主义者伊拉斯谟所编《譬喻集》《名言录》。伊拉斯谟是塞涅卡的忠实读者，他在1516年专门出版过塞涅卡全集。塞涅卡的影响力，正如罗素所言，"是被后代根据他那可敬的箴言来加以评判的"[①]。事实上，不仅塞涅卡的人生格言被大量译成中文，他的文章也以不为人知的方式被介绍到了中国。它隐藏在高一志《十慰·慰失子者》一文中，原本塞涅卡写给玛西娅的一封安慰信，转而成为耶稣会士用汉语安慰中国信徒的金玉良言。

塞涅卡一生留下大量的道德书简。这封写给玛西娅的安慰信很长，既体现了不喜欢他的人称之为"抽筋"的文风，也最能体现晚期斯多亚派的精神安慰之道。塞涅卡首先表达了对玛西娅痛失爱子心情的理解，然后力劝她从悲伤当中尽快走出来。理由是这并不符合自然的旨意。持有与失去，原本属于自然或神的恩赐。对于持有的习惯性占据，让人对于失去的不幸事实，猝不及防，以致忘掉了在神所主宰的世界里，每一人每一物都是暂时的寄住者。

> 一切在我们周遭熠熠生辉的这些幸运之物——孩子、荣誉、财产、宽敞的厅堂、充斥着不请自来的食客的门厅、盛名、出身高贵或貌美如花的妻子，还有其他一切取决于布确定和变幻无常的机遇的事物——都不属于我们自己，而是借得的饰物；它们中没有一样是无条件地给予我们的。装点生活舞台的道具是借来的，它们必定要回到其所有者手中；其中一些在头天就要归还，有些在第二天；只有少数会伴你到终点。因此，我们没有理由趾高气扬，仿佛周围都是属于我们的事物；我们只不过是把它们当作借贷之物接纳下来。[②]

在人之常情面前，常理的劝慰多半无济于事。而诸如人生如寄、安命顺生

---

① 罗素.西方哲学史：上卷[M].北京：商务印书馆，2001：330.

② 塞涅卡.哲学的治疗：塞涅卡伦理文选之二[M].北京：中国社会科学出版社，2007：88.

的思想，反更易获得尊信的市场。人生如寄，在利玛窦《二十五言》中被译为"物无非假"。

> 物无非假也，则毋言己失之，惟言己还之耳。妻死，则己还之；儿女死，则己还之；田地被攘夺，不亦还之乎？彼攘夺者，固恶也，然有主之者矣。譬如原主使人索所假之物，吾岂论其使者之善欤，恶欤？但物在我手际，则须存护之，如他人物焉。（Never say about anything, "I have lost it," but instead, "I have given it back." Did your child die? It was given back. Did your wife die? She was given back. "My land was taken." So this too was given back. "But the person who took it was bad!" How does the way the giver 6 asked for it back concern you? As long as he gives it, take care of it as something that is not your own, just as travelers treat an inn.[1]）

这段话出自爱比克泰德《道德手册》。按照英译本，利玛窦漏译了一句点睛之笔：Just as travelers treat an inn。人生的暂寄与归还关系，由此可一目了然。假，借也。生与死，则无非借与还。同为晚明在华耶稣会士的艾儒略，在《五十余言》里将它表述为"生寄死归"。"生，寄也；死，归也"，出自《淮南子·精神训》。这在解脱之道中实属常语。所不同者，仅在于我为借方谁是原主，或者我为过客谁是主人的问题。斯多亚派的主人是宇宙或者自然（Nature），基督教的主人则是上帝（Deus）。一个是泛神论，一个是一神论，却又同归于命定论。晚期斯多亚学派与基督神学，在劝慰之道上可谓殊途同归。正是在这个意义上，无论塞涅卡还是爱比克泰德，均在哲学式微而宗教代兴的时代里，成了所谓"天生的基督教徒"。由此便不难解释，何以在耶稣会来到中国之后，

---

[1] Nicholas P. White. Handbook of Epictetus[M]. Cambridge: Hackett Publishing Company, 1983: 14.

爱比克泰德、塞涅卡也跟了进来。基督教的布道修辞借重晚期斯多亚学派的道德文章，其来有自也。

回到塞涅卡安慰信与高一志《十慰·慰失子者》的关系上来。《十慰》，顾名思义，就是对十种忧者加以安慰，对象包括失子者、失乡者、失位者、耄老者、失产者、失志者、失和者、失偶者、失依者、忏悔者等。其安慰之道，大同小异，"先顺慰之，次解脱之，其要归于辨形神久暂，使人思形祸非祸，神祸乃祸；暂苦非苦，永苦乃苦"①，实以命定思想为前提展开安抚。《慰失子者》列于《十慰》之首，将它与塞涅卡的信稍作比较，便不难看出二者之间的文脉关系（括号中楷体引文出自《致玛西娅的告慰书》）：

（1）曩者或赐借我以百金焉，且不吾图利也。宽期多年，使用益吾家，而未常我羞辱也。期尽，而主命复本于是，我遂盼然戚然，辞推咎怨，是知情乎？是知义乎？（我们不过是把它们当做借贷之物接纳下来。我们拥有的是使用权与享有权，而礼品的施予者才有权决定我们的保有期之长短。就我们而言，我们不定期地拥有我们的礼物时，要随时准备着，只要施予者一开言，我们就该无怨地奉还；对债主恶言相向者是卑鄙透顶的负债人。）

（2）吾观世人竞往，惟如坟墓，或至之早，或至之晚，而总未有不至之者也。如往市者也，莫不到者也，特迟速为稍殊也。（你儿子死了，也就是说，他已完成了他的旅程，到达了终点。所有在你看来比你儿子幸运的人，甚至现在就在急奔这终点而去。所有这些在广场聒噪的人们、在剧场看戏的人们、在神殿祈福的人们，都在以不同的步伐迈向这终点。）

（3）俟寅卯之迟而顺止之，不如于子丑之早强服之。（不要等到遥远的那天，直至你的悲痛甚至会违背你的意愿自行消逝。还是自愿地抛弃它吧！）

---

① 钟鸣旦，杜鼎克，蒙曦.法国国家图书馆明清天主教文献·第四册[M].台北：利氏学社，2009：74.

（4）夫人命不以久生而谓美，独以美生而谓善矣。（尝试着用他的德行，而不要用他的年纪来对他做一估价，你就会发现他已活得够长了。）

如此近乎直译的句子，还有不少，体现了晚期斯多亚学派的思想底色。而在使用典故方面，也能看出一些端倪。最明显的例子，是高一志对色诺芬（Xenophon，约前430—前350年）与古罗马统帅保路斯（Lucius Aemilius Paulus Macedonicus，前229—前160年）的征引。

> 责诺弗氏，古名史也。方祭，闻长子死，即止问故。报者曰：为国战死。辄复祭。祭毕，曰：吾子幸为国而死，其福矣乎？又一名将，生平好美观，仪从无比。忽二三日中，丧二子，亦泰然自得，未见失度，未闻乱言，且自慰曰：吾患于一国公难，不如吾患于一家私难矣；吾为国而哀，不如国为吾而哀矣。

塞涅卡在《致玛西娅的告慰书》也如是道来①。可见，《十慰·慰失子者》乃取材于塞涅卡的安慰信。当然，塞涅卡的信烦冗不堪，高一志在对它进行中文处理时，应当考虑过中国读者的感受。他省去了其中大量的例证，删繁就简，尽力突显基督教的生死观念。希腊化时期的作家，在死亡观念以及安慰之道方面留下了不少书信体文字，足资后人借鉴。在《致玛西娅的告慰书》的基础上，高一志可能还参考了塞涅卡的《致波利比乌斯的告慰书》、普鲁塔克的《致妻子的安慰信》等。

高一志《十慰》并非仅限于对塞涅卡的借鉴。"余居中邦廿余年，习识中邦之友，莫不向高而好正，乃多遇患之至。或瘠厥心惫厥身，最难解，甚且并以己殉焉。余约其大都有十端，乃述西土往哲所传记，时贤所究解，各为一论。"可见其出入往哲与时贤之间，所资甚广。如《慰耄老者第六篇》记，"古

---

① 塞涅卡 . 哲学的治疗：塞涅卡伦理文选之二 [M]. 北京：中国社会科学出版社，2007：93-94.

良第诺氏，大有文名，百余岁而布教修业，犹不卷。或问曰：子寿如是，尚无厌也？答曰：吾且察斯寿也，必无所罪之也，乃何厌为？"良第诺即高尔吉亚（Gorgias of Leotini，约生于前480年），古希腊智者、修辞学家，伊索克拉底（Isocrates，前436—前338年）的老师。该故事则见于西塞罗《论老年》①。另外，《慰失乡者第二篇》又取材于普鲁塔克《论流放》。从引用古希腊厄尔姑肋（Heracles，今译赫拉克勒斯）、束格剌德（Socrates，今译苏格拉底）的名言，到讲述德弥斯笃（Demetrius of Pharos，今译德米特里厄斯）、第阿日搦（Diogenes，今译第欧根尼）、斯特拉多利库斯（Stratonicus of Athens）的典故，贯穿其间的内容可谓照直翻译，竟占到了《慰失乡者》近三分之二的篇幅。其余部分，高一志则以"古之智者，烦于政，劳于家，或游异方，或隐原野，或遁河岛，以图休息而终身不改其乐焉"②，一笔带过。由是可以大致看出，高一志根据《十慰》的不同主题对西方古典文学莫不取资。诚如《孟子》所云："资之深，则取之左右逢其原。"

高一志撰写《十慰》，乃出于传教需要，属于中世纪流行的布道修辞之列。修辞学，在西方称为辩术，也叫说服艺术。亚里士多德、西塞罗、昆体良等，均有过此类专著行世，对中世纪布道艺术产生过极大影响。而在希腊化时期，以书信方式对人加以安慰的风气也很常见。西塞罗、塞涅卡、普鲁塔克均为此中高手。这些因素，再加上晚期斯多亚派与基督教天生的亲和关系，足以构成高一志模仿古典文学安慰中国信徒的前因后果。

"慰忧者"，是耶稣登山宝训之一，也是耶稣会的一项重要使命，即"哪里的灵魂更期待得到帮助，我们就生活在哪里"。这个思想在罗雅谷《哀矜行诠》（1633年）中表述得最充分。哀矜之行十四端，分形之哀矜七端：

---

① 西塞罗. 西塞罗文集：政治学卷 [M]. 北京：中央编译出版社，2010：249.
② 参阅普鲁塔克. 古典共和精神的捍卫：普鲁塔克文选 [M]. 北京：中国社会科学出版社，2005：211–217.

（1）食饥者；（2）饮渴者；（3）衣裸者；（4）赎虏者；（5）舍旅者；（6）顾
病者；（7）葬死者。又分神之哀矜七端：（1）启诲愚蒙；（2）责有过失者；
（3）以善劝人；（4）慰忧者；（5）赦侮我者；（6）恕人之弱行；（7）为生死者
祈天主。其中安慰忧者为神之哀矜一端。《哀矜行诠》卷三对"慰忧者"有专
论："今就古贤色搦加所设言慰忧十端，译其元意用为准则：忧死、人忧病、
以旅寄为忧、人忧贫、忧道、以丧明而忧、忧丧子而哭、忧失友、忧失位。"①
可见，"慰忧十端"乃出自塞涅卡，实从塞涅卡安慰信的主题概括而来。如塞
涅卡致母亲赫尔维亚的安慰信②，讨论主题为流放，即"失乡"或"旅寄"。对
照《十慰》，其名目所同者十之八九，可谓一脉相承。

　　塞涅卡在弥留之际对身边人说："你们不必难过，我给你们留下的是比地
上的财富更有价值得多的东西，我留下了一个有德的生活的典范。"③在西方形
而上哲学传统里，塞涅卡与其说是个哲学家，还不如说是个常把道德挂在嘴边
的精神导师。利玛窦来华之后，将孔子与塞涅卡相提并论④，道理就在这里。在
中国读者看来，这个比较可能不伦不类。但在基督教内，作为异教徒的塞涅
卡，其影响力不亚于圣保罗；而圣保罗在教内的地位，则又相当于希腊智者中
的苏格拉底。据称爱比克泰德的《道德手册》在稍事修订后，曾两度被用作中
世纪教会内的训导读物，其中的一项重要更改，就是将苏格拉底名字全部替换
为圣保罗。⑤利玛窦心中的孔子近似塞涅卡，而不是苏格拉底，大概只有站在
基督教内的立场才好理解。事实上，塞涅卡所属斯多亚派，向来以苏格拉底的
继承者自居。

① 罗雅谷. 哀矜行诠 [M]. 法国国家图书馆：CHINOIS 6869.
② 塞涅卡. 哲学的治疗：塞涅卡伦理文选之二 [M]. 北京：中国社会科学出版社，2007.
③ 罗素. 西方哲学史：上卷 [M]. 北京：商务印书馆，2001：329.
④ 1593年12月10日利玛窦给信会长阿桂委瓦说："四书所述的伦理犹如第二位塞尼加（Seneca）的作品，不次于古
　代罗马任何著名作家的作品。"利玛窦. 利玛窦全集：第3卷 [M]. 台北：光启出版社，1986:135.
⑤ 参见《爱比克泰德论说集》译序. 爱比克泰德. 爱比克泰德论说集 [M]. 北京：商务印书馆，2009.

有人将塞涅卡、爱比克泰德等被介绍进入中国，理解为利玛窦知识传教的一种策略。这恐怕只讲出了真相的一个方面。若将他们与基督教之间的渊源稍事追溯，我们何尝不可以说，依附希腊化时期哲学家的思想讲道传教，原本就是基督教内部由来已久之传统。而又正因为有了希腊化时期的哲学作为中介，才使得明末的中西文化交流不再仅限于基督神学的导入，也被赋予了苏格拉底的西方追随者与中国的苏格拉底在德性问题上直接对话的意义。最早注意到利玛窦借助爱比克泰德布道的斯巴拉汀（Christopher A. Spalatin）指出，"正如欧洲耶稣会士通过斯多葛主义试图为西方世界带来基督教信仰，利玛窦也寻求借助于儒家将中国带入到信仰基督教。斯多葛主义、儒家学说和基督教之间的关系，形成了文艺复兴耶稣会士们独特的传教方法"①。需要补充的是，作为文艺复兴时期最大发现的普鲁塔克，这个被认为折中了斯多亚学说的新柏拉图主义者，经过高一志的一番大力译介，成了耶稣会士适应儒家学说的新资源。利玛窦从道德哲学层面发现了孔子与塞涅卡的相通性，也把斯多亚学派的思想介绍进入中国，而高一志则发现了普鲁塔克作品与儒家经典之间的关系，在五伦思想、齐家思想方面构建了中西文化交流的平台。

其实在耶稣会士内部，西塞罗才是修辞之王，只要阅读一下他们的《教学规程》（Ratio Studiorum），就会发现西塞罗在耶稣会教育中的重要地位。但在利玛窦与高一志这两个对中国文化均有着深透理解的传教士笔下，西塞罗并非主角，这实在耐人寻味。一方面，从文化适应的角度看，塞涅卡、爱比克泰德以及普鲁塔克在伦理思想方面确然与中国文化有着相通之处；另一方面，从文艺复兴时期的西方文化来看，普鲁塔克的影响力已然超越西塞罗，成了欧洲古典文化新的代言人。在耶稣会《教学规程》的《古典文学教师守则》（*Rules of the*

---

① 朱锋刚.利玛窦《二十五言》的爱比克泰德思想——兼谈中西哲学比较何以可能 [J].中山大学学报，2010，50（6）.

Teacher of Humanities）当中，普鲁塔克与伊索克拉、柏拉图一样重要。^①这表明耶稣会士在明末所传西学体现了文艺复兴时期文化的特点。

在文艺复兴时期，塞涅卡、普鲁塔克显然获得了来自不同思想阵营的欢迎。一方面，他们会像高一志中文译著所呈现的那样，大受反宗教改革的耶稣会士垂青，他们的大名曾一道出现在"科英布拉疏注"，他们的著作成为耶稣会士注释亚里士多德哲学的重要依据。另一方面，则如我们接下来将会看到的，他们关于流放等主题的独到见解，早已成为文艺复兴时期人文主义思想的先声。流放是希腊化时期哲学的一个重要话题。不仅普鲁塔克写有《论流放》，塞涅卡在致母亲赫尔维亚斯的安慰信中，也对流放做过专门讨论。他们一致认为，流放既非惩罚亦非灾难。流放虽然让人背井离乡，但却无法带走人的美德。用普鲁塔克的话说，"岛屿的宽度与远离痛苦的生活有什么关系呢"，"任何地方都不能带走人的欢乐幸福，就像没有什么可以带走他的美德和理智一样"^②。在普鲁塔克开列的一长串流放者名单里，我们其实看到的是一幅自我放逐而又幸福自足的智者群像。用塞涅卡的话说（《致母亲赫尔维亚的告慰信》），"厄运已将你抛入了一个乡村，在那里最奢侈的庇护所只是一座茅屋"，"这不起眼的茅屋，我想，美德也是有权进驻的吧"^③。塞涅卡的观点，代表了典型的斯多亚派思想。在斯多亚派看来，人与宇宙或自然一样，拥有关于善的自我决断能力，这是外界力量所无法左右的。所以，塞涅卡才会说，"你认为有哪位贤哲———一个完全依赖自己的人，一个超拔于俗众意见的人———会受耻辱的影响呢？"他也由此得出了自己的结论，"仅仅远离故土并非不幸。你已如此深参典籍，所以你当知晓，对于贤哲，随处是故乡"。而这些也正是我们从文艺复兴时期人文主义者口中常听到的声音。在布克哈特《意大利文艺复兴时期的

① Allan P. Farrell，S. J. The Jesuit Ratio Studiorum of 1599[M]. Detroit: University of Detroit, 1970 : 40.

② 普鲁塔克. 古典共和精神的捍卫：普鲁塔克文选 [M]. 北京：中国社会科学出版社，2005.

③ 塞涅卡. 哲学的治疗：塞涅卡伦理文选之二 [M]. 北京：中国社会科学出版社，2007.

文化》一书中，"个人的发展"主题正是由对流放的思考而引发的。"放逐也尤
其有这样的结果，它或者是使被放逐者困顿以终，或者是使他身上原来所有的
最伟大的东西得到发展。"[1]这里所谓最伟大的东西，当指人的本性与自由意志。
该书引用吉贝尔蒂的话说，"只有那个学识渊博的人才能四海为家；他虽被剥
夺了财产，没有朋友，但他是每一个国家的公民，并且能够无所畏惧地蔑视命
运的变化"[2]。由放逐而带来的人的觉醒，让这个世界顿然宽广起来。由是，我
们从但丁、乔维诺·庞达诺等人文主义者口中，倾听到了类似苏格拉底、塞涅
卡、普鲁塔克等被复兴者的熟悉声音。一种新的精神，在这个非凡的时代里诞
生了。

　　较之欧洲人文主义者的觉醒，我们尚不清楚取材于普鲁塔克《论流放》的
《慰失乡者》，在明末中国到底产生过何等影响。文中所引古希腊罗马名哲名
言，如赫拉克勒斯所云"吾非一郡人，宇内之郡，皆吾乡也"，以及苏格拉底
所云"吾天下为人而已"等，对于同样遭遇贬谪命运而又深受乡土观念束缚的
中国文士而言，是否真的会引起一种新的触动呢？那些因为不同境遇而需要安
慰的对象，又是否在新异的言谈当中获得了真正的灵魂慰藉呢？这不是我们能
够回答的。但无论如何，从耶稣会士的安慰之道中，生活在晚明的中国人确然
倾听到了来自异乡智者的声音。这是事实，也是中西文化交流史上无比奇妙的
对话。

（原载《读书》2012年第7期，内容根据底稿有所增补）

---

[1]　布克哈特.意大利文艺复兴时期的文化[M].北京：商务印书馆，1979：128.

[2]　布克哈特.意大利文艺复兴时期的文化[M].北京：商务印书馆，1979：129.

伊拉斯谟的普鲁塔克

　　高一志中文著述以对普鲁塔克的大量征引而显得别具一格。普鲁塔克（Plutarch，约46—120年）出生在被罗马帝国征服的希腊凯洛内阿（Chaironeia）镇，博学擅文，以创作《希腊罗马名人传》（*Parallel Lives*）闻名于世，堪称古希腊文化的最后传人。他在中世纪的拉丁西方世界沉寂了近千年，却又在使用希腊语的东方拜占庭帝国与柏拉图相提并论，被视为虔诚的异教基督徒。[1]5世纪之后，普鲁塔克完全从非希腊语的西方欧洲消失，他的著作直到15世纪才由拜占庭传入意大利，复又成为文艺复兴时期与近代早期欧洲眺望古希腊罗马文化的重要窗口。[2]尤其在16世纪，伊拉斯谟（Desiderius Erasmus，约1466—1536年）对普鲁塔克推崇有加。他不仅选译了普鲁塔克的重要著作《道德论丛》（*Moralia*），而且将其中大量的警言妙语录入他的《格言集》（*Adagia*）、《譬喻集》（*Parabolae Sive Similia*）。[3]此外，他还仿照普鲁塔克的同名之作，陆续编撰而成八卷本《名言录》（*Apophthegmata*）[4]。这些都极大地推动了普鲁塔克在西方的传播。他视普

① Demetrios Constantelos. The Formation of the Hellenic Christian Mind [M]// in D. J. Constantelos. Christian Hellenism: Essays and Studies in Continuity and Change. New Rochelle, NY: A. D. Caratzas, 1998.
② Anthony Grafton, Glenn W. Most, Salvatore Settis.The Classical Tradition[M].Boston, MA: Harvard University Press, 2010：748.
③ Erika Rummel.Erasmus as a Translator of Classics[M].Toronto: University of Toronto Press, 1985：71–88.
④ TinekeL.ter Meer. IV-4 Ordinis Quarti Tomus Quartus: Apophthegmatum Libri I-IV [M].Leiden: Koninklijke Brill NV, 2010：5.

鲁塔克为"最虔诚的异教哲学家"（no one among the pagan philosophers is more saintly than this man）[1]，认为在《圣经》之外，普鲁塔克是最值得阅读的作家，其次才是塞涅卡（Seneca，约前4—65年）[2]。较之晚期斯多亚派代表人物塞涅卡、爱比克泰德（Epictetus，约50—约138年）在中世纪拉丁西方的一直大受欢迎，普鲁塔克的名动天下实属晚出。拜文艺复兴运动之所赐，普鲁塔克后来居上，成为彼特拉克、伊拉斯谟、莫尔、拉伯雷、蒙田、莎士比亚等人文主义者津津乐道的古典主义作家，而且还深深地影响到其后的欧洲思想界[3]。这一风气随着耶稣会士的到来而波及明末中国。在利玛窦打开中西文化交流方便之门的名著《交友论》中，便已出现过普鲁塔克格言[4]。但征引普鲁塔克最多的，则非高一志莫属。可以确认，高一志笔下的普鲁塔克主要源自伊拉斯谟《譬喻集》《名言录》。

　　高一志对于普鲁塔克的偏爱，是明末中西文化交流当中饶有意味的话题。其表现形式有三：辑录、征引与模仿。首先，他将大量的普鲁塔克警言妙语录入《励学古言》与《达道纪言》。《励学古言》系《童幼教育》的辅助性读本，总计收录古代名人名言180多条。基本以古希腊罗马名贤为主，出自中世纪教父之口者仅4条（巴西略2条、厄弗冷1条、奥古斯丁1条）。其中系于普鲁塔克（译为布路大歌或布路大各、布路大格）名下13条。开卷所录第1条，便出自普鲁塔克之口。《达道纪言》则以儒家五伦为纲，将西方名人名言辑录成集。该集共收古代名言356条，普鲁塔克占据其中88条。[5]其次，在他称之为"义礼西学"的《齐家西学》《西学治平》中，大量征引普鲁塔克著述。最后，写作上模仿普鲁塔

① Erasmus. Adages III IV 1 to IV Ii 100[M].Toronto:University of Toronto Press，2005：356.
② 伊拉斯谟.论基督君主的教育[M].上海：上海人民出版社，2003：91.
③ "在早期基督教时代是柏拉图，在中世纪教会时期是亚里士多德；但是到了文艺复兴以后，当人们开始重视自由的时候，他们却首先转向普鲁塔克。普鲁塔克深刻地影响了十八世纪的英国和法国的自由主义者以及美国的缔造者们；他影响了德国浪漫主义运动，并且主要的是以间接的路线继续影响着德国的思想一直到今天。"罗素.西方哲学史[M].北京：商务印书馆，1963：139.
④ Matteo Ricci.On Friendship: One Hundred Maxims for a Chinese Prince[M].NY: Columbia University Press，2009：159-165.
⑤ 梅谦立.晚明的西方修辞学和话语团体的形成——以《达道纪言》（1636年）为例[M]//刘小枫，陈少明.柏拉图的真伪.北京：华夏出版社，2007：234.

克。高一志《十慰》"慰失乡者"，乃模仿自普鲁塔克《论流放》(On Exile)。

就辑录而言，《励学古言》与《达道纪言》尚表现在明处。若从表现在暗处的《譬学》来看，所收同样可观。《譬学》是一个比喻集，原名《譬式警语》，分上下两卷。后经徐光启润色在1633年重印，改名《譬学》。高一志并未交代这些比喻的出处，致使它的来源一直鲜为人知。经笔者比对，《譬学》所辑录的近700条譬喻，有很大一部分出自伊拉斯谟的《譬喻集》。《譬喻集》主要辑录自亚里士多德、塞涅卡、普鲁塔克、普林尼(Plinius，23—79年)等人著作。以普鲁塔克、普林尼最多，塞涅卡、亚里士多德次之。从《譬学》上卷来看，其所收比喻共计300余条，经笔者比对，可以确认选录自《譬喻集》的有100多条。其中普林尼最多，70余条；普鲁塔克次之，50余条；塞涅卡约10条，亚里士多德2条。现将出自他们名下之譬喻，各举一例如下，以示来源（按：以下诸例分别采自中文版《譬学》、拉丁文版Parabolae Sive Similia[1]、英文版Parallels[2]，便于互相参照）。

【例1】玻里波鱼性甚钝，而欺噬小鱼甚巧；世人德甚昏，而猎取小利甚明者，当作玻里波鱼视。（《三编》[3]：第586页）

Polypus stupidum alioquin animal, in captandis conchis incredibili utitur solertia, Ita quidam ad solū questum suum sapiunt, alibi pecudes mere.(*Parabolae Sive Similia*: p. 158)

The squid, in other respects a stupid animal, showsmarvelous cunning in getting shell-fish into its clutches. Similarly some men are intelligent only where their own profit is concerned, and in other things are just sheep.(*CWE*: p. 254)

---

① Desiderius Erasmus. Parabolae Sive Similia [M]. Basileae, 1534. 以下该书引文页码随文夹注。

② Desiderius Erasmus. Parallels, trans.by R. A. B. Mynors.收在 Collected Works of Erasmus: Vol. 23 [M]. Toronto：University of Toronto Press, 1978. 该书以下简称CWE，引文页码随文夹注。

③ 吴相湘.天主教东传文献三编：第二册 [M]. 台北: 学生书局, 1972:565–656. 该书以下简称《三编》，引文页码随文夹注。

【例2】旨酒注之毒器，未有不染其毒者也，反引其毒而伤人矣。善学授之恶人，未有不沾其恶者也，反济其恶而祸世矣。(《三编》: 第587页)

Vt optimum uinum, si in uas sordidū et impurum infusum sit, perdit gratiam: Ita bona sentential, si à malo uiro proficiscatur, aut si doctrina in malum uirum inciderit. (*Parabolae Sive Similia*: p.8)

The best wine, poured into a foul and dirty glass, loses its attraction; so does good policy proceeding from a bad man, or learing that has fallen to a bad man's lot. (*CWE*: p.136)

【例3】凡较己于恶人而已为善者，如较于跛躃而谓己为速行也。(《三编》: 第603页)

Qui sibi comparatione deteriorum bonus uidetur, perinde est ac si quis ad claudos respiciens suam mi retum uelocitatem. (*Parabolae Sive Similia*: p.105)

The man think himself virtuous by comparison with others who are worse is like him who, when confronted by lame men, admires his own fleetness of foot. (*CWE*: p.214)

【例4】风行将息更烈，灯之将灭更炎；人至盈满之时，势穷之兆也。(《三编》: 第592页)

Vt uenti desituri uehementissime spirare solent: Itamortales cum maxime efferut sese, ueluti Iulius Pontifex, tum proximi exitio solent esse. (*Parabolae Sive Similia*: p.184)

As the wind normally blows more strongly before it drops, so with mortals; when they exalt themselves to highest point, like Pope Julius, they are then often close to the their destruction. (*CWE*: p.274)

比较上述4例的三个版本，虽个别词句在翻译上略有出入，但其一脉相承之处还是非常明显。而根据英文版所提供的信息，我们不仅可以确认《譬学》取资于《譬喻集》这一事实，而且还能确切地知道这些譬喻的具体出处。高一志笔下之普鲁塔克，即伊拉斯谟笔下之普鲁塔克，似不应再有疑义。那么，是否存在这样一种可能，即高一志笔下格言警句或出自普鲁塔克著作本身呢？就个例而言，此等设想也有道理。但就《譬喻集》这本著作的构成特征而言，这种可能性又完全可以排除。

伊拉斯谟《譬喻集》所录譬喻，按作家分类。其中，普鲁塔克、塞涅卡名下的例句，全录自他们的著作，仅个别词句稍有调整。而出自普林尼、亚里士多德名下的譬喻，则不然。作为"喻依"（vehicle）的句子，虽出自他们的著作，"喻体"（tenor）则系伊拉斯谟杜撰。这在伊拉斯谟的《献辞》（Dedicatory Letter）中已说得很明白①。如例1之上句"玻里波鱼性甚钝，而欺噬小鱼甚巧"，例4之上句"风行将息更烈"，各出自普林尼《博物志》（Naturalis Historia）、亚里士多德《问题集》（Problemata），但例1之下句"世人德甚昏，而猎取小利甚明者，当作玻里波鱼视"，例4之下句"人至盈满之时，势穷之兆也"，则系伊拉斯谟自己的创造。伊拉斯谟对于普林尼、亚里士多德名下譬喻的创作灵感，来自普鲁塔克与塞涅卡。他在阅读普鲁塔克、塞涅卡著作时，发现他们笔下的比喻修辞极具魅力，在将它们穷搜成集之余，意犹未尽，又以普林尼、亚里士多德自然著作中所描述的各种物性、自然现象作为喻依，并自撰喻体。这在伊拉斯谟看来不失为一种行之有效的修辞训练方法。高一志谓"天文地理，山崎水流，空际万众，四行乖和，卉花之鲜美，羽禽走兽之异性奇情，无不可借以为譬"（《三编》：第576页），完全可理解为针对伊拉斯谟利用《博物志》而发。不妨对比《譬喻集》英文版（Parallels），举以数例，以证高一志之言不虚。

【例1】厄知多国甚热，试弟亚国甚寒，俱无霹雳也。世之极尊者与极卑者，多不受人害。（《三编》：第600页）

①　"In anything under the heading 'From Aristotle and Pliny' the application of the image is my own invention. For anything taken according to the rubric from Plutarch and Seneca I claim no credit, except for the labour of collection and exposition and such praise as is due to brevity and convenience." See *CWE*, p.134.

As Egypt is too hot for thunderbolts and Scythia too cold, so very great power or a very lowly station make a man safe from contumely. (*Parallels*: p. 243)

【例2】伯阿弟亚国，有二泉相近，其一饮之使人记，其一饮之使人忘。世间无不损近于利，毁近于成，故人世无全美者。(《三编》：第609页)

In Boeotia..., there are two springs, one of which promotes memory, the other forgetfulness. Similarly almost every great bleeding is neighboured by the risk of some great evil. (*Parallels*: p. 268)

【例3】加玛勒玩，蛇之微者也，以气为食，张吻享之，啖虚名者类是。(《三编》：第592页)

The chameleon, which lives on nothing but air and so has its mouth always open, some men live on public applause, and have no object but empty praise and glory. (*Parallels*: p. 252)

【例4】加德石灌之以水，即发火而燃；泼之以油，即灭火而寒矣。人情或遭拂逆，即奋起而修身；或值顺境，反怠惰而不能成功。(《三编》：第629页)

Agate ignites when water is poured over it and is put out by oil. So it is with some people: the more you ask of them, the less zeal they show, but leave them alone and they grow keen of themselves. Or there are some you estrange by kindness, and you secure their affections by neglect. (*Parallels*: p. 225)

【例5】罗多，西树也，羊食之则以为毒，人食之则以为药。世患其西树之叶乎？愚者为毒，譬之则羊也；智者为药，譬之则人也。(《三编》：第608页)

Rhododendron leaves are poisonous to horses, and goats, and sheep, but to man they are an antidote against snake-bite. Similarly what bodes destruction to the fool, adversity let us say or education, is turned by the wise man to his own profit. (*Parallels*: p. 266)

上述数例可证《譬学》取自《譬喻集》，且均出于伊拉斯谟手笔，而非另有来源。伊拉斯谟在自然知识方面取材于《博物志》，但由物及人的道德寓意则系他本人杜撰。普林尼名下譬喻的发明权在伊拉斯谟，则《譬学》中的普林尼必然出自《譬喻集》，而非另有来源。《譬学》中的亚里士多德、塞涅卡、普鲁塔克，亦当做如是观。《譬学》之取自《譬喻集》，另有一例颇具说服力，见于《譬学自引》。"若云'知古'，太西国草名，食之无不死者，惟浸以蒲萄汁，可以解毒。倘和蒲萄汁饮之，其毒更甚。谄谀者无异是也。阿谀之毒能害人，直责之似可解释，若又藉直责之忠情，而复潜藏其谀毒，其害不更甚哉？"（《三编》，第583—584页）此处所谓"知古"，为cicuta的拉丁音译，系毒芹属植物。其实高一志所引的这则例句，完全抄自伊拉斯谟《譬喻集》的"献辞"①。

其实，《譬喻集》仅为高一志著述之修辞来源之一。另一个不容忽视的来源，则是伊拉斯谟八卷本的《名言录》。该书以普鲁塔克同名之作为基础扩充而成，所收内容极其丰富，包括色诺芬的《居鲁士的教育》，瓦勒流·马克西姆（Valerius Maximus，约前20—50年）的《言行录九卷》（*Factorum ac Dictorum Memorabilium libri IX*），普鲁塔克的《希腊罗马名人传》《道德论丛》，第欧根尼·拉尔修的《名贤言行录》，苏维托尼乌斯的《罗马十二帝王传》，直至帕诺尔密达（Panormita, 1394—1471年）的《阿方索言行录》等著作，几乎涵盖了从古希腊罗马到文艺复兴时期欧洲历代大贤、明君的言行事迹，堪称此类著作之集大成者。事实上，《达道纪言》"君臣一百五十九条"，就主要取资于伊拉斯谟《名言录》。《达道纪言》所记近30位欧洲君主，从传说中的莱库格斯（Lycurgus）到最近的阿方索，无一不在《名言录》的名单之内。当然，他们也是《西学治

---

① See *Parallels*, p. 134. "Hemlock is poisonous to man, and wine neutralizes hemlock; but if you put an admixture of wine into your hemlock, you make its venom much more immediate and quite beyond treatment, because the force and energy of the wine carries the effect of the poison more rapidly to the vital centres... Suppose then one were to adapt this by saying that adulation poisons friendship instantly, and that what neutralizes that poison is the habit of speaking one's mind, which Greek calls parrhesia, outspokenness."

平》当中君主的典范。而频频出现在《童幼教育》《励学古言》里的西方名哲，也不难在《名言录》中找到出处。

与《譬喻集》一样，普鲁塔克在《名言录》中依然扮演着重要角色。这不单体现在该书在体裁上模仿了普鲁塔克的同名之作，更在于内容上对普鲁塔克著作做了广泛的搜集。显然，作为文艺复兴时期最大收获的异教哲学家，普鲁塔克一直是伊拉斯谟书中主角。笔者专以普鲁塔克为着眼点，理由也无外乎于此。概而言之，高一志《励学古言》《譬学》《达道纪言》主要源自伊拉斯谟《譬喻集》与《名言录》。《譬喻集》《名言录》诚为高一志取之不尽、用之不竭的修辞宝库。他笔下普鲁塔克之警言妙句以及普鲁塔克所记他人之言行，也无一例外出自这两个集子。高一志笔下的普鲁塔克，实际上就是伊拉斯谟笔下的普鲁塔克，纯属伊拉斯谟辑录普鲁塔克《道德论丛》《希腊罗马名人传》之结果。

自许理和撰文讨论《譬学》迄今，《譬学》《达道纪言》的来源问题一直悬而未决。唯梅谦立的研究最接近真相①。他注意到《达道纪言》引用了普鲁塔克、瓦勒流、苏维托尼乌斯等人著作，并认为"高一志和韩云把布鲁塔克的文集编译成了《达道纪言》"。他甚至在总结文艺复兴时期修辞学现象时，一度提及对于普鲁塔克、瓦勒流"纪言"的模仿，并以伊拉斯谟《格言集》《名言录》为例。但很遗憾，他没能再进一步，从而与伊拉斯谟这个重要的中间人交臂错过。伊拉斯谟《譬喻集》《名言录》在16世纪流传极广，被译成英、法、意等各种文字，可谓风靡一时。何以研究者会对《譬学》《达道纪言》取资于伊拉斯谟的真相视而不见呢？

首先，伊拉斯谟在宗教改革时期处境尴尬，备受天主教护教人士的责难。史景迁从《交友论》中发现伊拉斯谟格言时，就颇为惊讶，"这句话源自伊拉

① 梅谦立. 晚明的西方修辞学和话语团体的形成——以《达道纪言》（1636年）为例 [M] // 刘小枫，陈少明. 柏拉图的真伪 [M]. 北京：华夏出版社，2007:223–228.

斯谟，他曾受到罗耀拉的依纳爵的严厉批评；在16世纪后期，他的著作在耶稣会士的眼中是不健康的"①。一条出自伊拉斯谟之口的格言，尚且让研究者大感意外，遑论伊拉斯谟《譬喻集》《名言录》之内容大量出现在华耶稣会士笔下呢？另外，也确有材料显示②，巴黎的神职人员曾对伊拉斯谟《譬喻集》等著作予以过谴责，认为他的书对于神学信仰与道德都是危险的。熟知16世纪历史的研究者，有充分的理由相信伊拉斯谟与耶稣会之间不会发生直接关系，尽管耶稣会创始人依纳爵在早期求学时读到过伊拉斯谟的书。

其次，伊拉斯谟《譬喻集》《名言录》在流传中几经编订，内容发生很大变化。若仅依据伊拉斯谟原版进行比对，尚不足以完全确认高一志《譬学》《达道纪言》的来源。笔者在对《譬学》上卷进行比对时，便遇到过这个问题，仍有许多例句出处不明。这其中有两次编订尤其重要。其一，出自莱科斯森尼（Lycosthenes，1518—1561年）的编订。莱科斯森尼先是对《名言录》（1555年巴塞尔版）做了大量内容上的扩充；后又对《譬喻集》（1557年巴塞尔版）做了重新编排，不再按作家区分，而是按照各种道德主题归类，为读者提供了使用上的便利。经此重新扩充、编订之后的伊拉斯谟修辞著作，以世俗之书（commonplace-book）面目示人，在16世纪下半叶欧洲受到了修辞学研习者的偏爱。由是，莱科斯森尼重订本逐渐取代了伊拉斯谟原版的流传。其二，出自法国耶稣会的编订。1602年，在已宣布天主教为国教的法国国王亨利四世特许之下，耶稣会以莱科斯森尼重订本为底本，重新做了修订在里昂出版，专供耶稣会内部研习使用。③里昂版《譬喻集》《名言录》的出现，可彻底打消前文所述高一志使用伊拉斯谟修辞书的疑虑。理论上的不可能成为现实。

---

① 史景迁.利玛窦的记忆之宫：当西方遇到东方 [M].上海：上海远东出版社，2005：205.

② 见 *CWE* 中的 "Introduction"，p.lxiv.

③ 里昂版《名言录》（*Apophthegmata*, Lugduni: apud Jacobum Roussin, 1602）首页印有一份国王特许出版证（Extraict du Priuilege du Roy）原件。里昂版封面底端也印有 "基督教国王特许" 的字样（Cum priuilegio Regis Chritianissimi）。

PARABOLARVM
Siue
SIMILITVDINVM,

Quæ ex Ariftotele, Plutarcho, Plinio ac Seneca, grauiffimis
authoribus, olim ab Erafmo Roterodamo collectæ,
poftea per Conradum Lycofthenem ad fuas
claffes iuxta alphabeti ordinem
reuocatæ funt,

LOCI COMMVNES:

Poftrema hac editione (*ex punctis quibufdam obfcœnis,*
& impiis) partim ex Cicerone & Seneca, partim
ex aliis profanis, & facris anthoribus, ali-
quot Similitudinum centuriis au-
Eti, & ftellulis notati,

A Patribus Societatis IESV.

LVGDVNI.
APVD IACOBVM ROVSSIN.
M. DCII.
Cum priuilegio Regis Chriftianiffimi.

（里昂1602年版《譬喻集》封面）

　　里昂1602年版《名言录》《譬喻集》封面均提示：该版本为耶稣会研习之
书，源自莱科斯森尼重订本，但经过严格审查，删除了一些不当的内容，也增
加了新的圣俗权威的警言妙语，并且新增内容以星号标示。里昂版《譬喻集》
与伊拉斯谟原版相比，除原有的塞涅卡得到新的补充之外，又新增了《圣经》，
奥古斯丁、巴西略等圣师，以及西塞罗等异教哲学家的内容。许理和注意到
《譬学》"non-Christian"性质,事实上从下卷来看，还是多次出现"经云"或
"经曰"的例句。奥古斯丁、巴西略等圣人的名字也多见于高一志纪言类著述
中。里昂版的新增内容，更符合中译本《励学古言》、《譬学》及《达道纪言》

（里昂1602年版《名言录》封面）

的实情。对比伊拉斯谟原版，与《譬学》有关的塞涅卡譬喻约10来条，实则高一志征引塞涅卡远不止于此，这是因为里昂版新增了大量有关塞涅卡内容。最典型的是西塞罗，《达道纪言》归于他名下的譬喻句式并不少见，但伊拉斯谟并未将他收入集中。因为伊拉斯谟说过，"在所有的古典作者中，最令人难以忍受的是那种亦步亦趋地模仿西塞罗的文风"①。然而经过里昂版的重订，中世纪以来一直作为证道主角的西塞罗，被重新请入修辞的殿堂。伊拉斯谟尊崇普鲁塔克，但耶稣会不能没有西塞罗。这些均体现了里昂版新增的特点，也最贴

---

① 赫伊津哈.伊拉斯谟传：伊拉斯谟与宗教改革[M].桂林：广西师范大学出版社，2008：173.

近高一志译著原貌。由此可知，高一志所用《名言录》《譬喻集》为里昂版。

那么高一志又是如何得到里昂版的呢？他来华之前，在米兰布雷拉学院（College of Brera）教授过修辞课程，其间可能接触到过伊拉斯谟《譬喻集》《名言录》。但里昂版被带入中国，应该与金尼阁携七千西书来华有着直接关系。金尼阁系法国籍耶稣会士，他曾于1612年奉命回罗马向教宗汇报教务。在欧洲期间，他辗转多地募集图书，其中便包括里昂版，最终于1619年将七千余本西书带回澳门。里昂版《名言录》《譬喻集》应该就在这些来书当中。而高一志在南京教案后被遣送澳门，至1624年才重返内地。这与金尼阁携书来华时间刚好吻合。可以说，高一志是西书来华事件的重要见证人，他有足够的时间（1619—1624年）阅读甚至着手翻译这些新来的西书。

高一志中文著述可分为两类：撰述与翻译。其中《励学古言》《譬学》《达道纪言》属于典型的翻译著作。翻译底本即里昂版《譬喻集》《名言录》。伊拉斯谟修辞书在16—17世纪，一直以"世俗之书"（commonplace-book）的面目广为流传，先后由拉丁文翻译成英语、法语、意大利语、德语等多种文字，对于欧洲人文主义者产生过很大影响。在华耶稣会士与中国士人合作，在17世纪30年代又陆续将它们译为中文，殊为中西文化交流史上非常值得纪念的一段佳话。

（香港大学"绝域远人：明清文化视野中的西方"国际研讨会论文，2012年12月7—9日）

第二辑

国图周作人英文藏书过眼录

2017年五一节假日，我从温州飞北京，专程去国家图书馆访周作人英文藏书。飞机沿东南沿海北上，可以从舷窗俯瞰长江、黄河。乘首都机场开出的大巴在紫竹桥下的车。路过万寿寺路，莫名想到了王小波的小说。因为心里揣着国图，以及里面可能隐藏的秘密，一路上有点无法遏制的兴奋，我还没有一次出行像这样保有很大的期待。

其实，在白花花的太阳底下走，春末夏初的北京城还是有点热。沿途柳絮飘飞，不时还能清晰听到喜鹊响脆的喳喳叫声。

记得周作人写过两篇《鸟声》的文章。一篇云：

现在，就北京来说，这几样鸣声都没有，所有的还只是麻雀和啄木鸟。老鸹，乡间称云乌老鸦，在北京是每天可以听到的，但是一点风雅气也没有，而且是通年噪聒，不知道他是哪一季的鸟。（1925年4月作，收入《雨天的书》）

另一篇则云：

许多年前我做过一篇叫作《鸟声》的小文，说古人云以鸟鸣春，但是北京春天既然来得很短，而且城里也不大能够听得鸟声。我住在西北城当时与乡下差不多少，却仍然听不到什么，平常来到院子里的，只是啾唧作声的麻雀，此外则偶尔有只啄木鸟，在单调的丁丁啄木之外，有时作一两声干笑罢了。（1964年6月发表，收入《知堂集外文》）

我还在惊奇京城的鸟声什么时候改成了喜鹊时，国图宾馆到了，住下不表。

外文文献阅览室在南区，赫然题写着"国家典籍博物馆"几个大字，让人肃然而起敬意。连着两天沉心静气坐馆，除了出门吃午饭，也算是分秒必争。但效率极低，结果当然也不怎么理想。馆中工作人员很敬业，服务态度极佳。但按规定，每次只能预约三本书，等书到手已是一个钟头之后的事了。两天下来能预约到的书颇为有限，最终仅查获周作人英文藏书12本。虽然有整理出的上千种周作人英文书目在手，奈何只可静等不可入室，时间白白耗在了阅览室的干坐当中。想到国图宾馆的房价不菲，不禁有些泄气，只得带着遗憾打道回府。

那天走出馆时，时值黄昏，馆侧的两棵大银杏树，枝粗叶茂，肃立在落日余晖中，让我有了并不相干的联想。我想起了在这个城市曾经生活过的周氏兄弟。次日便特意去了一趟鲁迅博物馆。我读过的《鲁迅手迹和藏书目录》，就是该馆在1957年编印的内部资料。共三册，第一册是手迹目录，第二册是中文藏书目录，第三册是外文藏书目录。据统计，现存鲁迅藏书4062种、14000余册，其中中文2193种，外文（俄、德、英、法、日等）1869种。当然我只是去走走，周家大先生的书就在那儿好好地藏着，也不是随便什么人都可以入室翻读的。

这次来国图访书，缘起于读到周运《周作人藏书的收缴及其佚文一篇》（南方都市报 2017年3月28日）一文。访书回去后，又有机会拜读到他的大作《周作人现存部分外文旧藏目录》（《中西文化交流学报》第八卷第1期）。看来惦记着国图里周作人藏书的并非仅我一人。据称周运驻扎国图多年，除周作人藏书外，还发现了王国维、钱稻孙、傅斯年等人的大批藏书。这种踏踏实实做事的精神很是令人钦敬。

《周作人现存部分外文旧藏目录》共查获英文书108种。查对下来，尚有如下几种可以补充。

1. *Life and Writings of Miguel de Cervantes* by Henry Edward Watt.

该书是1914年3月16日由相模屋寄来的，书名页盖有红色方印："周作人印"。塞万提斯算得上周作人最喜欢的外国作家，他说过"我的文学店逐渐地关了门，除了《水浒传》《吉诃德先生》之外不再读中外小说了"（《东京的书店》）。见于日记中的相关藏书另有四种：（1）1920年1月：*That imaginative gentleman Don Quixote de la Mancha*, by Miguel de Cervantes Saavedra; translated into English by Robinson Smith。（2）1925年12月3日：*Miguel de Cervantes Saavedra: a memoir*, by James Fitzmaurice Kelly。（3）1927年3月：*Don Quixote of La Mancha*, by Miguel de Cervantes Saavedra. Tr. with introduction and notes by John Ormsby。（4）1929年3月11日：*The life of Don Quixote and Sancho* according to Miguel de Cervantes Saavedra expounded with comment by Miguel de Unamuno。

2. *Imaginary Portraits* by Walter Pater.

1924年7月收藏，即《空想的写真》。书名页盖有红色方印："周作人印"。

3. *Marius the Epicurean: His Sensations and Ideas* by Walter Pater.

1922年12月收藏，书名页盖有红色方印："周作人印"。周作人一直在悉心收藏英国唯美主义文艺批评家沃尔特·佩特的著作。在他1917年年底收藏的《数世纪的名人》（*Figures of Several Centuries*, Arthur Symons）一书中有对瓦尔特·佩特的专章介绍。见于日记中的藏书记录如下：（1）1917年11月：*The Renaissance*, Walter Pater。（2）1918年7月：*Greek Studies: A Series of Essays*, Walter Pater。（3）1924年7月（4本）：《文艺复兴》（*The Renaissance*）；《快乐派ㄇㄚㄦㄧㄨㄙ》（*Marius the Epicurean*）；《空想的写真》（*Imaginary Portraits*）；《赏识论集》（*Appreciations: With an Essay on Style*）。

4. *Rabelais in His Writings* by W.F. Smith.

1920年2月收藏，书名页盖有红色方印："周作人印"。《答张嵩年先生书》中讲过，"如我屡次所说，我是同拉勃来师父一样的，我只主张踢到要被烤了为止"。还收藏有：（1）1924年1月：*The Works of Francois Rabelais*，translated by Sir Thomas Urquart。（2）1925年6月4日：*Pantagruel* by Francois Rabelais（三册）。

5. *Comparative Studies in Nursery Rhymes,* by Lina Eckenstein.

1912年12月25日收藏，书名页盖有红色方印："周作"。出版：Duckworth，1906。

6. *Popular Rhymes of Scotland* by Robert Chambers.

1913年3月7日收藏，书名页盖有蓝色方印："周作人印"。

7. *Poland: A Study of the Land, People, and Literature* by George Brandes.

日本留学时期向丸善书店定购得到（《东京的书店》）。书名页盖有蓝色方印："周作人印"。出版：The Macmillan Company，1904。

8. *The Little Demon by Feodor Sologub*; authorised translation by John Cournos and Richard Aldington.

1918年5月收藏，书名页盖有蓝色方印："周作人印"。

9. 歐米新思潮論　ハヴェロック・エリス著，鈴木紀一郎譯。

1918年2月收藏，日文版，译自*The New Spirit* by Havelock Ellis。书名页盖有蓝色方印："周作人印"。

周作人日记所附录英文书目的
人名转写（1917—1921年）

  周作人到底有多少英文藏书？又到底读了哪些英文图书？可以从《周作人日记》（1898—1934年，大象出版社）及其所附书目中一窥究竟。

  据周作人自己统计，1917年4—12月所得英文图书35种，1918年66种，1919年58种，1920年74种，1921年11种（周作人患肋膜炎，大半年处在养病中，故购书寥寥），1922年111种，1923年125种，1924年58种，1925年51种，1926年25种，1927年66种，1929年89种，1930年47种，1932年24种，1933年21种，1934年34种。总计895种。其中1928年、1931年日记据称失落，这样周作人在北京期间（1917—1934年）已知的所得英文图书当在一千种左右。

  另外，1912至1917年3月的绍兴时期，周作人所得英文图书也有170多种。加上1906—1911年日本时期之所得，总数当在1200种以上。

  1934年周作人曾经作《五十自寿诗》，已见着"中年意趣"，多半带有总结前半生的味道。可以说，上述上千种英文图书，成就了周作人西学的根基。周作人并非好买书而不好读书的"叶公"，但凡得到一书，必先经目，而后又多有心得记下。对照着日记和书目看，不难发现周作人所作涉及西学的文章就是从这些图书中汲取营养的。周作人是一个把所读之书发挥到了极致的读者与作者，他几乎没有冷落过他所读到的任何一本书。这说明周作人会读书，也说明他会选书。他收藏的图书都是极有针对性的。

虽然《周作人日记》对所藏之书有专门的记载和统计，但要搞清楚周作人具体读了哪些英文书还是存在很大的障碍。这是因为他所记之书大多不是用英文拼写的。1917年至1918年日记书目中英文藏书采用的是日语片假名的拼写方法，而1919年至1926年所藏英文图书却采用了汉语注音符号进行拼写。采用片假名的拼写方法记录人名，当然是受日语的影响。1919年始采用汉语注音符号进行拼写，则和北洋政府教育部于1918年正式发布"注音字母"有关。汉语注音符号以章太炎的记音字母做蓝本，1913年由教育部读音统一会制定，是为汉语汉字注音而设定的符号。章太炎的弟子多有参与之功，这其中就包括鲁迅、钱玄同以及周作人本人。关于这场汉语文字改革的详情，可以参阅《钱玄同文集》第三卷，其中所收《十八年来注音符号变迁的说明》，言之甚详。作为这场文字改革的积极支持者，周作人不惜在日记中身体力行，采用汉语注音符号拼写英文人名。

这两种转写方式给想了解周作人英文藏书的读者带来了极大的不便，故此有必要将这些人名还原为英文。鉴于周作人上千种英文藏书尚散落在国家图书馆、北京大学图书馆等地，希望以下经过整理的书目能够为查找原书提供便利，也期待有关方面早日清查造册并专设特藏室，以飨读者。限于篇幅，仅辑录1917—1921年英文书目，总计图书244种。错漏之处，还望方家指正。

1917年

（书名、人名片假名转写）

4月

土俗品圖録

《土俗品图录》，英国伦敦不列颠博物馆所藏中世纪手工艺品和艺术品的英文藏品目录。参见《鲁迅全集》第17卷，第279页。

5月

波兰小说集　ベネク译

Tales by Polish Authors; tr. by Else C. M. Benecke.

ソロゲーブ小说集　ゲラハム译

The Sweet-scented Name by Fedor Sologub; ed. by Stephen Graham. London: Constable & co., 1915.

クープリン小说集　コテリヤンスキ译

The River of Life, by Alexander Kuprin; tr. from the Russian by S. Koteliansky and J. M. Murry.

7月

支那土偶考　ラウフエル

Chinese Pottery of the Han Dynasty by Berthold Laufer.

9月

ドストエフスキ小说集　ホガルト译

Letters from the Underworld, by Dostoyevsky. Translated with an introduction by C. J. Hogarth.

チエホフ小说集二册　ガルネト译

Select Tales of Tchehov. Translated from the Russian by Constance Garnett.

ウイルド安乐王子

The Happy Prince, by Oscar Wilde.

罪与罚

Crime and Punishment, by Fyodor Dostoevsky.

アンデルセン童话全集　クレーギ译

Fairy Tales and Other Stories, by Hans Christian Andersen, revised and partly re-translated by W.A. and J. K. Craigie.

10月

ランゲ论文集

Adventures among Books, by Andrew Lang.

クープリン小说集　パスギルスキ译

The Bracelet of Garnets and Other Stories, by Alexander Kuprin; authorized translation by Leo Pasvolsky.

11月

ヰルギル诗　ジヤクソン译

Virgil. Translated by John Jackson.

英国滑稽评传　サガレ

The English Humorists of the Eighteenth Century, by William Makepeace Thackeray.

ロセチ诗

Rossetti's Poems, by Dante Gabriel Rossetti.

德国文学史　トマス

A History of German Literature, by Calvin Thomas.

西班牙文学史　フイツモリス・ケッケ

A History of Spanish Literature, by James Fitzmaurice-Kelly.

希腊诗选

The Greek *Anthology*.

アルクス・アウレリウス
Marcus Aurelius.

ユリピデス劇一种　ムーレエ
Euripides, translated into English rhyming verse by Gilbert Murray.

现代德国诗选　ビッチエル
Contemporary German Poetry, selected and translated by Jethro Bithell.

文艺复兴　ペーテル
The Reneissance by Walter Pater.

酒卜女卜歌　シモンヅ
Wine, Women, and Song. Now first translated into English verse, with an essay, by John Addington Symonds.

アイスキロス　カムベル译
Aeschylus, translated by Campbell, Lewis.

ロセチ女士诗
The Poetical Works of Christina Georgina Rossetti.

12月

ランゲ论文集
Essays in Little, by Andrew Lang.

ブレーク诗选
Selected Poems of William Blake.

爱兰文艺复兴　ボイド
Ireland's Literary Renaissance, by Ernest Augustus Boyd.

法国六诗人　ローエル
Six French Poets, by Amy Lowell.

フアウスト
Faust, by Johann Wolfgang von Goethe.

德国现代文学ノ精神　レヰソン
The Spirit of Modern German Literature, by Ludwig Lewisohn.

バイロン诗选
Selected Poems of Lord Byron.

シエリー诗集
The Poems of Percy Bysshe Shelley.

數世紀ノ人々　シモンス
Figures of Several Centuries, by Arthur Symons.

以上英文图书35种（实际34种）

1918年

（片假名转写）

1月

ブレーク诗
The Poetical Works of William Blake.

埃及传说集　ムルレー（赠半农）
Ancient Egyptian Legends, by M. A. Murray.

亚刺伯诗话　ベルラン
The Singing Caravan: Some Echoes of Arabian Poetry, by Henry Baerlein.

宗教之心理的起原
The psychological Origin and the Nature of Religion, by James Henry Leuba.

泛神论　ピクトン
Pantheism, by J. Allanson Picton.

ゼブ・ウン・ニスサ诗集　マガン・ラル译
The Diwan of Zeb-un-Nissa, the first fifty ghazals rendered from the Persian, by Magan Lal and Jessie Duncan Westbrook, with an introduction and notes.

拉丁文学史　チムスデール
A History of Latin Literature, by Dimsdale, Marcus Southwell.

波斯神秘诗人　二册　デヰス
The Persian Mystics, by F. Hadland Davis.

ハフイズ诗集　クラムメル・ビンゲ译
The Rubá'*iyat of Háfiz*. Tr. with introduction by Syed Abdul Majid, LL. D. Rendered into English verse by L. Cranmer-Byng.

アブル・アラ诗集　ベルライン译
The Diwan of Abu'l-Ala by Henry Baerlein .

ババハイ神之光华　ハムモンド译
The Splendour of God: being extracts from the sacred writings of the Bahais, with introduction, by Eric Hammond.

新精神论　エリス
The New Spirit, by Havelock Ellis.

波兰文学史略　ホレヰンスキ
An Outline of the History of Polish Literature, by Holewiń ski, Jan.

ハ-デ-传　チヤイルド
Thomas Hardy, by Harold Child.

姓名集话　ヰークレエ
The Romance of Names, by Ernest Weekley.

近代伊大利文学　コリソン・モレ-
Modern Italian Literature, by Lacy Collison-Morley.

近代德国文学　レツシンゲ
Masters in Modern German Literature, by Lessig, Otto Eduard.

自我主义者　ヒウネカ-
Egoists, by Huneker.

十九世纪欧洲文艺思潮　三　ブランデス
Main Currents in Nineteenth Century Lliterature, by George Brandes.

2月

英文学之神秘思想　スパ-ツンオン
Mysticism in English Literature, by Spurgeon, Caroline F. E.

文艺复兴　シチエル
The Renaissance, by Sichel, Edith Helen.

近代戏剧　レヰソン
The Modern Drama: an essay in interpretation, by Ludwig Lewisohn.

ジエロルド 杂文
The Essays of Douglas Jerrold.

近代欧洲剧选　大学出版部
（2月2日日记："上午往校，购《近代欧洲名剧选刊》一本。"据此推断，此书可能是北京大学出版部之出版物。）

古代希腊哲学　ベン
Early Greek Philosophy, by Alfred William Benn.

世界文学通览　ボッタ

Handbook of Universal Literature from the Best and Latest Authorities, by Anne C. Lynch Botta.

比利时诗选　二　ビチエル

Contemporary Belgian Poetry, selected and translated by Jethro Bithell.

青鸟　メテルリンク　マットゥ译

The Blue Bird, a fairy play in six acts, by Maeterlinck, Maurice. Translated by Alexander Teixeira de Mattos.

メテルリンクノ象征主义　ロ-ズ

Maeterlinck's Symbolism: the blue bird, and other essays, by Rose, Henry, fl.

3月

マカルノ梦　コロレンコ　フエル译

Makar's Dream and Other Stories, by Vladimir Korolenko; tr. from the Russian with an introduction by Marian Fell.

互助论　クロボトキン

Mutual Aid, by P. Kropotkin.

ナイヅ诗集（时ノ鸟）

The Bird of Time: songs of life, death & the spring, by Sarojini Naidu; with an introduction by Edmund Gosse and portrait of the author.

ヰトマン诗集（草ノ叶）

Leaves of Grass: the poems of Walt Whitman.

ゴ丨ルスワセ传　ケイ・スミス

The Life of John Wilson, by George Smith.

十九世纪欧洲文艺思潮六　ブランデス

Main Currents in Nineteenth Century Literature, by George Brandes.

4月

法文学史略　ストラチエ
Landmarks in French Literature, by G.L. Strachey.

美ノ宗教　フレッチエ
The Religion of Beauty in Women: *and other essays on Platonic love in poetry and society*, by Jefferson Butler Fletcher.

現代ノ英雄　ヰスダム
A Hero of Our Time.Tr. from the Russian of M. Y. Lermontov, by J. H. Wisdom & Marr Murray.

外套　ゴゴリ　フイルド译
The Mantle and Other Stories, by Nicholas Gogol. Tr. by Claud Field.

古イ家　ソロゲ丨ブ　ケ丨ルノス译
The Old House and Other Tales, by Feodor Sologub; authorised translation by John Cournos.

5月

現代劇ノ社会傾向　ゴルドマン
The Social Significance of the Modern Drama, by Emma Goldman.

現代比利时文学　ビチエル
Contemporary Belgian Literature, by Jethro Bithell.

小サキ鬼　ソロゲ丨ブ　ケ丨ルノス译
The Little Demon, by Feodor Sologub; authorised translation by John Cournos and Richard Aldington.

6月

创造サレタ传说　ソソロゲ丨ブ　ケ丨ルノス译
The Created Legend, by Feodor Sologub. Authorized Translation from the Russian by John Cournos.

结婚　ストリンドベヒ
Married: *twenty stories of married life*, by August Strindberg.

7月

希腊研究　ペ丨テル
Greek Studies: A Series of Essays, by Walter Pater.

9月

近代法国文学　エ丨ルス
Modern French Literature, by Benjamin W. Wells.

历代寓言集　リス编
Aesop's and Other Fables, ed.by Ernest Rhys.

生物进化论　ゲッドリチ
The Evolution of Living Organisms.

爱之成年　カーペンター
Love's Coming of Age, by Edward Carpenter.

ブロンテ姉妹诗集
Poems, by Charlotte Brontë, Anne Brontë, Emily Brontë.

10月

ユリピデス剧　二册
The Plays of Euripides in English: in 2 volumes, translated by Shelley, Dean Milman, Potter and Woodhull ; with an introduction by V.R.R.

ワテリンノ山　ブロンテ
Wuthering Heights, by Emily Brontë.

トルストイ短篇集　クロエスト译
Tolstoy's Short Stories.

妇人论　ベベル
Woman, by August Bebel. Authorized translation by Meta L. Stern.

俄国文学大纲　ベーリンゲ
An Outline of Russian Literature, by the Hon. Maurice Baring.

两性ノ研究　トムソン　ゲッヅ
Sex, by Patrick Geddes and J. Arthur Thomson.

トルストイ短篇集　トンセンド译
Tolstoi for the Young: Selected Tales from Tolstoi; translated by R.S. Townsend.

近代小说家论　フエルプス
Essays on Modern Novelists, by William Lyon Phelps.

罗马文学小史　ヰルキンス
Roman Literature, by A.S. Wilkins.

11月

質ト力　ソッディ
Matter and Energy, by Frederick Soddy.

12月

植物生活　フアマー
Plant Life, by J. Bretland Farmer.

ゴゴリ小说集
果戈里（Gogol）小说集

ゴゴリ死魂灵　クｌルノヌ
Dead Souls, by Nikolay Gogol; introduction by John Cournos.

ヰリアム·ブレーク　セリンクール
William Blake, by Basil De Selincourt.

草ノ叶　ヰトマン诗集
Leaves of Grass: the poems of Walt Whitman.

以上英文图书66种

1919年

(1–3月、12月采用汉语注音符号)

1月

非欧罗巴民族之舞蹈与演剧　ㄉㄧㄐㄨㄟ
The Dramas and Dramatic Dances of Non-European Races in Special Reference to the Origin of Greek Tragedy, with an appendix on the origin of Greek comedy, by William Ridgeway.

2月

艺术论　ㄊㄛㄌㄙㄊㄛㄧ　ㄇㄛㄉ译
What Is Art?, by Leo Tolstoy, translated from the Russian original by Aylmer Maude.

动物之幼年时代　ㄆㄞㄎㄌㄛㄈㄊ
The Infancy of Animals, by Pycraft, W. P

人生与现代精神之解释者　ㄏㄥㄉㄜㄙㄣ
Interpreters of Life and the Modern Spirit, by Archibald Henderson.

ㄈㄉㄤㄙ评传　ㄐㄛㄐ
Anatole France, by W. L. George.

ㄨㄟㄌㄙ评传　ㄅㄟㄉㄈㄛㄉ
H.G. Wells, by J.D. Beresford.

喜剧三种ㄅㄝㄌㄣㄙㄨㄣ　ㄒㄚㄆ译
Three Comedies, by Björnstjerne Björnson. Tr. Sharp, R. Farquharson.

文学上之社会势力　ㄅㄚㄎ

Social Forces in Modern Literature, by Philo M. Buck.

3月

南印诸天像图考　ㄙㄚㄙㄊㄌㄧ

South-Indian Images of Gods and Goddesses, by H. Krishna Sastri.

支那古陶器图录　ㄉㄞㄗ

Catalogue of an Exhibition of Early Chinese Pottery and Sculpture, by S.C. Bosch Reitz.

感想录　ㄟㄌㄙ

Impressions and Comments, by Havelock Ellis.

近代剧各面相　ㄑㄢㄉㄌㄝ

Aspects of Modern Drama, by Frank Wadleigh Chandler.

近代短篇小说集　ㄚㄒㄇㄤ

Modern Short-Stories, by Margaret Ashmun.

论理学　ㄉㄨㄨㄟ

Studies in Logical Theory, by John Dewey.

4月

欧洲文学大纲　マゲナス

A General Sketch of European Literature in the Centuries of Romance, by Laurie Magnus.

诗文研究　シモンス

Studies in Prose and Verse, by Arthur Symons. With portraits in photogravure.

カ｜ペンタ｜传　ル｜イス

Edward Carpenter: An Exposition and An Appreciation, by Edward Lewis. With a portrait.

メｌラルリンク传　ビチエル
Life and Writings of Maurice Maeterlinck, by Jethro Bithell.

唯一者与其所有　スチルネル
The Only One and His Property, by Max Stirner.

一青年之告白　ムーア
Confessions of a Young Man, by George Moore.

波兰小说续集　ベネク
More tales by Polish Authors; tr. by Else C. M. Benecke and Marie Busch.

フロｌベル小说集　ホワイト
Tales of Flaubert, translated by White.

チエホフ小说集　ガーネー译 四册
The Tales of Chekhov from the Russian, by Constance Garnett.

战争　エレサエフ
In the War: Memoirs of V. Veresaev. Translated by Leo Wiener.

人之一生　アンドレエフ　ホガート译
The Life of Man: a play in five acts, by Leonidas Andreiev; translated from the Russian by C.J. Hogarth.

青白马　ロプシン　エンゲロワ译
The Pale Horse, by "Ropshin" [Boris Savinkov]; translated from the Russian by Z. Vengerova.

ネクラソフ诗　ソスキス译
Poems, by Nicholas Nekrassov; translated by Juliet M. Soskice.

科学之文法　ピアソン
The Grammar of Science, by Karl Pearson.

5月

十九世纪文学　ド・ミユ
Literature in the Century, by A. B. De Mille.

戏曲之发达　マシウス
The Development of the Drama, by Brander Matthews.

野蛮人之戏曲　ハヴマイエル
The Drama of Savage Peoples, by Loomis Havemeyer.

法国五小说家　ジエラル
Five Masters of French Romance, by Guerard, Albert Leon.

希腊文学史　ジエブ
Greek Literature, by Jebb, Richard Claverhouse.

ムア传　ミチユル
George Moore, by Mitchell, Susan L.

コンラド传　ワルポル
Joseph Conrad, by Walpole, Hugh, Sir.

キプリンゲ传　パルマー
Rudyard Kipling, by Palmer, John.

ニイチエ　ミユゲ
Friedrich Nietzsche: his life and work, by M. A. Mügge.

俄国农民小说　トリマツハ译
Russian Sketches: chiefly of peasant life; translated from the Russian by Beatrix L. Tollemache (Hon. Mrs. Lionel Tollemache).

贵人之家　サルチコフ　ヤルモリンスキ译

A Family of Noblemen, by Mikhaïl Y. Saltykov (N. Shchedrin) .Translated by A. Yarmolinsky.

小人物之自白　アンドレエフ　トンヤンド译

The Confessions of a Little Man During Great Days, by Leonid Andreyev; translated from the Russian by R.S. Townsend.

犹大等　ロオ译

Judas Iscariot and the Others, by Leonid Andreyev; translated from the Russian by W.H. Lowe.

本能之奇异　㇛㇧㇢㇣

The Wonder of Instict, by J. Henri Fabre.

欧洲文学史纲　セインツベリ编，十一册

Periods of European Literature, ed. by Professor Saintsbury.

蜘蛛　ワバートン

Spiders, by Cecil Warburton.

7月

希腊诗人二册　シモンヅ

Studies of the Greek Poets, by John Addington Symonds.

现代小说家　フオレト

Some Modern Novelists: appreciations and estimates, by Helen Thomas Follett and Wilson Follett.

德国文学史　ロバートソン

A History of German Literature, by Robertson, John George.

俄国民歌　ハプグード

The Epic Songs of Russia, by Isabel Florence Hapgood; with an introductory note by

Francis J. Child.

俄国农民小说　ダンチコンコ　フィルド译
Peasant Tales of Russia, by Vasiliĭ Ivanovich Nemirovich-Danchenko; trs. by Claud Field.

村牧师　ミリツィナ サルチコフ　トルマチユ译
The Village Priest, from the Russian of Militsina & Saltikov; translated by Beatrix L. Tollemache; with an introduction by C. Hagberg Wright.

死人头语　ヨーコィ　プリッグス译
Told by the Death's Head: a romantic tale, by Maurus Jokái; tr. by S. E. Boggs.

印度美术　ブラウン
Indian Painting Under the Mughals, A.D. 1550 to A.D. 1750, by Percy Brown.

民主主义ノ方へ　カーペンター
Towards Democracy, by Edward Carpenter.

多妻主义ノ研究　ガリカン
Women Under Polygamy, by Walter M. Gallichan, with numerous illustrations.

9月

赌　チエホフ小说集
The Bet and Other Stories, by Anton Tchekhov, tr. by S. Koteliansky and J. M. Murry.

昆虫之生活　カーペンター
The Life-Story of Insects, by George H. Carpenter.

10月

近代剧之各面观　チヤンドラー
Aspects of Modern Drama, by Frank Wadleigh Chandler.

レ·ミゼラブル　ユーゴ

Les Misérables, by Victor Hugo.

12月

ㄗㄚㄌㄚㄊㄙㄊㄌㄚ　ㄋㄧㄑㄝ　ㄎㄛㄇㄇㄋ译

Thus Spake Zarathustra, by Friedrich Nietzsche. Translated by Thomas Common.

以上英文图书58种

1920年

（汉语符号转写）

1月

ㄅㄚㄌㄙㄚㄎ小说集　ㄣㄚㄌㄝㄑ译

The Country Doctor and Other Stories, by Balzac, Honoréde. Trans. by Ellen Marriage.

西班牙文学讲话　ㄈㄧㄗㄇㄠㄌㄧㄙ·ㄎㄝㄌㄧ

Chapters on Spanish Literature, by James Fitzmaurice-Kelly.

ㄉㄨㄣ·ㄎㄧㄏㄛㄊㄝ　ㄙㄇㄧㄙ译

That Imaginative Gentleman Don Quixote de la Mancha, by Miquel de Cervantes Saavedra ; translated into English by Robinson Smith.

ㄡㄌㄧㄆㄧㄉㄝㄙ与其时代　ㄇㄩㄌㄝ

Euripides and His Age, translated into English rhyming verse by Gilbert Murray.

俄国各派画家　ㄅㄝㄋㄛㄧㄙ

The Russian School of Painting, by Alexandre Benois; with an introduction by Christian Brinton. With thirty-two plates.

二十世纪新约

The New Testament in the Twentieth Century: a survey of recent christological and historical criticism of the New Testament, by the Rev. Maurice Jones.

2月

昆虫之生活与恋爱　ㄈㄚㄅㄦ

The Life and Love of the Insect, by J. Henri Fabre, tr. by Alexander Teixeira de Mattos.

ㄆㄌㄛㄊㄋㄨㄙ集　ㄊㄟㄌㄛ译

Select Works of Plotinus， tr. by Thomas Taylor.

ㄌㄨㄎㄦㄝㄊㄨㄙ诗　ㄇㄢㄦㄛ译

On the Nature of Things, by Lucretius; translated by H. A. J. Munro; with an introduction by J. D. Duff.

思想自由史　ㄅㄛㄦㄧ

A History of Freedom of Thought, by J. B. Bury.

心灵研究　ㄅㄚㄦㄝㄊ

Psychical Research, by W. F. Barrett.

犯罪与狂　ㄇㄛㄙㄧㄝ

Crime and Insanity, by Charles Mercie.

ㄊㄛㄌㄙㄊㄛㄧ传　ㄨㄧㄣㄙㄊㄢㄌㄟ

Tolstoy, by L. Winstanley.

英国古剧十篇　ㄦㄧㄙ编

Christopher Marlowe, edited by Havelock Ellis. With a general introd. on the English drama during the reigns of Elizabeth and James I, by J. A. Symonds.

小花　ㄙㄢㄇㄦㄑㄝㄙㄋㄛ　ㄛㄎㄟ译

"The Little Flowers" & the Life of St. Francis with the "Mirror of perfection". [With

an introduction by Thomas Okey]

鸟的生活与故事　ㄙㄇㄧㄙ
Bird Life and Bird Lore, by R. Bosworth Smith.

哲学史　ㄨㄝㄅㄝ儿译
History of Philosophy, by Alfred Weber; authorized translation by Frank Thilly, from the fifth French edition.

儿ㄚㄅㄌㄟ评传　ㄙㄇㄧㄙ
Rabelais; *the five books and minor writings, together with letters & documents illustrating his life*. A new translation, with notes, by W. F. Smith.

俄国短篇集　ㄙㄝㄌㄅㄜ编
Best Russian Short Stories, comp. and ed. by Thomas Seltzer.

英国短篇集　ㄨㄛㄎㄛ编
Selected English Short Stories (*nineteenth century*) with an introduction by Hugh Walker.

赌博者　ㄌㄛㄙㄊㄝㄇㄙㄎㄧー　ㄎㄚ儿ㄋㄝㄊ译
The Gambler and Other Stories, by Fyodor Dostoevsky; translated from the Russian by Constance Garnett.

3月

中古欧洲史　ㄉㄚㄨㄧㄙ
A History of Medieval Europe: From Constantine to Saint Louis, by R.H.C. Davis.

伊里查白时代文学　儿ㄟㄅㄟㄊㄙㄣ
Elizabethan Literature, by John Mackinnon Robertson.

美国文学导言　ㄆㄢㄎㄛㄙㄊ
An introduction to American Literature, by Henry S. Pancoast.

英国小说之发达　ㄈㄝㄌㄆㄙ
The Advance of the English Novel, by Phelps, William Lyon.

ㄙㄝㄌㄅㄛㄣ自然史　ㄏㄨㄞㄊ
Natural History of Selborne, by White, Gilbert.

鸟与人　ㄏㄚㄉㄙㄣ
Birds and Man, by W. H. Hudson.

ㄅㄛㄎㄚㄑㄛ传　ㄏㄚㄊㄣ
Giovanni Boccaccio: a biographical study, by Edward Hutton.

ㄉㄢㄊㄝ传　ㄏㄛㄨㄝㄌ
Dante: his life and work, by A. G. Ferrers Howell.

ㄨㄟ·ㄛㄈ·ㄛㄌ·ㄈㄌㄝㄒ　ㄅㄚㄊㄌㄝ（全肉的路）
The Way of All Flesh, a semi-autobiographical novel, by Samuel Butler.

ㄝㄙㄝ·ㄏㄛㄇㄛ　ㄙㄧㄌㄝ
Ecce Homo: a survey of the life and work of Jesus Christ, by Seeley, John Robert.

神智学　ㄆㄝㄙㄢㄊ
Theosophy: An exposition of theosophy, by Besant, Annie Wood.

4月

万物的意义　ㄅㄝㄇㄝ　ㄉㄛ译
The Signature of All Things: Signatura Rerum, by Jacob Boehme.Translated into English and with a preface by John Elliston, with later revisions to the translation by William Law.

天国与地狱　ㄙㄨㄝㄉㄣㄅㄛㄦㄎ译
Heaven and Hell, also the world of spirits or intermediate state from things heard and seen, by Emanuel Swedenborg.

阿片饮者的自白　ㄉㄢㄨㄣㄙㄟ
Confessions of an English Opium Eater, by Thomas de Quincey.

神秘与空想之故事　ㄆㄛ
Tales of Mystery and Imagination, by Edgar Allan Poe.

ㄅㄧㄝㄦㄙㄩㄣ戏剧集　ㄒㄚㄆ译
Three Dramas, by Björnstjerne Björnson. Translated by R. Farquharson Sharp.

评论文集　ㄚㄋㄛㄌㄉ
Essays in Criticism. With an introduction by Clement A. Miles and notes by Leonard Smith.

英国诗歌之发达　ㄈㄝㄌㄆㄙ
The Advance of English Poetry in the Twentieth Century, by William Lyon Phelps.

5月

评论文集　ㄌㄛㄨㄝㄌ
Literary Essays, by James Russell Lowell.

美的心理　ㄎㄚㄌㄣㄊㄧㄣ
The Experimental Psychology of Beauty, by C. W. Valentine.

生物学　ㄏㄣㄅㄒㄙㄣ
Biology, by Henderson, W. D. (William Dawson).

现代剧五种　大学出版部
（待查）

6月

英语注音字典　ㄑㄛㄇㄙ
An English Pronouncing Dictionary, by Daniel Jones.

亚拉伯文学史　ㄏㄨㄚㄦㄊ
A History of Arabic Literature, by Clément Huart.

梵文学史　ㄇㄚㄎㄉㄛㄋㄝㄌ
A History of Sanskrit Literature, by Arthur A. Macdonell.

每日的面包　ㄎㄧㄅㄙㄣ
Daily Bread, by Wilfrid Wilson Gibson.

文学研究导言　ㄏㄚㄉㄙㄣ
An Introduction to the Study of Literature, by W.H. Hudson.

征兆与迷信　ㄚㄊㄌㄚ·ㄒㄝㄌㄛ
Signs, Omens and Superstitions, by Astra Cielo [pseud.]

7月

新月　ㄊㄚㄍㄜㄦ
The Crescent Moon, by Rabindranath Tagore.

犹太戏剧六种　ㄍㄛㄌㄉㄅㄝㄦㄍ译
Six Plays of the Yiddish Theatre, by David Pinski, Sholom Ash, Perez Hirschbein, Solomon J. Rabinowitsch, tr. and ed. by Isaac Goldberg, PH. D.

北京儿歌　万一ㄊㄚㄌㄝ
Chinese Folklore. Pekinese rhymes, first collected and edited with notes and translation, by Guido Vitale.

9月

ㄍㄝㄊㄝ传　ㄏㄜㄈㄛㄉ
Goethe, by Herford, C. H.

哲学史　ㄊㄧㄌㄝ
A History of Philosophy, by Frank Thilly.

古代艺术与仪式　ㄏㄚㄌㄧㄙㄣ

Ancient Art and Ritual, by Harrison, Jane Ellen.

法国文学史略　ㄙㄊㄌㄚㄑㄟ

Landmarks in French Literature, by G.L. Strachey.

旧约的文学　ㄇㄒㄜ

The Literature of the Old Testament, by George Foot Moore.

文学批评的要义　ㄨㄧㄣㄑㄝㄙㄊㄜ

Some Principles of Literary Criticism, by Winchester, C. T.

变化的戏剧　ㄏㄣㄉㄜㄙㄣ

The Changing Drama: contributions and tendencies, by Archibald Henderson.

比利时文人　ㄊㄜㄎㄝ・ㄇㄧㄦㄣㄙ

Some Modern Belgian Writers. A critical study by G. Turquet-Milnes.

永久的丈夫　ㄉㄛㄙㄊㄛㄧㄈㄙㄎㄧ　ㄎㄚㄦㄋㄝㄊ译

The Eternal Husband and Other Stories, by Fyodor Dostoevsky ; from the Russian by Constance Garnett.

10月

戏曲发达史　ㄇㄚㄒㄩㄙ

The Development of the Drama, by Brander Matthews.

古爱阑文学研究　ㄚㄋㄛㄌㄉ

On the Study of Celtic Literature, by Matthew Arnold .

ㄨㄧㄌㄧㄢ・ㄇㄛㄌㄧㄙ　ㄅㄌㄛㄎ

William Morris: his work and influence, by A. Clutton-Brock.

西班牙文学主潮　ㄈㄛㄉ

Main Currents of Spanish Literature, by J.D.M. Ford.

11月

ㄅㄚㄊㄌㄜ传　ㄏㄚㄌㄧㄥ
Samuel Butler, author of Erewhon: the man and his work, by John F. Harris.

英国古代文学　ㄅㄦㄨㄎ
English Literature: from the beginning to the Norman conquest, by Stopford A. Brooke.

十九世纪英国文学　ㄇㄚㄍㄋㄜㄥ
English Literature in the Nineteenth Century: an essay in criticism, by Laurie Magnus.

世界文学　ㄇㄛㄌㄊㄣ
World Literature and Its Place in General Culture, by Moulton, Richard Green.

性的教育　ㄅㄧㄍㄜㄌㄛ
Sex-education: a series of lectures concerning knowledge of sex in its relation to human life, by Bigelow, Maurice A. (Maurice Alpheus).

12月

文学之现代的研究　ㄇㄛㄌㄊㄣ
The Modern Study of Literature; an introduction to literary theory and interpretation by Richard Green Moulton.

世界语文选　ㄍㄦㄚㄅㄛㄈㄙㄎㄧ
Kondukanto de l'interparolado kaj korespondado kun aldonita Antologio internacia, by Ellaboris A. Grabowski.

初学希腊书　ㄏㄨㄞㄊ
The First Greek Book, by John Williams White.

ㄇㄧㄌㄜ评传　ㄦㄛㄌㄢ
Millet, by Romain Rolland.

虚无乡之消息　ㄇㄛㄦㄥ

News from Nowhere, or, An epoch of rest : being some chapters from a Utopian romance, by William Morris.

以上英文书74种

1921年

（汉语符号转写）

10月

ㄕㄝㄌㄧ、ㄍㄛㄉㄨㄧㄣ与其团体　ㄅㄦㄟㄦㄙㄈㄛㄉ
Shelley, Godwin, and Their Circle, by H.N. Brailsford.

ㄌㄨㄎㄧㄚㄢㄛㄙ集　四册　ㄈㄛㄉㄜ
The Works of Lucian, translated by H. W. Fowler and F. G. Fowler.

11月

法国文学史　ㄙㄢㄗㄅㄝㄌㄧ
A Short History of French Literature (from the earliest texts to the close of the nineteenth century), by Saintsbury George.

ㄅㄛㄉㄌㄟㄦ诗文集　ㄙㄇㄧㄥ编
Baudelaire, His Prose and Poetry, ed. by T. R. Smith.

ㄎㄧㄌㄛㄇ诗集　ㄆㄟㄣ
Poems, by Paul Verlaine

梦想者的故事　ㄉㄤㄙㄝㄋㄧ
A Dreamer's Tales and Other Stories, by Dunsany, Edward John Moreton Drax Plunkett, Baron.

12月

惊异之书　ㄉㄤㄙㄝㄋㄧ
The Book of Wonder, by Dunsany, Edward John Moreton Drax Plunkett, Baron.

ㄉㄠㄙㄣ诗文集
The Poems and Prose of Ernest Dowson.

ㄎㄢㄉㄧㄉ　ㄨㄛㄌㄊㄟㄦ
Candide, by Voltaire.

现代法国诗人　ㄉㄨㄧㄙㄣ
Modern Poets of France, by Ludwig Lewisohn, edited and translated by Louis Simpson.

现代小说　ㄈㄛㄌㄝㄊ
The Modern Novel: a study of the purpose and the meaning of fiction, by Wilson Follett.

英国短篇小说史　ㄎㄢㄅㄧ
The Short Story in English, by Henry Seidel Canby.

以上英文图书11种(实际12种)

周作人经由伊文思书局所购英文书目

　　1912—1917年3月，周作人在绍兴时期购买了大量的外文图书。其购书渠道除日本丸善书店、相模屋之外，国内最主要的购书渠道是伊文思书局。据《周作人日记》，该时期周作人共购得英文书在150种左右。其中，从伊文思书局购得近60种。

　　当时国内购阅外文图书的途径大同小异，以日本丸善书店与上海的伊文思书局名气最大。茅盾先生在回忆购书经历时，就曾提及这两家书店，它们方便周到的代购服务给他留下深刻的印象。

　　"也是读了《新青年》，我开始注意俄国文学，搜求这方面的书。《万人丛书》有帝俄时代文豪如托尔斯泰等人的英译本，得之甚易。当时美国人开的'伊文思图书公司'有英、美出版的新书，也有杂志。它所没有的书，你开了书名，它可以代购，书到后付款。同时又从日本东京丸善书店西书部索得它每月出版的已到及将到的欧美新书、杂志目录，它比伊文思图书公司的书目更完备。向丸善购书或订购，也是书到付款。"（茅盾《茅盾忆录》）

　　伊文思书局在上海的影响很大，成为外文购书者经常光顾的地方。

"四月四日，星期一，……午前一早起来，上银行去汇了钱，并发出了一封给映霞和一封给荃君的信。路过伊文思书馆，便进去买了两本书。"（郁达夫《闲情日记》）

可见，逛伊文思书局成为了文人日常生活的一部分。但是，关于伊文思书局的史料却很有限。1923年9月21日，伊文思书局的创始人爱德华·伊文思在莫干山家中去世。当时美国教会在华出版的英文杂志《教务杂志》(*The Chinese Recorder*，第54卷，第682—683页）刊登了一篇纪念他的文章，对他的生平介绍较为详细。全文如下：

Edward Evans

The name of Edward Evans is familiar to all missionaries in China and to missionary boards. It is with sincere sympathy that we record his call to the presence of the Lord at Moh-Kan-Shan on September 2lst, 1923, interment taking place in Shanghai. Mr. Evans was born in Liverpool, England, April 5th, 1841. Very early in life he had thoughts of mission work. but became engrossed in business and later moved to Montreal, Canada. Here he spent nearly twenty-five years until a marked religious experience in 1885 caused a complete change in his life. A year later he gave up everything. consecrated himself to God for Christian service, and took a course of Bible study in the Missionary Institute, New York. In September 1889 he came to China feeling sure God had a work for him here, though his age had been considered by the missionary boards as too advanced. His life in China has been one of service to the missionaries more than directly to the Chinese.

For many years he acted as business agent for the Southern Presbyterian Mission in Central China and also for the Friends' Missionary Society of West China.

He was for a number of years Secretary of the Shanghai Missionary Association. In 1890, at the request of members of the London Mission, American Bible Society and Northern Presbyterian Mission, he undertook the conduct of a "Missionary Home and Agency." This "Home" he organized, enlarged and conducted for thirty years; it stands today as a worthy monument of Mr. Evans' untiring labors in the behalf of Christian workers in China. Three years ago the "Home" passed into other hands with the understanding that its purpose of Christian service should be continued as in the past. In his early years in China the difficulty missionaries experienced in finding text cards, devotional and other Christian literature, caused him to open a "Bible Depot and Book-room." Later on the call for Educational books led to the development of the business which is now known as "Edward Evans and Sons, Ltd." Mr. Evans' strongest characteristics were his unquestioning faith in God, his love for His word, his reliance on prayer under all conditions, and his dependance on the Holy Spirit for constant guidance.

鉴于伊文思在教内的影响力，上海的英文版《中国月报》(*The China Monthly Review*)，《中国周报》(*The China Weekly Review*，1923年第26卷，第178页) 也同时刊登了他去世的消息，并对伊文思的家庭情况做了报道。其内容如下：

Death of Edward Evans On Friday evening, September 21, Edward Evans, a resident of China for more than 30 years, died at his home in Mokanshan. Born in Liverpool in 1841, Mr. Evans migrated to Canada in his youth and resided there for 24 years. He came to China in '89 to do missionary work. He and his wife, who survives him, were for years in charge of the Missionary Home in Shanghai. At the same time, Mr. Evans founded the well-known firms of Edward Evans and Sons. one of the largest foreign book stores and publishers in China today. He was one of the founders of the Shanghai Missionary Association and the chief promoter of the Mokanshan summer resort. He is survived by his widow, three sons, Mr. J. J. Evans, managing director of Edward Evans and Sons, Ltd., Mr. Edward Evans, Jr., professor of physics at Hangchow College, and Dr. D. J. Evans, formerly a professor at McGill University, Montreal, and Mrs. J. R. Gardiner, a daughter, in Montreal. The funeral, services were held at Bubbling Well Cemetery on Tuesday afternoon at 5 o'clock.

Evans, Edward, Jr., Professor, Son of Edward, Sr., and Emma Gertrude Jewell Evans, Brother of Joseph

Evans, Joseph Jewell, (Shanghai), Managing Director, Edward Evans & Sons, Ltd.: b. at Shanghai

由以上报道可知，伊文思先生1841年出生于利物浦，年轻时移居加拿大经商，在蒙特利尔定居了20多年。1889年他来到中国传教。此后，他一直在为上海的教士公所（Missionary Home and Agency）工作，服务了30年。同时，还创办了伊文思书局（Edward Evans & Sons）。该书局被认为是当时中国最大的外国书店和出版商之一。需要指出的是，伊文思书局所代理的图书均来自美国，和当时在中国影响很大的广学会所代理的英国图书市场，可谓各有千秋。周作人经由伊文思书局所购英文图书多达60种，是研究绍兴时期周作人英文阅读的重要史料。而这些图书的出版地，涉及当时美国的重要出版城市纽约、波士顿、费城等地，也是研究20世纪初期美国出版业及图书流通业不可多得的第一手文献，其中的文献价值与研究价值均不容低估。以出版业为代表的世界文化的传播之路，是中国现代新型知识分子精神养成的重要渠道。周作人经由伊文思书局所购英文图书，可谓观照其中历史的极佳个案。故不惮劳烦，整理如下，以飨同好。

1912年

11月4日

Wonder Stories Told for Children by Hans Christian Andersen .

1913年

3月21日

Education by Plays and Games by George Ellsworth Johnson.

4月14日

Old English Ballads, selected and edited by Francis B. Gummere.

4月17日

Comparative Studies in Nursery Rhymes by Lina Eckenstein.

4月23日

英作文书一本。

7月13日

Elements of Hygiene and Sanitation; being part Ⅱ of "The human mechanism: its physiology and hygiene and the sanitation of its surroundings", by Theodore Hough and William T. Sedgwick.

8月25日

Tales of Old England in Prose and Verse, compiled and edited by Marion Florence Lansing.

9月14日

Life in the Greenwood, by Marion Florence Lansing, M. A.; illustrated by Charles Copeland.

10月2日

English Idioms by by James Main Dixon.

11月1日

Rhymes and Stories, comp. and ed. by Marion Florence Lansing, M.A., illustrated by Charles Copeland.

11月10日

Page, Esquire, and Knight: a book of chivalry, by Marion Florence Lansing, M. A.; illustrated by Charles Copeland.

12月11日

Games and Songs of American Children, collected and compared by William Wells Newell.

1914年

1月24日

Gulliver's Travels: A Voyage to Lilliput and A Voyage to Brobdingnag, by Jonathan Swift; edited by Edward K. Robinson; illustrated by Charles Copeland.

1月31日

A Montessori Mother by Dorothy Canfield Fisher.
Twice-told Tales by Nathaniel Hawthorne.

2月15日

Finger Plays for Nursery and Kindergarten by Emilie Poulsson. Illustrations by L. J. Bridgman. Music by Cornelia C. Roeske.

3月30日

Literature in the Elementary School, by Porter Lander MacClintock, A. M.

4月11日

Alhambra by Washington Irving
Burroughs Higginson.

5月9日

The Montessori Method by Maria Montessori and Henry W. Holmes, trans. by Anne E. George

5月23日

What a Boy Ought to Know by Sylvanus Stall.
From Locke to Montessori: a critical account of the Montessori point of view, by William Boyd.

6月19日

Strange Survivals: Some Chapters in the History of Man, by S. Baring-Gould

6月21日

Andersen's Tales.

6月28日

An Inland Voyage; ed. with biographical sketch and notes by Stevenson, Robert Louis.

6月30日

Kindergarten Principles and Practice by Kate Douglas Wiggin and Nora Archibald Smith.

8月8日

A Textbook in General Zoology by Henry R. Linville and Henry A. Kelly.

9月25日

A Primer of Nursery Rhymes by Leota Swem and Rowena Sherwood.
The Heart of Oak Book（第一册）. By Norton, Charles Eliot.

10月11日

Childhood in Literature and Art, with some observations on literature for children; a study, by Horace E. Scudder.

10月15日

The Heart of Oak Book (二至四共三册).
Eyes and No Eyes Series (两册), by Arabella B. Buckley (Mrs. Fisher) .

10月24日

Studies in Fossil Botany by Dukinfield Henry Scott.

10月26日

Children's Rights: a book of nursery logic, by Wiggin, Kate Douglas Smith.

11月5日

Pilgrim's Progress by John Bunyan.

11月7日

English Grammar by William Dwight Whitney.

12月15日

Cornwall（乡土地志）

12月30日

Short Stories.
The Life and Strange Surprising Adventures of Robinson Crusoe by Daniel Defoe, edited with an introd. and notes by W. P. Trent. Boston, Ginn [c1916]

1915年

1月9日

English Grammar by the Rev. Richard Morris.

3月14日

Cornwall by Baring-Gould.S.

3月17日

Elementary Lessons in Logic: deductive and inductive, by W. Stanley Jevons.

3月19日

The Classic Myths in English Literature and in Art: based originally on Bulfinch's "Age of fable" (1855), accompanied by Gayley, Charles Mills; Bulfinch, Thomas.

4月14日

Eng.Exam.Papers.

4月17日

English Folk-song and Dance by Frank Kidson and Mary Neal.

4月30日

Eyes and No Eyes by Arabella B. Buckley (Mrs. Fisher) .

1916年

3月17日

Modern GK Folklore and Ancient GK Religion by John Cuthbert Lawson.

3月23日

Ancient Art and Ritual by Jane Ellen Harrison.

3月30日

A Short History of English Literature by George Saintsbury.

4月9日

A First Course in English Literature by Richard Wilson

4月30日

Tales from Shakespeare by Charles and Mary Lamb.

5月1日

*Chamb*大学书目二本

6月9日

Modern Greek Folklore and Ancient Greek Religion: a study in survivals, by John Cuthbert Lawson, forword by Al. N. Oikonomides.

6月21日

The Heroes, or, *Greek Fairy Tales for My Children* by Kingsley, Charles.

7月15日

English Grammar by George R. Carpenter.

7月29日

Vicar of Wakefield.

8月22日

The Vicar of Wakefield. With an introd. and notes by Edna H. L. Turpin.

8月27日

She Stoops to Conquer: or, *The Mistakes of a Night*: a comedy .By Oliver Goldsmith; edited by Harold Littleday.

1918年

2月8日

The Modern Drama: an essay in interpretation by Ludwig Lewisohn.

2月21日

Handbook of Universal Literature from the Best and Latest Authorities by Anne C. Lynch Botta.

1920年

4月30日

The Advance of English Poetry in the Twentieth Century, by William Lyon Phelps.

拆书、鹡鸰及周氏兄弟

1951年，鲁迅七十诞辰，周作人在《亦报》上发表《园里的动物"二"》（1951年7月7日，署名十山），后收入《鲁迅的故家》（上海出版公司1952年版，署名周遐寿）。这是一篇典型的知堂式冷静风格的文字，看似平铺直叙，不动声色，但细细品味，其实别有一种不为人知的深情寄寓字里行间。这份深情是迟到的怀念，在兄弟失和近30年后。

文中所谓的"园"，当然是百草园。园中最难忘的事，又怎能不是做孩子时兄弟一起在雪天捕鸟的有趣情景呢？

这是荒园，人迹罕至，所以不相宜，只好来捕鸟。薄薄的雪，是不行的；总须积雪盖了地面一两天，鸟雀们久已无处觅食的时候才好。扫开一块雪，露出地面，用一枝短棒支起一面大的竹筛来，下面撒些秕谷，棒上系一条长绳，人远远地牵着，看鸟雀下来啄食，走到竹筛底下的时候，将绳子一拉，便罩住了。但所得的是麻雀居多，也有白颊的"张飞鸟"，性子很躁，养不过夜的。

1926年，做大哥的在《从百草园到三味书屋》中如是娓娓道来，又说：

这是闰土的父亲所传授的方法，我却不大能用。明明见它们进去了，拉了绳，跑去一看，却什么都没有，费了半天力，捉住的不过三四只。闰土的父亲是小半天便能捕获几十只，装在叉袋里叫着撞着的。我曾经问他得失的缘由，他只静静地笑道：你太性急，来不及等它走到中间。

时隔25年后，做弟弟的则有了如下回应：

> 那一回是前清光绪癸巳（一八九三）年的事，距今已是五十七年了。那年春初特别寒冷，积雪很厚，鸟雀们久已无处觅食，所以捕获了许多，在后来便再也没有这样的机会，不全是为的拉绳子的人太性急，实在是天不够冷，雪不够大，这原因是很简单的。

语调一如既往地平静，但一座百草园，一份共同的记忆，已然把兄弟俩割裂不开的亲情瞬间拉近。在57年前的寒冬雪地里，在凝神屏气拉绳子的人当中，性急的也许还有他这个弟弟。读者似乎听到了他在为自己辩解的声音。这声音里有着一贯的倔强，也依稀还能见着被大哥惯坏的孩子气的任性。1923年的兄弟失和，并非绝对不可调和，但个性的倔强与被大哥宠坏的任性，导致了一种永远的遗憾，在大哥去世后他都迟迟不肯说出一句温情的话。温源宁说周作人身上有一种"铁的优雅"，"在他身上还有不少铁的因素。他那双抿紧的嘴唇和嘴唇上边的胡髭，都使人联想到坚定和果断"。又说他"有一种孤芳自赏的气概——是冷漠呢还是有礼貌的轻蔑？已足以拒人于一定距离之外"。可谓知人之论！但对于渐入晚景的周作人而言，57年前寒冬雪地里的回忆真的就不曾唤起一丝温情的记忆吗？显然并非如此，心硬如铁的二弟其实在文中用一种奇怪而隐秘的方式表达了他对大哥的深切怀念。

他说，"还有一种鸟名叫拆书，鸣声好像是这两个字，民间相信听到它的叫声时，远人将有信来了"。这话乍看并没有什么特别的，好像知堂又在摆他民俗文化的摊子。其实不然。查周作人庚子年（1900年）四月初九日记，有"接金陵函"之语，日记上方又补记道，"越中有鸟大于麻雀，名曰拆书。其名自呼，每鸣则必有信至，屡试不爽。今日上午每集墙上大鸣，下午果得金陵来函，颇为奇异"。正是这种叫拆书的鸟，它像密码一样唤醒了50年间一直都在的亲情，也像电波一样传递着二弟对大哥的哀思。

这种叫拆书的鸟，鸣之墙头，对于50年前的周作人而言，是最大的期盼！是最大的惊喜！因为在南京读书的大哥又会有信来了。兄长的信，就是弟弟的希望。按照《知堂回想录》的说法，这时的周作人急盼着从家中极其难堪、苦闷、无聊境遇里"脱逃"。至于缘由，他在回想录里记之甚详，也颇为生动。而大哥正是那个可以把他从苦海中拯救出来的人。查阅该时期的周作人日记，他对大哥的苦盼之情可谓跃然纸上。

1899年年底，连着三天，"晨望大哥不至"，"黎明即醒，望大哥不至"，"天气寒冽异常，手竟不能作字，望大哥不至"。满纸都是少年二弟候大哥而不见的失望与惆怅。

1900年周作人生日（腊月初一）那天，"雨，黎明忽闻叩门声，急起视之，是大哥自江南回家，喜出过望"。大哥不期而至，在一个特殊的日子，是专为二弟的生日而来吗？不得而知。但他欢喜雀跃的样子，就如同立在读者的面前。接连数日，他都记着"随大哥往"的字句，几乎天天跟在大哥的后面，亦步亦趋，似乎生怕这久违的亲情会像梦一样跑掉。在某种意义上，大哥给予少年二弟的，更像是一种他所缺少的父爱。

1902年年初，刚刚追随大哥到南京读书的二弟，获悉大哥要去日本留学的消息，便连日怏怏不乐，"磊块满矣"，"瀹茗当酒以浇磊块"。这时候的周作人还是位多愁善感的少年，他还不懂得如何掩饰自己的真实心情。

事实上，周作人对大哥的那种"亦步亦趋"的依恋之情，一直到1917年与大哥重聚北京的日子里还能读到。初来北京的二弟，已过而立之年，但对大哥的情感一如既往，大哥依然是二弟日记中的主角。整个四月，所记不离"大哥"二字。"同大哥共寓"，"同大哥至西单牌楼益锠饭"，"同大哥往琉璃厂看碑拓"，"同大哥一商"，"同大哥回访铭伯先生"，"同大哥至琉璃厂在青云阁饮茶吃点心"，"同大哥至广和居午餐"，"同大哥至许季上君寓"，"同大哥往头发胡同戴芦舲宅晚餐"。文字里透着一种久违的亲近感。

然对读周氏兄弟1923年日记，一些微妙的变化在悄悄发生着。四月八日，兄弟所记犹如出一辙。

> 八日 晴。星期休息。上午九山、细井二君来，摄一景而去。下午伏园携惠迪来，因并同二弟及丰一往公园，又遇李小峰、章矛尘，同饮茗良久，傍晚归。

> 八日 晴。上午信子为理发，九山、细井二君来，饭后去。下午伏园惠迪来，同大哥丰一共往公园，矛尘、小峰二君亦在，六时返。

四月三十日至五月十四日，周家的三弟周建人从上海来北平探亲。五月十日周氏兄弟所记已然不一。据大哥记，"晚与二弟小治肴酒共饮三弟，并邀伏园"。二弟对此则记得简略，"伏园来晚饭后去"，对兄弟共饮一事只字不提，还意味深长地加了一句，"芳子赤儿发热，池上来诊"。大哥对三弟的到来是大欢喜的，二哥对三弟的到来却似乎有难言之隐。因为三弟和芳子两地分居闹不愉快，芳子是信子的妹妹，作为二哥和姐夫的周作人夹在中间难免左右为难。然在周建人返沪的头一天，兄弟所记又趋近同步。

> 十三日 晴。星期休息。午后与二弟应春光社约谈话。下午至中央公园会三弟及丰九同饮茶。晚伏园来。夜重装颜氏家训二本。

> 十三日 晴。下午同大哥赴春光社之会，又至公园赴文学会后，同乔风、丰一饮茶，遇季芾略谈。买包子回，伏园父子来。

看上去，周氏兄弟关系融洽，与会，逛园，饮茶，同出同归。但归家之后，鲁迅重装《颜氏家训》，此举颇不寻常。这是兄弟共爱之物，周作人自称"《颜氏家训》最为我所珍重，因为这在文章以外还有作者的思想与态度都很可佩服"。但在这个时候，他们最该温习的恐怕是其中的《兄弟篇》，句句都足以击中他们的心坎。所谓"食则同案，衣则传服，学则连业，游则共方"，又所谓"二亲既殁，兄弟相顾，当如形之与影，声之与响"，失和前的周氏兄弟都做到了。不仅做到了，而且堪称楷模。正如鲁迅1925年所作小说《弟兄》所言，"他们两个人就像一个人"。然1923年，手足之情遇到了严峻考验，他们亟待温习如下一段话：

> 及其壮也，各妻其妻，各子其子，虽有笃厚之人，不能不少衰也。娣姒之比兄弟，则疏薄矣。今使疏薄之人，而节量亲厚之恩，犹方底而圆盖，必不合矣。惟友悌深至，不为旁人之所移者免夫！

周氏兄弟虽友悌深至，最终还是为旁人所移。据鲁迅六月二十六日记，"往禄米仓访凤举、曜辰，并见士远、尹默、二弟已先到，同饭，谈至傍晚始出"；六月二十九日又记，"与小峰、伏园及二弟往第二院食堂午餐"。大哥的日记里还有"二弟"，而二弟这两天的日记里对"大哥"已只字不提。芥蒂之生，似有先兆。两人最后一次在日记中以兄弟相称，是1923年的七月三日。

鲁迅记曰：

> 三日　昙。休假。寄三弟信。与二弟至东安市场，又至东交民巷书店，又至山本照相馆买云冈石窟佛像写真十四枚，又正定木佛像写真三枚，共泉六元八角。

周作人记曰：

三日　阴。上午寄凤举函。同大哥至市场，得古本ㅣㄝㄌㄛㄅㄨㄎ^①一本，又在吉台厂^②买书一本。午返，食冰酪。

然七月十九日鲁迅记曰："上午启孟自持信来，后邀欲问之，不至。"八月二日周作人记曰："下午L夫妇移住砖塔胡同。""二弟"变成了"启孟"，"大哥"则被L这样冰冷的符号取代。关于周氏兄弟失和，有各种版本的诠释，有的过度解释已失之荒唐。其实，还是《颜氏家训》总结得当，"今使疏薄之人，而节量亲厚之恩，犹方底而圆盖，必不合矣"。八道湾11号，自1919年的大团聚，到三弟和大哥两个大男人先后负气不归，其中的是非曲直不言自喻。家事的纷乱纠葛，让八道湾和谐共处之梦难以为继。而如果从长兄如父的角度加以理解，1923年事件又更像稍显严苛的父亲与倔强任性的孩子间常起的冲突。正如周作人在晚年尤记得1908年在日本，"大概我那时候很是懒惰，住在伍舍里与鲁迅两个人，白天逼在一间六席的房子里，气闷得很，不想做工作，因此与鲁迅起过冲突，他老催促我译书，我却只是沉默的消极对付，有一天他忽然愤激起来，挥起他的老拳，在我头上打上几下，便由许季弗赶来劝开了"（《知堂回想录·邬波尼沙陀》）。那时的二弟对于大哥的"责之严"还是能体谅的，但1923年的周作人已不能忍了，决意分道扬镳。似乎又应了《颜氏家训》中"望深则易怨"这句话，令人不禁要感慨唏嘘。

1951年，在大哥的七十诞辰，周作人《园里的动物二》一文重提"拆书"这种鸟，相信不是无意为之。周作人有阅读、整理自己日记的习惯，他的《知堂回想录》就基本是倚赖日记作成的。他应该重读过庚子年（1900年）四月初九的日记，以及日记上方补记的"拆书"神奇，这才有了看似不经意间的一笔。百草园里的鸟已然唤醒属于兄弟俩的共同记忆，所以他要将光绪癸巳年的

---

① 笔者按：指 The Yellow Book，即 1894 年至 1897 年英国著名的文艺杂志《黄面志》，也译《黄皮书》。

② 笔者按：此系日记笔误，实为东交民巷的台基厂，俗称台吉厂。

往事重提。而"拆书"的记忆又尤为特殊，它藏着庚子年四月初九这一天暗自得意的秘密。所谓"拆书"灵验奇迹，它其实所承载着的是大哥曾经带给他的惊喜与希冀，也就是大哥曾经赋予他的那种长兄如父的爱。同样，他也必定重读过他亲手所记诸如"随大哥往""同大哥至"之类失和前的温情文字。只是，在经历了近30年的决裂之后，周作人早已过了多愁善感的年纪，不可能再像少年时期那样直抒胸怀，用温源宁的话说，他"事事都经过深思熟虑，从不犹豫不决、大惊小怪，永远沉着冷静"。所以，他在重温庚子年以来日记时心中纵有电波掠过，他也只是用一种不为人知的隐秘方式加以表达，就像他作文中常见的闲笔，貌似不经意，实则别有寄托。

而在提及拆书这种鸟之前，周作人也说到了"性子很急的白颊的张飞鸟"，还说它是传说中的清水鸟。这应该是他的张冠李戴。他在《民间童话故事六则·蛇郎》也讲过，"女死，怨气不消，化为清水鸟（多就清水茅坑取虫蛆为食故名）"。照此描述，他说的清水鸟，其实应该是拆书。笔者对鸟类并不熟悉，只能抄书为证。

据《墨客挥犀》（宋彭乘撰）卷二记载："南中又有信鹊者，类鹊而小，能为百禽声。春时，其声极可爱，忽飞鸣过檐间者，则其占为有喜。"明闵文振《（嘉靖）宁德县志》卷一载，"信鸟，似鹊而小，飞鸣必有佳信。"清隆庆《（道光）永州府志》卷七上也言，"鹊之小者，足尾俱短，俗呼四喜。其鸣曰：书接接。人闻之以占远信。"清周杰《（同治）景宁县志》卷十二记，"四喜，俗呼喜叫叫。"由此可知，所谓信鹊、信鸟或四喜，应该就是周作人笔下的拆书。其学名为鹊鸲（Copsychus saularis），雀形目，鸫科，别名信鸟、四喜、进鸟。清曾曰瑛《汀州府志》卷之八称，信鸟又名进鸟。

又，鹊鸲常在猪圈、牛棚、茅坑等处觅食，喜吃蝇蛆，故民间多称其为"屎坑雀"或"猪屎渣"。这与周作人《蛇郎》文中所称清水鸟"多就清水茅坑取虫蛆为食"之习性相符。所以,《园里的动物二》认"张飞鸟"为传说中的"清水鸟",这是个错误。"清水鸟"应该是"飞鸣必有佳信"的拆书。周作人好谈人情物理,喜读《草木鸟兽虫鱼疏》,连他也会把鸟名弄错并不足怪,因为中国的生物学向来缺乏科学的分类,仅靠目视或书载是不足为凭的。道听途说,人云亦云,其实在民间是常有的事。周作人对此心知肚明,"现在只就知识方面来说,如关于生物一部分的,古来传说几乎无一不是错误"(《开卷有益》)。"中国博物学向来又原是文人的余技,除了《诗经》《离骚》《尔雅》《本草》的注疏以外没有什么动植物的学问"(《蠕范》)。所以他自己在《园里的动物二》中也承认,"这些鸟都不知道在书上是叫什么名字"。

即便如此,周作人错认"张飞鸟"还是令笔者略感遗憾。遗憾的不是错认这件事本身,而是他迎面错过了他和大哥之间另一段与鸟有关的故事。因为"张飞鸟"不是别的鸟,而是雀形目鹡鸰科的白鹡鸰(Motacilla alba)。鹡鸰,原作脊令,民间称白颤儿。清李亨特《(乾隆)绍兴府志》卷之十八"脊令"条下记载,"《嘉泰志》释鸟曰:脊鸰,雝渠,盖雀之属。飞则鸣,行则摇,大如鷃,长脚,尾腹下白,颈下黑,如连钱,故杜阳人谓之连钱。会稽人呼为雪姑,其色苍白似雪,鸣则天当大雪,极验。"

大哥在1925年所作小说《弟兄》中,引用过《诗经》里"脊令在原"的典故,以示对过去"兄弟怡怡"之情的怀念。其实,早在1901年,鲁迅在《别诸弟三首》就曾有过"何事脊令偏傲我,时随帆顶过长天"之语。而在1902年的日记中,周作人也曾引用鹡鸰之典故,作文痛悼早夭的四弟:"嗟乎!兄弟无故,人生一乐。鸰原起难,庭荆忽摧。悲愤之哀,莫可告语。"(《蕙川荫仙小传》)足见周氏兄弟间的情深意切。读兄弟失和之前的日记,可谓"飞鸣行摇,得在原之趣","逼之不惧,翔集自若"(唐玄宗《鹡鸰颂》)。若将《从百草园到三味书屋》(1926年)与《园里的动物"二"》(1951年)一并阅读,清光绪癸巳年

（1893年）兄弟在园中雪地捕鸟的情形，又堪堪一幅"急雪脊令相并影"（黄庭坚
《和答元明黔南赠别》）的传神写照。奇怪的是，兄弟俩双双错过对张飞鸟即白鹡
鸰的相认。冥冥之中，这种失认又似乎变成了失和事件的象征。

　　在大哥七十周年诞辰，二弟关于"拆书"的记忆蕴藏着不为人知的温情。
若就早年间的"兄弟怡怡"而论，周作人大可不必如此内敛含蓄，他完全可以
像1925年的译诗《伤逝》一样望哭哀恸："兄弟呵，我来到你的墓前，献给你
一些祭品，作最后的供献；兄弟，你收了这些东西吧，都沁透了我的眼泪，从
此永隔幽明，兄弟，只嘱咐一声珍重。"

辜鸿铭与维多利亚时代文化

一

读辜鸿铭的《尊王篇》觉得很有意思。他对清王朝尤其是慈禧的维护，他对传教士的反感，都是让我惊讶的。辜鸿铭在英国接受教育，亲历了维多利亚时代的繁华，在某种意义上期望慈禧如英之女王建立盛世，尚可理解。而他熟稔英国历史，视满人入关如同诺曼征服，似也顺理成章。他没有种族仇视的心理负担，他的政治学里只有英国式的忠于女王以及女王统治之国家概念。他的英文著作里流行着"Body Politic"这个中世纪诞生的政治术语。唯对他反传教士的立场还不是很清楚原因。可能跟他推崇的卡莱尔有关。

辜鸿铭对《论语》《中庸》《大学》的翻译也很有意思，竟然用歌德、卡莱尔、阿诺德、爱默生的话加以诠释。他对理雅各布的译文很不满，以为属于天主教义的诠释。他对《中庸》书名的翻译显得别有会心，译名The Conduct of Life，显然属于意译。爱默生就有一本书叫*The Conduct of Life*。辜鸿铭的路子大概属于古典理性主义（这个词似乎并不称意），它在维多利亚时代的英国以红衣主教纽曼为旗帜，算是美国人白璧德所倡新古典主义或新人文主义之先声。从吴宓到梁实秋，都是白璧德在中国的信徒，一直被压制得很厉害。其实，中国新古典主义的开拓者是辜鸿铭，只是因为他用英文写作，所以没有留下什么影响力。

<h1 style="text-align:center">二</h1>

读辜鸿铭在日本演讲集的中文版，被几个莫名其妙的人名难住，对照了一下原著才知道是指康德、黑格尔、泰戈尔和罗素，真是让人哭笑不得。国人用辫子、小脚把辜鸿铭丑化得几乎一无是处，想想也是挺悲哀的。文学史也好，思想史也罢，大多是信不得的。还是梭罗说得好，人终归是要有辨别是非的能力。

读辜鸿铭英译的《论语》和《中庸》，感觉在新奇之外多了一分异域文化的参照。原本就是译给英国读者看的书，在语境和语义的设计上他可谓煞费苦心。作为中国读者读这些书，在儒学的收获上可能不大，倒是能对辜鸿铭的西学学养略有所窥。其中主要引用的莎士比亚、歌德、卡莱尔、阿诺德、埃默森，基本代表维多利亚时代的文学风尚。歌德推崇莎士比亚，据说莎士比亚的文学地位最先是德国人赋予的，而卡莱尔又是歌德在英国的推崇者，他把歌德与莎士比亚相提并论，并且翻译了《威廉·迈斯特》，同时他又与埃默森远隔重洋通信近40年，惺惺相惜，相互砥砺。晚生的阿诺德，就是在如此文学风尚中走上文坛。更晚的辜鸿铭当然也不能例外，他在爱丁堡大学求学时，卡莱尔正好出任校长。辜鸿铭引用的歌德诗歌，也可以在卡莱尔著名的就职演说《论择书》（"On the Choice of Books"）结尾找到。

关于维多利亚时代的精神谱系，阿诺德在演讲词《埃默森》的开头有过愉快的回忆，从纽曼到卡莱尔，都曾是他生命中充满"魔魅"的存在。但阿诺德在其后又严苛地拒绝把卡莱尔和埃默森放入"伟大作家"的行列。

阿诺德承认，埃默森是"在精神中生活的人们的朋友和助手"，比如因为他的存在，才有了离群索居的梭罗。因为读埃默森，我在无意中找到了一本《梭罗日记》。一个作家是否伟大未必有那么重要，就像梭罗，他大概是我见过的最简单的作家，但我喜欢他的日记远超过莎士比亚和歌德的作品。是那种发自内心的喜欢，像朋友一般亲切，像清风一般的存在。所谓"魔魅"之力，是对年轻的求知者（其实也就是无知阶段）而言的，恰如有了自己思想的阿诺德，他会毫不留情地抛弃卡莱尔，而梭罗与埃默森也是渐行渐远。

因为辜鸿铭，找了一些阿诺德的书。很奇怪，这个被誉为英国亚里士多德的饱学之士，他的书竟然很少有中译本，仅一本《文化与无政府状态》就够了吗？那些人谈论辜鸿铭的底气来自哪里？辜鸿铭把孔子学说誉为国家宗教，不读阿诺德《圣保罗与新教》《文学与教条》可以吗？而辜鸿铭谈及中国人精神时特别揭示的"想象的理性"，则出自《异教与中世纪宗教情感》。在激昂的时代里一心要推倒辜鸿铭的周作人，在他翻译的《希腊拟曲·上庙》的注释里引用过阿诺德的这篇文章：

> 安诺德（Matthew Arnold）在他的《异教与基督教之宗教的情绪》一文中盛称此诗，曾说，"照那原本说来，无论怎样称赞总是不会过分的。这是新从人生之书上撕下来的一页。多么自由，多么活泼，多么快乐，多么自然！据说谛阿克列多思作这篇诗系取材于梭菲隆的著作的，他是生在较好的时代的一个诗人；但是，即使真是如此，那形式还是谛阿克列多思自己的，而那个形式又是如何精美，巧妙呀！这是颓废时代的一篇希腊诗！——因为谛阿克列多思的总是颓废时代的诗。希腊颓废时代的诗是如此，那么兴盛时代的诗又当如何呢？"（《周作人译文全集》第三卷）

辜鸿铭被国人怠慢了！而阿诺德似乎也在国内没有得到应有的重视。高谈阔论的背后，所见尽是莫名的傲慢与狭隘的偏见。近代以来与西学有渊源的学人里，比较偏爱钱锺书、周作人，他们属于把书读通了再发议论的人。据说辜鸿铭在爱丁堡读书也是融会贯通了的。我想看看他的底牌，顺便也想了解一下维多利亚时代的思想界。其实，这本是30年前就该做的事，可惜再回不去了，只能补课。大学对我们这代人最大的耽误，就是没有人指导我们该看什么书以及为什么要看什么书。

三

查对了一些文献，对"天命之谓性"的"性"译为"the law of our being"之根据，以及"imaginative reason"的内涵，稍稍有了点眉目。辜鸿铭在汉语方面采用了朱熹"性即理"的解释，所以"the law of our being"相当于"reason"，该表述乃参考阿诺德《圣保罗与新教》而来。至于"想象的理性"或"想象的理智"，初见于《异教徒与中世纪宗教情感》，追溯起来则源自纽曼《大学的理念》中对"想象"与"理智"的讨论。德劳拉有专文探讨了该表述在维多利亚时代的牛津渊源（David J. Delaura, *Arnold and Newman: Humanism and the Oxford Tradition*）。

"The law of our being"这一术语出自《圣保罗与新教》，而其根源应该在《罗马书》，或者说经过路德和卡尔文诠释的《罗马书》。辜鸿铭为了和英国人说清楚"天命之谓性，率性之谓道，修道之谓教"的意思，参照了《圣保罗与新教》的观点，并在《中国人的精神》一书中做了进一步的阐发。他说"the true law of our being"就是保罗所谓"the law of mind of spirit"（与"the law of the mind of the flesh"相对），而《新约·罗马书》只有"the law of the spirit of life"的表述。辜鸿铭的术语出自阿诺德，阿诺德使用该术语的详细来源还不是太清楚。

儒学里的"性"一词到底怎么翻译，确实不易。包括儒家内部也是众说纷绞，因为这个词本来就是多义的。辜鸿铭试图用the law of our being来包含朱熹的"理"（reason）和王阳明的"良知"（conscience），当然更重要的是这个概念和"the moral law"（道）、"religion"（教）可以贯通起来解释，从而获得他所谓的对孔子君子之道的整体（whole）诠释。这是他不同于其他译家最重要的地方。

四

陈荣捷先生的 *A Source Book in Chinese Philosophy* 是我很愿意翻翻的工具书，可以中英对照，便于了解一些术语的使用。因为近来读辜鸿铭英译的《中庸》，又把杜维明的《论儒学的宗教性——对〈中庸〉的现代诠释》找来翻了翻，发现两位学者在提及辜鸿铭的英译本时都称Central Harmony，让我颇为费解。辜鸿铭所译《中庸》的书名不是 *The Conduct of Life* 吗？原来他们都是从林语堂《孔子的智慧》里看来的。林语堂的书我是基本不看的，他是个聪明的文人，但绝对不是个好学者。为了弄清真相，还是把 *The Wisdom of Confucius* 找了出来。不看还好，看了方知是"偷梁换柱"。原来他觉得辜鸿铭译得好，便把辜的译本编入自己的书里。只要说明出处，这似乎也不算"盗"。问题是他竟然把辜的书名改掉了，还对正文中的翻译随意篡改，最糟糕的是不加以任何说明，以至陈、杜二位学者径以Central Harmony归之于辜鸿铭名下，让人摸不着头脑。

辜鸿铭《中庸》英译本问世之初，年轻的王国维专门写过文章大肆评点，他凭着自学的德国哲学的底子也没有看懂辜的翻译的好处。其实辜鸿铭译文对《中庸》理解得最透彻处在于其中的"诚"字，一般译为sincerity，但辜译为truth，把《中庸》的哲学与宗教意味体现出来了。杜维明及其他海外学者讲"creative"或"creativity"，不过是对"诚"的一种哲学意义上的拓展，其实并未突破"truth"的含义。

读《管锥编·太平广记》三题

　　《太平广记》号称"小说家之渊海"。《四库总目》说，"其书虽多谈神怪，而采摭繁复，名物典故，错出其间。词章家恒所采用，考证家亦多所资"。而钱锺书的《管锥编》，既不失注疏家之本色，而又兼染小说家之结习。他曾自曝家法，"本作小说，结习难除"，所以常"以白话小说阐释古诗文之语言或作法"（见1979年与郑朝宗信）。所以，由学力与才情兼具的钱锺书来谈《太平广记》，可以说是一桩相得益彰的美事。

　　《太平广记》"凡分五十五部，所采书三百四十五种。古来轶闻琐事，僻笈遗文咸在焉"。故以卷帙繁重而著称。而就《管锥编·太平广记》的目录来看，从《广记》卷二至卷四九八，钱锺书几乎遍及全书，总成札记二百一十三则，所得同样富广。今拈出数条，略窥其精神。

一、注疏家本色与小说家结习

　　注疏家所重在渊源本末，非饱学之士不足以胜任。作为学者的钱锺书，博览群书，于注疏一途，自然驾轻就熟。每于一词一语之来源，名物典故之出处，从容道来，深入浅出，胜义纷呈。所谓考镜源流辨章学术，正是钱氏作为注疏家之本色所在。但他又毕竟不是一个死在句下的冬烘先生。一个讨论对象到了他的笔下，必然是要举一反三，闻一知十，淹贯古今的。此举就作者而言，犹如百万军中取上将之首，探囊取物而已；就读者而言，则形同十里长街逛铺子，各取所需乃不虚此行。

20世纪30年代的清华园，卧虎藏龙。即便学子当中，也有所谓"四剑客"和"龙虎狗"之类的响当当名号。今天的人可能都知道，四剑客指的是林庚、吴组缃、李长之与季羡林，龙虎狗则分属钱锺书、曹禺与颜毓蘅三位才俊。但对于后一雅谑的出处，恐怕只知其一，不知其二。鉴于钱锺书才高名重，多以为其中含有褒贬、高下之意。其实读《太平广记》第一九则《韦老师》篇，便可知"晋人每以龙名狗，犹今人之每以虎名狗也"。"唐人艳体诗中，以'乌龙'为狗之雅号"，而"名犬曰'龙'，尚是晋人风流"。钱锺书在一封信里曾谈到过，"龙虎狗"是现代神话，"颜君的英语很好，万君别擅才华"，认为"无须考订确凿"。但他特意拈出的古典版"龙虎狗"，对怎么看待现代版神话还是可以视为一种补充意见的。

又据王水照先生说，钱锺书有《西游记》情结，光他的《管锥编》就引及50多处（王水照《钱锺书先生的〈西游〉情结》，《万象》2005年第3期）。这也可以看作他身为小说家"结习难除"的一个重要注脚。他在《列子张湛注》第三则"黄帝"条下，讲到"至人潜行不空，蹈火不热，行乎万物之上而不栗"时，就想到了孙悟空的七十二般变化，"如入金石无碍，火不能焚、水不能溺等，已见《庄》《列》；'变化'即老成子所学之'幻'也"。将其与《庄》《列》中的"真人""至人""化人"伎俩，等而视之。

其实，此等"结习"在《管锥编·太平广记》最能得到发挥。《太平广记》既谓"小说家之渊海"，某事从何而来，何事从其所出，原原本本，自然难逃钱锺书的法眼。第五五则《汪凤》条下有"掘地得石柜"一事，便指出，"《水浒》第一回洪太尉'误走妖魔'事即本此增饰"。第七五则《冯燕》，"《贪欢报》第八回铁念三事所出也"。可谓比比皆是，举不胜举。诚如老吏断狱，心明眼亮，桩桩揭发。一本读书札记，又几乎是可以当作中国古代小说叙事之"秘籍"来读的。

《管锥编·太平广记》另有《阳羡书生》一则。鲁迅《中国小说史略》认为，"阳羡鹅笼之记，尤其奇诡者也"。并据段成式《酉阳杂俎》指出，事出佛经"梵志吐壶"。其实梵志作术吐壶或阳羡书生吐人，都在佛教和道教自神其教之列。西竺人之广大神通，本土化后则衍为道术。释典道藏，相互盗窃，不让对方专美的例子，在文化交通史上俯拾皆是，并不奇怪。这在《管锥编》中屡有揭发。但在这则读书札记中，钱锺书却别出心裁，提出了一个叫作"鹅笼境地"的艺术创作法。"鹅笼书生所吐女子'实怀外心'，因吐一男子，而此男子'心亦不尽'，别吐一女；其事实为宋、明嘲谑语之所滥觞"，而放到西方文艺里则是"交错求情"或"连锁单相思"的情节。并示例云，"海涅尝咏一少年悦一女郎，女则爱他男，此男又别有所娶"，此即"鹅笼境地"。论学谈艺，如此不拘一格，真可教那些喜欢拉开架子虎起脸写"时文""八股"的人找地缝钻。

犹记得早年读《围城》，对作家活生生拆散方、唐情事一节，百思不得其解，且耿耿于怀，恨不能与其对簿公堂，刀杖以决。今读此文，方得释然。赵辛楣—苏文纨—方鸿渐—唐晓芙，不正也身陷"鹅笼境地"而不自觉乎？倘若联系前文所及"揭发"一事来看，钱锺书此举又似乎难逃"贼喊捉贼"之嫌疑。所以他在《谈艺录》中，谈到"善病人文章，尤能捉语意相合处"之沙门公案时，也不禁要自嘲一番："余为尔许语，亦正所以自戒而自惭笑耳。"

二、神仙与鬼怪

鲁迅曾在致许寿裳的信里谈到，"中国的根柢全在道教"。这个结论的得出，可能与他早年研究中国古代小说有关。中国古代的小说与道教联系最深，我们今天人所说的早期小说，多为方士所造，"意在自神其教"。可以大胆地讲，鲁迅的《中国小说史略》，也是可以当作一部中国道教史来读的。

> 中国本信巫，秦汉以来，神仙之说盛行，汉末又大畅巫风，而鬼道愈炽；会小乘佛教亦入中土，渐见流传。凡此，皆张皇鬼神，称道灵异，故自晋讫隋，特多鬼神志怪之书。其书有出于文人者，有出于教徒者。文人之作，虽非如释道二家，意在自神其教，然亦非有意为小说，盖当时以为幽明虽殊途，而人鬼乃皆实有，故其叙述异事，与记载人间常事，自视固无诚妄之别矣。(《中国小说史略》)

《太平广记》正是此中之大全。而钱锺书的《管锥编·太平广记》，所记既有关于道教常识的索解，比如咒语、谦辞、照妖镜（见第九七则《王度》条）、道士名称等，也有关于神仙鬼怪的揶揄或赞誉之辞。其中第六则《刘安》条下，关于"鸡犬升天，猫鼠不去"，以及"谪守都厕三年"诸事之考证，亦庄亦谐，尤为解颐。总的来看，钱锺书于神仙家并无好感，尤其对求道行径之披猖者，屡揭其短。

《管锥编·太平广记》第五则《白石先生》条下，借彭祖与白石先生之间的一问一答，拈出"天官"不如"地仙"之意，即"天上多至尊，相奉事更苦于人间"，从而进言神仙家名为出世，实则享乐人间。学仙求道之衷曲，"盖摆脱凡人之患苦，却恣适凡人之嗜欲，腰缠而兼跨鹤，有竹不俗而复有肉不瘦者"。并引皇甫湜的诗《出世篇》，认为神仙家宁愿"游仙"地上，也不肯即飞上天，因为"'出世'之饮食、男女全同入世，而享受之能与所，则迈'出世'，'升虚'不特未失'地上'之乐，抑且大过之"。又谓："六朝以来常写神仙'思凡'，一若脱去人间，长生不老即成虚度岁月。"将神仙家在世的享乐主义行径揭示得入木三分。

在第一三二则《蒋子文》条下，还引用有这样一段话：

> 昨承面教云："神仙离不得势利二字"，未经人道。仆以为今世学仙佛者，无非欲得其神通，受人供养，使势成于我，利归于我；虽学仙佛，却是学势利也。

显然，钱锺书对于问仙求道之辈，一无好感。倒是对于在地上作祟的妖魔鬼怪深表同情，常常是一副路见不平便要拔刀相助的肝胆心肠。第一八则《李泌》条下便站出来说了一番公道话："'神仙''妖妄'，实为一事，乃誉毁天渊，足为《尹文子·大道》篇所谓'名'同而'分'异之例；事物之性质无殊，而论事观物者之情感各别。"有鉴于此，他在一〇三则《张延赏》条下，公然为有钱能"使鬼"做开脱，认为"'聪明正直'之'神'亦可以钱使矣"。关于"鬼"，钱锺书谈得颇见意趣的，莫过于"鬼亦能死"。此见于第三一则《冯渐》条下。而在第一三二则《蒋子文》中其曰："神道之与人事如影之肖形，响之答声也。"又最能解释他的"鬼"观。

他在第一一则《柳归舜》条下谈道，"薛道衡每遭唐人小说中鬼神嗤薄"，并且认为"齐谐志怪，臧否作者，掎摭利病，时复言谈微中"。进而指出，"夫文评诗品，本无定体。……或以赋，或以诗，或以词，皆有月旦藻鉴之用，小说也未尝不可。即如《阅微草堂笔记》卷二魅与赵执信论王士正诗一节，词令谐妙，《谈龙录》中无堪俦匹"。又举《太平广记》卷三七一《姚康成》中铁铫、破笛、秃帚三成精之物论诗，与诸名家之语"都相印可"。因而曰："岂得子不语怪而因鬼废言哉！"钱锺书谈艺，原本就不落窠臼，在言"文评诗品，本无定体"的同时，也没忘将鬼怪妖妄提升为鉴赏家的地位。而在第一九三则《张简》条下，作为"兽中黠而淫之尤"者的狐，则摇身一变而成了"好讲学爱读书"的"胡"博士、学问家。这大概与我们平日所言的"野狐禅",可以连类比堪。照钱锺书的意见,是完全可以编一部《酆都诗话》或《鬼方妖域艺文志》出来的。那才叫真正的奇文共赏。就此而言,一部《管锥编·太平广记》,也是可以视为学界的《聊斋》来读的。

钱锺书借"鬼事"而言"人事",在其津津乐道的背后,恐怕还有一层意思也是不能忽视的。那就是他所处时代的文人本属于"牛鬼蛇神"之列。以"牛鬼蛇神"的身份而大谈特谈鬼方妖域的逸闻趣事,也应该算是钱氏幽默之一种。有了"鬼"的可喜之处,"仙"又有何可羡慕的呢?"仙"较之于"鬼",倒显得更像是一群俗物。而"仙"又所指为何?怕是起钱先生于地下,他也是只会说"无须考订确凿"而敷衍过去的。笔者更不敢胡言。

三、文人之罪

《管锥编·太平广记》第一九条引《麻阳村人》语:

> 青衣童子曰:"我王辅嗣也。受《易》以来,向五百岁,而未能通精义,故被罚守门。"

又记五代无名氏《灯下闲谈》卷下《猎猪遇仙》里,"王弼因误释《道德经》,被谴于天宫门外执帚,所服事者,'玄元皇帝''老君'也"。以及《太平广记》卷三一七《王弼》中,"弼注《易》时嗤笑郑玄'老奴无意',夜为鬼所祟"。三个版本,均记王弼注《易》、注《老》不慎,"既蒙仙谴,又遭鬼责"。

其实,王弼因注书,而被罚守门执帚,或遭仙谴鬼责,应该说还是轻的。在第四七则的《赵文信》条下,"夸目侈于红紫,荡心逾于郑卫"的"词赋之罪人"庾信,已是罪加一等,直接被罚下地狱受苦,变成一多头龟。所谓"世上多演《牡丹亭》一日,汤若士在地下受苦一日",又所谓"世上纪念莎士比亚生辰，地狱中莎士比亚方在受罪"，中外同调，举不胜举，说的都是文人称名于人间却受罚于地下的遭遇。

而被罚守门或门外执帚，正是钱锺书著《管锥编》时文人的真实处境。将之与杨绛的《干校六记》、俞平伯的《"干校"日记》合观，自当别有一番滋味在心头。已故南京大学教授许志英先生，在《收获》上发表过一篇名为《东岳"五七干校"》的文章，也提及钱锺书烧开水、何其芳养猪诸事，可以参而观之。

胡河清在《钱锺书论》中曾引过《谈艺录》中一段话：

> 旅程烦缛，然费料量，人地生疏，重劳应接；而顿新闻见，差解郁陶。故以离思而论，行者每不如居者之专笃，亦犹思妇之望远常较劳人之念家为深挚。此所以"惘怅独归"，其情更凄戚于踽凉长往也。法国诗人旧有句云："离别之惘怅乃专为居者而设。"拜伦致其情妇书曰："此间百凡如故，我仍留而君已去耳。行行生别离，去者不如留者神伤之甚也。"生离如是，死别尤甚。逝者已冥漠无知，惟存者心摧肠断，子期思旧，安仁悼亡，此情难遣已。

以为"较之钱锺书其他文章之不时显出'刁无锡'的古怪脾气，这一节文字便格外地见得缠绵多情。依此看来，他到底还不曾炼就水火难攻的心肠，或实是个刀子嘴豆腐心的也未可知"。其实不然。据杨绛《我们仨》记载：钱锺书留学回国后，因造化弄人，远赴内地教书，以致夫妇间聚少离多。有次他一脸狼狈相回上海探亲，竟险些被久不谋面的女儿逐出家门。于是他发誓："从今以后，咱们只有死别，不再生离。"足见《谈艺录》中关于"离思"的一番伤感之论，也是肺腑之言。由此观之，钱锺书称其《谈艺录》"虽赏析之作，而实忧患之书也"，决非空言。而《管锥编·太平广记》里，谈神论鬼，又何尝不可以视为借题发挥的讽世之论呢？

第三辑

方便之门

庚申年（1920年）马一浮注老子："以老子义印合般若、方等，于禅则与洞山为近，触言玄会，亦似通途寥廓，无有塞碍。……维老氏之旨未必如斯，理既冥符，言象可略。"后于《泰和宜山会语》析义理名相则云："魏晋间人好谈老庄，时称为善名理。其实，即是谈名相。因为所言之理，只是理之相。若理之本体即性，是要自证的，非言说可到。……要学者引入思维，不能离名相。"复云："虽彼法所明事相与儒者不同，而其功夫涂辙理无有二。比而论之，实有可以互相助发之处。"又曾借云门三句开示云："今不是说禅，却是借他禅语来显义，欲使学者举一反三，容易明白耳。"

人之根器有利钝，颜子闻一知十，所谓拨着便转，触着便行，直下承担，骏快如有神助，自是上根利智之士。但上根之士，生而知之，百年或可一遇，而不可一求。故以中根之士居多。生而不知，唯学而知之。学而能知者，中根耳。有心问学，则也须知学之途径，否则也是枉然一番。途径即法门，示人以权宜方便，或同舟运车载。道者，涂也，路也。予行此道此路人方便者，舟车而已。循此而后方可舍舟登岸，弃车入室。自来儒释道互相助发，意属殊途而同归也。故以一隅而三反求之，实为魏晋玄学、宋明理学之导源，也陈寅恪先生揭橥"道教之真精神，新儒家之旧途径"之真谛耳。晚清民国学人言佛，原为继往开来，总是出轨不得！

儒释道名下的道，虽都是道，但也是"各是其道"，"各走各路"。《管锥编》记《竹窗随笔》有言，南人到北方，北人不知舟为何物，南人对北人曰："吾舟载物致远，犹此方之车也。"此也借车明舟，而非指车为舟。舟，终不可行之于旱路；车，也不可行之于水道。好谈会通之士不能不明此理。又，方便之门大开，终还得有一个修字或行字做归宿。换而言之，儒释道名下的那个道，原本是用来行的修的，而不是用来说的。所谓"拨着便转，触着便行，直下承担"才是紧要。

霜随柳白，月逐坟圆

一

儒学（经科）自汉武以降虽然在历朝历代都得了个"独尊"的牌位，实质上只是个幌子。以孔子为代表的儒家政治理想从来都是无赖野心家与利禄熏心者借用的工具而已，所以中国出了不少没心没肝的权谋之士——也因此章太炎要作《原儒》《原道》，以示正本清源。外道固不足言，朱陆大概要算是内省的代表。朱子说科举下的知识分子"简直是一个盗罪集体，最底限度也是一个谎言集体"（见徐复观《中国知识分子的历史性格及其历史的命运》或《象山学述》）；陆子云："愚不肖者之蔽，在于物欲；贤智者之蔽，在于意见（注：私欲私见）。"都是对"人心惟危，道心惟微"而发的锥心之论。无论是朱子言"读书"而"穷理"的道问学派，还是陆子复"本心"以"辨志"的尊德性派，都体现出来他们在道术衰微、士风败坏时代里企图恢复儒学精神以及拯救知识分子灵魂的同一志向。《宋史》判道学别出于《儒林》，引来不少腐儒诟病。只有章学诚、阮芸台说，这样做自有这样做的道理。这个道理就是朱、陆要站出来"卫道"或"原道"的志向。这是中国历史上一次很了不起的反省。就此而言，新文化运动反封建礼教，打倒孔家店，同时把朱子（理学）拎出来陪斗，应该是今天需要洗雪的冤案。罪当不在孔子朱子。罪在后世一直将孔子朱子作为工具的无赖野心家与利禄熏心者，干的挂羊头卖狗肉好勾当，大大败坏了儒学的名声。胡适在20世纪30年代接着章太炎的《原儒》作《说儒》，算是一次忏悔自救的行为。

阮芸台说，"学术盛衰，当于百年前后论升降焉"。新文化运动差不多有百年了，该还的学术清白应该还掉，该洗雪的冤案应该洗雪。单就朱、陆当年联手"卫道"或云拯救知识分子灵魂一事而言，这里有个故事，见于《陆九渊集》卷三十四《语录上》："先生居象山，多告学者云：'汝耳自聪，目自明，事父自能孝，事兄自能弟，本无少缺，不必他求，在乎自立而已。'学者于此亦多兴起。有立议论者，先生云：'此是虚说。'或云：'此是时文之见。'学者遂云：'孟子辟杨墨，韩子辟佛老，陆先生辟时文。'先生云：'此说也好。然辟杨墨佛老者，犹有些气道。吾却只辟得时文。'因一笑。"以为在今天也是大有意义的。今天的时文也是大行其道。而今天时文背后的蝇营狗苟更是触目惊心。

<h2 style="text-align:center">二</h2>

萧公权先生的《中国政治思想史》讲孔子之道为何没有真正实行时，说到两个答案：一是陈义过高，有难于实行之苦衷；二是历史变迁，未必全合于时宜。一句话，终归是个乌托邦。孔子之"从周"之道既然不能复兴，实质上也就为"以不治治之"的"老庄"绝对无为思想的盛行留下了契机。王充就是一个对人治作为表示怀疑的代表人物。对于内圣外王思想的怀疑，自老庄、王充、阮籍、鲍生而下至章太炎，可以勾画出一条明晰的推崇自然主义的"无为""无君"乃至"无政府"思想线索。孔子之道在世尚且行不通，传到荀子再往下传就是韩非、李斯之流的法家。所以，中国政治上一出隐士，二出酷

吏。到了晚清大变动时期可以看得更清楚，两个重量级的人物康有为、章太炎，一个说"大同"，一个论"五无"。萧公权先生以为，《大同书》为"享乐主义乌托邦"，《五无论》为"失望自杀之虚无主义"。

终归是无路可走。

这很容易让人想起提供了不少利禄予我辈的周树人。冒昧地揣测一下，周家大先生早年追随章太炎，也算是个"言九世之仇则满腔热血"的青年，而民国后消沉得厉害，大概也在"失望自杀之虚无主义"之列。钱玄同来S会馆为《新青年》组稿，大先生给他讲了个"铁屋子"理论，悲观绝望透顶。所幸他还不算固执透顶，骨子里面的东西权且不说，至少表面上还是遵了命，交了篇《狂人日记》应差。很清楚，周家大先生的《呐喊》是遵命，《彷徨》也是应景，只有《野草》里的绝望与虚无才是本真的东西。相比较而言，周家二先生的骨子里倒是存有个文化大同的"享乐主义乌托邦"的。二先生集"希腊学"、"日本学"（新村运动）以及"非正统的儒家"思想于一身，本着折中（中庸）之道，做着文化大同之梦，终于尽了天年。这都是二先生"谢本师"之后自得自达的"造化"。

一边说无路可走，一边还是不知不觉又走了百来年。所谓"霜随柳白，月逐坟圆"，今夜也当如此。

卖花担头看桃李

圣人违远，其言虽著之于籍，其人则不可取之于地下而质之当面耳。故本诸儒学，出入释老，乃自来旁通之快捷方式，又确乎玄谈之本色。而佛教徒好谈老庄，甚或孔佛互证，道理也无外乎此。德清憨山言"初信之士，不能深穷教典，苦于名相支离，难于理会，至于酷嗜老庄为文章渊薮"，即由老庄而入释典之由来也。杨仁山居士云："恍然于古圣垂教之深意，直与佛教相为表里。但随方语言，文似各别，而义实相贯也。"其所作孔孟发微、道经发微，即准此旨。其又云："夫论道之书，莫精于佛经，佛经多种莫妙于华严，悟华严宗旨者，始可与谈此道矣。"则佛经又成论道进阶之资也。

圣人立言，自有相通之处，然又不可强合。和则未必双美。此旨钱默存颇得其要，以为难免"因媒而嫁，不因媒而亲"之嫌。《管锥编·老子王弼注》云：

> 苏辙之解《老子》，旁通竺乾，严复之评《老子》，远征欧罗；虽于二西之书，皆如卖花担头之看桃李，要欲登楼四望，出门一笑。后贤论释，经眼无多，似于二子，尚难为役。聊举契同，以明流别，匹似辨识草木鸟兽之群分而类聚尔。非为调停，亦异攀附。何则？玄虚、空无、神秘三者同出而异名、异植而同种；倾盖如故，天涯比邻，初勿须强为撮合。即撮合乎，亦如宋玉所谓"因媒而嫁，不因媒而亲"也。

《原儒》《说儒》

十来天里出行两次。前次携熊十力《原儒》为伴，车窗边正襟危坐，把卷检读。过丽水，风骤起，呼啸不止，吹得书页飒飒作响。惊叹此等生气，岂镇日遗世枯坐而可得焉。后次带欧阳渐《孔学杂著》解闷，晨起检读《夏声说》。其云：夏声者，孔子之中庸，孟子浩然之气也。时抗战军兴，故有此说，由此可信佛法本在人间也。熊氏曾从欧阳氏习内典（十力出自赞佛祖语：兴度之业既深，十力之功自远），会通儒佛，并由佛入儒，自造新论。"窃叹佛玄而诞，儒大而正，卒归本儒家《大易》。批判佛法，援入于儒，遂造《新论》。"而欧阳氏则主张以佛统儒，对于新论批判旧学颇不满，这才有了所谓破唯识论、破破唯识论之纷争。

熊氏力倡儒家以天下为己任之大义，诟病佛法陷溺性寂因果轮回之说，以为了无生趣。其所造论，唯援佛入儒，导入积极入世之正途。而实在近代唯识宗之兴起，又何尝不是以众生之苦为普度对象。儒家曰秉承天命，佛法云以慈悲为怀。天下与众生本无歧义。然狭义上讲，兴外王之说的儒家，其所谓天下，不过一王之天下，甚或一姓之天下。总也脱不出"溥天之下，莫非王土，率土之滨，莫非王臣"之套语。而佛的眼里只有众生。儒佛会通之处，实则在孟子说的恻隐，释子说的不忍。就大乘之旨而言，殊途同归。此亦知佛而后知儒之根本也。要争当然也只是争个名分而已。

　　又，蒙蛮兄推荐，近日将刘小枫先生的文章《儒家革命精神源流考》及《臆说纬书与左派儒教士》，匆匆拜读一过。如果与晚清民国间的学术做一联系，大致不出蜀学一脉的理路。刘小枫的学术取向在于讨论政教关系，或者所谓的政统。其中以齐学鲁学为标尺而衍生出的左派、右派儒学或教士之说，多得力于蒙文通。换了个说法而已。右派左派，或又不出求是与致用派之大旨范围。而纬书与孔子精神楷模之塑造（"神圣身位"）问题，其又得力于顾颉刚的辨伪与"五德终始说"研究。就20世纪学术史的融通而言，刘小枫先生的思考多了一个基督教义的参照。而最早提供该思路的，当为胡适的《说儒》。陈来先生称之为"胡适平生论学文当中特别优美而富于想象力之作"（《说说儒——古今原儒说及其研究之反省》）："胡适此说很大程度上似由比较文化史获得启发，他认为，与希腊智识分子从奴隶变为罗马战胜者的老师，罗马教士成为北欧野蛮民族征服者的教师类似，殷末的祝宗卜史在西周几百年间自成了一个特殊阶级，是贵族阶级有用的清客，是新统治阶级的下层，又是自己民族殷礼的保存者和教老师。他从'基督教不抵抗训条出于亡国犹太民族的哲人耶稣'引出结论，殷人在亡国状态下养成柔逊的遗风，集中体现在他们的教老师'儒'上，用以解释何以这些保存殷人古礼的人被称为'儒'。"

　　当然胡适特出的想象力，不仅在于"原儒"，还在于"造圣"。他由"五百年必有王者兴"这句预言，对孔子的"受命于天"做了一个大胆的推想："但在那殷商民族亡国后的几百年中，他们好像始终保存着民族复兴的梦想，渐渐养成了一个'救世圣人'的预言，这种预言是亡国民族里常有的，最有名的一个例子就是希伯来（犹太）民族的'弥赛亚'（Messiah）降生救世的悬记，后来引起了耶稣领导的大运动。这种悬记（佛书中所谓"悬记"，即预言）本来只是悬想一个未来的民族英雄起来领导那久受亡国苦痛的民众，做到那复兴民族的大事业。但年代久了，政治复兴的梦想终没有影子，于是这种预言渐渐变换了内容，政治复兴的色彩渐渐变淡了，宗教或文化复兴的意味渐渐加浓了。犹太民族的'弥赛亚'原来是一个复兴英雄，后来却变成了一个救世的教主，这是一变；一个狭义的，民族的中兴领袖，后来却变成了一个救度全人类的大圣人，这一变更远大了。我们现在观察殷民族亡国后的历史，似乎他们也曾有过一个民族英雄复兴殷商的悬记，也曾有过一个圣人复起的预言。"

这是一个非常奇怪的推想，而胡适也少有地走出了纯考证的路子，任意驰骋。所怪不在于胡适原儒，而在于其造圣。原儒不过是为知识分子找个合乎身份的原型；而造圣之举则为"柔儒"到"刚毅进取的儒"找出一个合理的依据。胡适在此文中论孔子的大贡献：一、把殷商民族的部落性的儒扩大到"仁以为己任"的儒；二、把柔儒的儒改变到刚毅进取的儒。如此造圣，显然有违新文化运动的反孔教精神。如果一定要找一个原因的话，大致与"国命将亡"的背景有关。这篇写于1934年的文章，大概寄予了胡适自己的民族复兴理想。他借此把这个复兴的使命给了知识分子，庶几也将这份复兴的教主荣光暗许给了自己。

无体之礼：超越形式之礼

按：余年来习礼，手头可翻之书，计有廖平《今古学考》、蒙文通《经学抉原》、周予同《中国经学史讲义》、徐复观《中国经学史的基础》、钱穆《论语新解》、郭沫若《十批判书》，以及浙江古籍版的《十三经注疏》等。时在冬春之交，将其一一排列在案，信手取读，乃至茶不思饭不想，早不知身在何处。南蛮曾有言在先，云其不日将发一有关上古之书的帖子，却迟迟不见下文。此也"盟可负邪"？此也美言不可信欤？此也仁者不必有信乎？无奈，山人只好先自言礼。子曰："言而履之，礼也。行而乐之，乐也。"惟山人言礼，胡言呓语而已，在"姑妄言之，姑且听之"之列，不当真最好。

一、礼是孔子思想的核心

孔子思想的核心，一言以蔽之就是礼。孔门六艺当中，礼应该是最高范畴。所以孔子说，"不能诗，于礼缪。不能乐，于礼素。薄于德，于礼虚"。这都是围绕"礼"而言的。其中，诗、乐与礼的关系表达得最直接，而"德"大概是指六艺当中的书。书传三代王道，所贯穿的思想无外乎一个"德"字［注：《史记·孔子世家》云，"追结（迹）三代之礼，序书传"］。推究起来，孔子在返回鲁国之前，一直是以诗书礼乐传教。易与春秋，应该是晚年才开始传授的。夫子晚年才开始习易，虽韦编三绝，但尚未臻于精熟，故曰："假我数年，若是，我于易则彬彬矣。"又据《史记·孔子世家》，孔子作《春秋》，最早也在哀公十二年，已近古稀之年。《春秋》大概是孔子知道自己的礼教思想注定无法实行之后，倍感哀叹，便为后世留下来一部"资治通鉴"。其曰："后世知丘者以春秋，而罪丘者亦以春秋。"所谓"知丘者"，行先王之道者也；所谓"罪丘者"，行后王霸政之术者也。天下道术裂，也由此可知矣！

孔子当年曾经感慨"礼无足征"，以至无法全面恢复三代之礼。其实孔子之后的人同样会感慨"事无足征"，不能完全恢复夫子关于礼的真实思想。孔子之后，儒家一分为八派。礼在传承中就有今、古文派之分。今文传《仪礼》，古文传《周礼》《逸礼》。而大、小戴礼记则为今古文混传。其中小戴礼记，即《礼记》。东汉末年的"通学派"学者郑玄，注《周礼》《仪礼》《礼记》，这就有了"三礼"之学的名目。孔子的礼教思想因为儒家八派的传承不一，加上郑玄、王肃之流今古不分，自乱家法，不仅孔子的礼教思想的本相不明，便是儒家八派的思想也是互相羼杂其间，让后来学者徒自嗟叹。

二、无体之礼：超越形式之礼

所谓无体之礼，出自《礼记·孔子闲居》。这其实是我比较喜欢的一篇关于礼的阐释文字。孔子重礼，这没有什么疑问。但孔子拘礼，好像是个成见。据《史记·孔子世家》，在齐大夫晏婴眼中，孔子"盛容饰，繁登降之礼，趋详之节"，叫人好生厌烦。又，定公十年春，齐鲁国君在夹谷见面，以示和好。孔子就在礼的问题上横竖挑剔，把鲁定公和齐景公弄得左右不是。这样的孔子，专在繁文缛节上做文章，当然不讨人喜欢。但在《礼记·孔子闲居》里，礼的核心思想则已完全超越了形式。尤其关于无声之乐、无体之礼、无服之丧的阐释，直达无上之境。难怪子夏听完，蹶然而起，负墙而立，曰："弟子敢不承乎！"鉴于"美言不信"的古训，尽管对这篇文字喜爱有加，但在真实性方面也是将信将疑。

《礼记》的学派是今文学，传承自西汉初期的后苍，但其中文章是今古文混合的。从《礼记》所收文章的内容与编排体例来看，文集的性质比较明显，基本属于孔门后学对礼的阐释。虽然文章中多记"子曰"，但很难排除假托的成分。其中到底有多少内容是可信的，很是问题。既然是后学提供的"礼学阐释学"或"礼学发展史"，写作时限大概总在战国至秦焚书之间。所以，周予同以为它们是研究儒家八派的主要文献。在这层意义上读《礼记》，便如老吏断狱，值得玩味的地方不少。请言《仲尼燕居》与《孔子闲居》。

先说燕居与闲居。

"燕居"与"闲居"同义。据《十三经注疏》，"退燕避人曰闲居"。燕，通"宴"，指了却公事（君臣退朝）之后的闲暇。比如"燕见"，便是指皇帝老儿闲暇时间召见臣子。孔子闲居应该发生在返回鲁国之后。原本选读这两篇文章，是想看看老夫子闲来无事的时候会干点啥。尽管"昼寝"的可能性不大，不然他不会骂宰予"朽木不可雕也"，但"子见南子""投壶"之类就很难说了。事实上，闲暇时的夫子让我很失望，他和侍坐在旁的弟子们大谈特谈的是礼。

再说侍坐。

孔门侍坐，落落大方。所谓"訚訚如也""行行如也""侃侃如也"，气象自是生动。而又以《子路曾皙冉有公西华侍坐》，最见早年孔门之宏阔高致。若《仲尼燕居》与《孔子闲居》所记可信，当为晚景。《仲尼燕居》里，侍坐者子张、子贡、子游。《礼记·孔子闲居》里，只有子夏一人侍坐。其中独子贡为及门"先进"，余者则为"后进"，即夫子晚年返回鲁国后收授的弟子。总的来讲，晚年孔门的布道气息开始浓了起来。这或许是因为夫子知道自己来日不多，急于传授，言谈间则峻急有余，宽简不足。还有一种可能则是"礼学阐释派"的假托附会，以至画虎不成，反类其犬，全没有了孔门的真气象。

后者的可能性很大。《仲尼燕居》里，孔子指出来子张、子贡"过犹不及"的毛病，而于子游未置一词。看得出来，这篇文字大概属于"礼学阐释派"里子游之儒的假托。而在《礼记·孔子闲居》里，侍坐者更是只有子夏一人。像这种靠"片面之词"支持的孤证，《礼运》里的子游也是一例。从《先进篇》来看，子游、子夏同为及门"后进"小子，又同在孔门四科的"文学科"，由此大致可以断定，《仲尼燕居》与《孔子闲居》（甚至包括《礼运》）是他们的后学假托的文字。而借燕居、闲居这两个名目，以示表彰夫子"诲人不倦"的精神，也值得存疑。当年山人轻言"闲居"，就遭到过南蛮的批评，以为"士不怀居"。现在看来，南蛮自有南蛮的道理。

又，在《檀弓》里，出场比较多的主要有曾子、子游、子夏。从言谈来看，曾子与子游、子夏之间的分歧比较明显。尤其曾子指责子夏有"三罪"一节，俨然是新掌门的做派，颇横肆。郭沫若《十批判书》认为，子夏氏传法家，所以韩非子《显学》里"儒分八家"没有"子夏之儒"。就《礼记》的一些内容来看，子夏这一派的思想遗存或改弦更张的轨迹，大致是能看出一点来的。其实，"儒八家"里也没有子游。不妨做个大胆的推测：是否可以说《礼记》的大多内容就是排除在"儒八家"之外的子夏、子游派的学说呢？或者说，子夏离群索居在西河，其中所传即包括《礼记》里的主要内容呢？这种猜想当然是需要证据的。可惜眼下我还找不到。

补遗：信手翻书，得梁启超《论中国学术思想变迁之大势》中一段话，以为可补《无体之礼：超越形式之礼》未尽之意："南海尊《礼运》'大同'义，谓传自子游，其衍为子思、孟子。……子夏传经，其与荀卿之渊源，见于《汉书·艺文志》。故南海谓子游受微言以传诸孟子，子夏受大义以传诸荀子；微言为太平世大同教，大义为升平世小康教。"

吕本中与中原文献之传

按：上飞云庄贺喜之日，先往书城购书。得余嘉锡《四库提要辨证》四卷，杜海军《吕祖谦年谱》一本。后者之前言《论吕祖谦中原文献之传》，将"吕祖谦的中原文献之传"特点概括为二：一、以广大为心；二、以践履为实在。这更像是在概括吕氏学术精神，而于"吕门之中原文献"的具体内容似有未尽之意。

据《吕祖谦年谱》（以下简称《年谱》），"中原文献之传"一语，出吕祖谦《祭林宗丞文》："昔我伯祖西垣公躬受中原文献之传，载之而南……。逾岭入闽，而先生与二李伯仲实来，一见意合，遂定师生之分。于是嵩洛关辅诸儒之源流靡不讲，庆历、元祐群叟之本末靡不咨。……独先生甫入东观，若将有为，而病辄随之。中原诸老之规模迄不得再白于世，其用舍必有所系矣。"

西垣公，即吕祖谦伯祖吕本中。吕本中"躬受中原文献之传"，"逾岭入闽"，传林之奇（宗丞）与二李伯仲（李樗、李楠）；而吕祖谦曾从林之奇学。这大概就是"中原文献"之"传"的近三代谱系。而"中原文献"之"传"的更早谱系，则要从吕门八世（吕蒙正—吕夷简—吕公著—吕希哲—吕好问—吕本中—吕大器—吕祖谦）之传讲起，源远流长，非一言可以道尽。倘若单就吕本中"躬受中原文献之传"而言，"中原文献"的具体内容还是从其著作中可以窥得一点消息的。

吕本中著有《东莱先生诗集》《江西诗社宗派图》《紫微诗话》《童蒙诗训》《春秋集解》《师友杂志》《紫微杂说》等。

《四库总目提要·东莱诗集》云："尝作《江西宗派图》，列陈师道以下二十五人，而以己殿其末。其《紫微诗话》及《童蒙训》论诗之语，皆具有精诣。"敖陶孙《诗评》称其诗如散圣安禅，自能奇逸。颇为近似。苕溪胡仔《渔隐丛话》称其"树移午影重帘静，门闭春风十日闲""往事高低半枕梦，故人南北数行书""残雨入帘收薄暑，破窗留月镂微明"诸句。殊不尽其所长。《朱子语录》乃称本中论诗欲字字响，而暮年诗多哑。然朱子以诗为余事，而本中以诗为专门，吟咏一道，所造自有浅深，未必遂为定论也。

又《四库总目提要·童蒙训》云："本中北宋故家，及见元祐遗老，师友传授，具有渊源。故其所记多正论格言，大抵皆根本经训，务切实用。于立身从政之道，深有所裨。中间如申颜、李潜、田腴、张琪、侯无可诸人，其事迹史多失传，赖此犹可以考见大略。"

又《四库总目提要·紫微杂说》云："其书分条胪列，于六经疑义，诸史事迹，皆有所辨论，往往醇实可取。"

又《四库总目提要·春秋集解》引陈振孙言云："是书自三《传》而下，集诸儒之说不过陆氏、两孙氏、两刘氏、苏氏、程氏、许氏、胡氏数家，而采择颇精，全无自己议论。……本中尝撰《江西宗派图》，又有《紫微诗话》，皆盛行于世。世多以文士目之，而经学深邃乃如此。林之奇从之受业，复以其学授祖谦，其渊源盖有自矣。"

综上所述，吕本中"世多以文士目之，而经学深邃乃如此"。而其之所传，实乃"中原诸老之（学术）规模"，即"嵩洛关辅诸儒之源流"与"庆历、元祐群叟之本末"。据《宋史》，吕本中有"《师友渊源录》五卷，行于世"。《四库总目提要》也提及，"今考赵希弁《读书志》，载《东莱吕紫微杂说》一卷，《师友杂志》一卷"。"本中北宋故家，及见元祐遗老，师友传授，具有渊源"，当指此。一言以蔽之，"大东莱先生……多识前言往行以蓄其德"（《宋元学案》）。所谓"中原文献"，即《童蒙诗训》《春秋集解》《师友杂志》《紫微杂说》等著作中所记"中原诸老"之"前言往行"也。吕本中实为北方学术南移之一大关键人物。《易》曰："君子多识前言往行以蓄其德。"则可知吕门所传乃从古训。

又，"文献"一词出《论语·八佾》。子曰："夏礼吾能言之，杞不足征也；殷礼吾能言之，宋不足征也；文献不足故也。足则吾能征之矣。"张舜徽《四库提要叙讲疏》云："汉宋学者皆释'文'为典籍，'献'为贤人，谓凡典籍之记载、贤人之传说，皆足资考证旧事也。"

易老庄

　　钱锺书喜读玄言（另见《文学是心学》）。《管锥编》收《周易正义》（二十七则）、《老子王弼注》（十九则）、《列子张湛注》（九则）、《焦氏易林》（三十一则），总计八十六则，大旨在玄学的易老庄三家范围。玄言，意远辞约，在"心"与"物"之间、"言"与"意"打开一方便之门，故为历来文家、谈艺家所偏爱。钱锺书谈艺，秉承"六经皆文"之遗意，勇于师心，广大了文学的门庭。袁枚云："六经者，亦圣人之文章耳。"六经尚如是，诸子也自当等视。另，钱氏言"诗具史笔，史蕴诗心"，此犹云史家即是文家，"子有庄、列，殆比史有马、班"。文章一途，就这样被做了一次"现象"的还原，放到了同一个平台上。"打通"之说，也就是拆除藩篱摈弃门户的"齐物"论。但钱氏论学，又深忌"新进小生不知文有宗主"，信口雌黄。其于精微深密处，最不肯轻易放过。观其辨"象之卦"与"诗之喻"，可略窥大意，不待多言。

　　《易》分汉、宋之学。汉《易》又分为今文、古文两派。据周予同《中国经学史讲义》说："西汉初，最早传授《易》的是田何。田氏《易》即今文学，在长期传授的过程中，演化出施氏、孟氏、梁丘氏、京氏之学。四家今文《易》，西汉时都立于学官。"又据刘师培《经学教科书》云："当西汉时，施、孟、梁丘、京氏四家咸立学官，此《易》之今文也，咸为齐学之别派。"刘师培将四家与齐学相提并论，是因为齐学好论阴阳灾异，与《易》作为卜筮之书的原初作用最接近。西汉《易》古文派的代表人物是费直，为民间私传。到了东汉的郑玄，由京氏《易》而习费氏《易》，所作《易》注，便乱了今文、古文家法。

"费氏《易》内容，有两个方面，一是传本，二是经说。费氏的'经说'，没有保存下来，'传本'却流传至今，这是王弼的功劳。"王弼是魏晋玄学的主将，只活了二十四岁，是个天才。他所注之《易》，据周予同讲，就是费氏的"传本"。王弼注《易》，舍象数而言义理，扫空了汉《易》的阴阳灾变之说。这样，重经文卦象的《易》，与重传本大义的《易》，便各行其是，一变而为宋代《易》学的象数派与义理派。

《周易正义》为唐孔颖达主编的《五经正义》之一，直接采用王弼《周易注》。王弼注《易》，承《老子》之旨，故另著有《老子注》。二注与向秀、郭象的《庄子注》一起构成玄学的思想核心。而儒学与老氏之学也从此纠缠不清。

钱锺书《管锥编》虽然没有为《庄子》留个位置，但征引繁多，足见推重。尤其《列子张湛注》首篇，便为刘勰《文心雕龙·诸子》篇"衡鉴文词"，"道孟荀而遗庄，独标'列御寇之书气伟而语奇'"，打抱不平，以为"识犹未逮"。而关于庄、列，其曰："列固众作之有滋味者，视庄徐行稍后。列之文词逊庄之奇肆飘忽，名理逊庄之精微深密，而寓言之工于叙事，娓娓井井，有伦有序，自具一日之长。……子有庄、列，殆比史有马、班。"窃意钱氏私淑庄周，或非无稽之谈。

关于张湛伪作《列子》，也是史上一公案。钱锺书也以张注"每犯颜谠论，作诤臣焉。颇乖古注常规，殊为差事"，因而存疑。无论是否伪作，或伪作者为谁，钱锺书对其评价还是很高："使《列子》果张湛所伪作，不足以贬《列子》，只足以尊张湛。魏晋唯阮籍《大人先生论》与刘伶《酒德颂》，小有庄生风致，此外无闻焉尔。能赝作《列子》者，其手笔架曹、徐而超嵇、陆，论文于建安、义熙之间，得不以斯人为巨擘哉？"

又，《焦氏易林》也被认为是东汉人著而嫁名焦延寿，难有定评。但竟陵派的钟惺、谭元春对此书赞不绝口，以为"异想幽情，深文急响"，"奇妙"而"简妙"。因此，"《易林》亦成词章家观摩胎息之编"。据刘师培《经学教科书》云：西汉《易》四家之一的京氏（房），"受《易》焦延寿，延寿之学，亦出孟喜，说《易》长于灾异"。

《抱朴子》外篇

重读唐长孺先生《魏晋南北朝史论丛》。《孙吴建国及汉末江南的宗部与山越》一文，让我想起山越早在秦末汉初就曾助番君反秦，事见《史记》。而其《读〈抱朴子〉推论南北学风的异同》，言南北分界（大河之南北与大江之南北）及学风流变，则取材宏富，考辨精细。王弼、何晏所开创的京洛新学风，即玄学清谈、任诞之风，随晋室南渡而披及江南，但南北学风的分界还是非常明显。唐先生以南方陆绩、虞翻之《易》学，贺循之《礼》学，以及葛洪之内学为例，说明南方学者虽然不乏"礼玄双修"之士，但主要还是循守西京博士传注之传统。他甚至认为，南方学者重西京经学的风气，在隋唐之际也还保留着。

《读〈抱朴子〉推论南北学风的异同》一文，首节引《讥惑篇》所论四事（书法、语言、哀哭与居丧），均涉及南北风气之交会。其中关于南北语言之融合，陈寅恪曾撰文《东晋南朝之吴语》阐发在前，朱自清也有文《论酸气》追述在后。"洛生咏"即一著例。《抱朴子》分内外篇，内言神仙，外议政俗。近人论学最早注意到外篇之史料价值，或为章太炎《五朝学》。另，容肇祖《魏晋的自然主义》（东方出版社1996年版）也收有其作《读〈抱朴子〉》。谈论魏晋南北朝期间的史事，除正史之外，尤以刘义庆《世说新语》和刘劭《人物志》最受重视。其实《抱朴子》外篇"陈古刺今"，看似针砭汉末风俗，实指晋代。

读《明季滇黔佛教考》小记

《明季滇黔佛教考》（外宗教史论著八种，河北教育出版社），只收陈援庵先生所著"古教四考"（《元也里可温考》《开封一赐乐业教考》《火祆教入中国考》《摩尼教入中国考》）、"宗教三书"（《清初僧诤记》《明季滇黔佛教考》《南宋河北新道教考》）以及《回回教入中国史略》《中国佛教典籍概论》等九部宗教史论著。有机会当另求援庵先生之《元西域人华化考》《〈通鉴胡注〉表微》。

"宗教三书"，名为宗教史，实则遗民史。清初、明季、南宋初，均值变乱之世。儒籍士子，或落发为僧，或改着道服，以全志节。陈寅恪《陈垣明季滇黔佛教考序》云："时值明末永历之世，滇黔实当日之畿辅，而神州正朔之所在也。故值艰危扰攘之际，以边徼一隅之地，犹略能萃集禹域文化之精英者，盖由于此。及明社既屋，其地之学人端士，相率遁逃于禅，以全其志节，今日追述当时政治之变迁，以考其人之出处本末，虽曰宗教史，未尝不可作政治史读也。"正是发此幽微之意。援庵先生身披国难，始抱定治"有意义之史学"宗旨，而著"宗教三书"。其云："从前专重考证，服膺嘉定钱氏；事变后颇趋重实用，推尊昆山顾氏；近又进一步，颇提倡有意义之史学。故前年讲《日知录》，今年讲《鲒埼亭集》，亦欲正人心，端士习，不徒为精密之考证而已。"

读《南宋初河北新教考》，方知全真之教早期不过一"隐修会"而已。其人隐居金人所据之北地（黄河以北），涧饮谷食，不尚符箓烧炼。"三教祖（余按：指河北新兴道教全真、大道、太一）乃别树新义，聚徒训众，非力不食，其始与明季孙夏峰、李二曲、颜习斋之伦，讲学相类，不属以前道教也。迨儒门收拾不住，遂为道泉扳去，然固卞宋遗民也。"

望水君当年读张舜徽《郑学传述考》，其中讲到陶弘景道士也是郑学一脉，很是不解。援庵先生慨叹："礼失求野，文教之保存，每不在黉舍在寺观。"今日之文教其又赖以成均乎？！然"有史则传，无史则绝，史之重要如是也"。援庵先生又云："吾人读逸民传、高士传，见其飘然远引，辄心向往之，以为古人不可及，岂知运会所趋，精英自出，要有大力者为之登高而呼耳。"

真精神

查博客日志，2006年4月11日有《通人看问题》一文，所记为读陈寅恪《冯友兰〈中国哲学史〉上、下册审查报告》之困惑。这大概是最早接触到该问题。只不过当时的思考，基本以儒佛为主线，于道教则不无偏见。随后读书，逐渐有了一些眉目。就学术立场言，梁启超属于典型的倒道教派："就中国原有的宗教讲，先秦没有宗教，后来只有道教，又很无聊。道教是一面抄袭老子、庄子的教理，一面采佛教的形式及其皮毛，凑合起来的。做中国史，把道教叙述上去，可以说是大羞耻。他们所做的事，对于民族毫无利益；而且以左道惑众，扰乱治安，历代不绝。讲中国宗教，若拿道教做代表，我实在很不愿意。但道教丑虽很丑，做中国宗教史又不能不叙。他于中国社会既无多大关系，于中国国民心理又无多大影响，我们不过据事直书，略微讲讲就够了。"（《中国历史研究法》，东方出版社2012年版）偏激之辞，大凡如此。而陈寅恪则是挺道教派。

力挺的原因，在于陈寅恪以卓越的史识，发现道教在中国文化当中无所不在的影响力。其实，鲁迅也认识到，"中国的根柢全在道教"，认为懂得道教，也就"懂得中国的大半"。只不过，无论是梁启超还是鲁迅，文化批判的意识都太强，从而放弃了对于道教"平心静气"式的纯学术研究立场。

而强调纵贯式"会通"研究方法的陈寅恪，在为冯友兰《中国哲学史》写审查报告之前一年，正好作成《天师道与滨海地域之关系》，对于道教在中古文化史上的学术意义的认识，颇有心得。窃以为，这个心得是史学方法意义上的，并且在《陈垣元西域人华化考序》中有所广延。陈寅恪以道教文化为利器对于中古史的解读，显得游刃有余，别有会心，与其"以诗证史"研究路子同样富于锐气。晋以来儒释道三教并存，各得其所，又相互吸纳的认识，也随之进入后学的研究视野。这些问题在牟宗三的书中多有申述。而陈寅恪对于道教"融贯吸收"的真精神的弘扬，详见《天师道与滨海地域之关系》《冯友兰《中国哲学史》审查报告》，无须赘述。

土旺四季

　　大前天进入农历六月，即所谓季夏。就四时而言，有木春、火夏、金秋与水冬之说。从物候的角度看，概括出了四时的基本特征。但四时不足以配五行，所以又弄了个季夏来配土：木、火、土、金、水五行，对应春、夏、季夏、秋、冬五时。后来，又由季夏衍生出季春、季秋、季冬，总成四季之说。这里的四季不是一般说的春夏秋冬四季，而是指春夏秋冬的最后一个月。若精确一点说，又当分别指立春、立夏、立秋、立冬之前的十八天。五行中的土配四季之说，就是这么演变来的。

　　就所谓数术而言，掌握四季说很重要。比如本人出生在戊申年，日主天干为戊土。配之五行之土所在四时、四季，有所谓"旺、相（次旺）、休、囚、死"的盛衰秩序：四季旺、夏相、秋休、冬囚、春死。这就是"土旺四季"说法的五行、五时相配依据。年月日辰，配上天干地支，均有诸如此类的推演。年月日辰，即数术里所谓的四柱，配上天干地支，便是所谓的八字。其思维原理近似两仪生四象、四象生八卦的推演。

　　总之，"天垂象，圣人则之"，就天时地利而论，有它可贵的朴素道理。而所谓"在野象物，在朝象官，在人象事"，若仅从古人认知事物方式方法的角度来看待，也还是有趣的。这种包罗万象式的思维方式，发展到最后有着极浓的形而上学的色彩。在我看来，四时五行只是用原始思维认识自然的结果，至于天命、人命之类，终归是附会的产物。政治出于维护权力的需要，人出于对生之未来的预知需要，什么不能衍生出来呢？

人有生，人有死。这是我们知道的。至于生与死之间的事，这是我们不知道的。越不知道，越想知道，所谓的先知、预言便产生了。

又，《礼记·月令》："季夏之月，日在柳，昏火中，旦奎中。"汉桓宽《盐铁论·散不足》："诸生独不见季夏之蜩乎？音声入耳，秋风至而声无。"韩愈《贺雨表》："伏以季夏以来，雨泽不降。"所记无非天象、物候。

绝地天通

大概两三年前，有个学生找我指导毕业论文，大概是要将日本小说家的《阴阳师》与中国的神怪小说做个比较。我觉得很心虚，一来不知《阴阳师》为何物，二来古代小说研究也不是我的本行。这事也就不了了之。近来读书，由明末耶稣会士修历之举，而及至中国古代天文历律。尤其是读李零的《中国方术考》，并因为他书中推荐而读到张光直先生的《中国青铜时代》，方才对祝宗卜史、阴阳五行之类，夫子所不道之怪力乱神，略有涉猎。诚然，神人异界、文质分野，无论是就文明的起源而言，还是对文明的演变而论，均不失为有趣的、诱人的话题。人类学的兴起，似乎在由来已久的观念化的世界里，另辟到了一条让人可以憬然冥想的蹊径。

绝地天通，也就是天地隔绝的意思。早期文献见于《山海经》《尚书·周书·吕刑》《国语·楚语下》。其中《山海经·大荒西经》云："帝令重献上天，令黎邛下地。"郭璞注曰："献、邛义未详。"《山海经》里的话在《国语》里变成了"重实上天，黎实下地"。韦昭注曰："言重能举上天，黎能抑下地。"重、黎顿然被赋予了神话色彩，成为顶天立地的大英雄。

重黎绝地天通，解释了神人异界背景下祝宗卜史存在的必要性。反过来说，重黎的故事可能出于巫觋、祝宗之口，他们为了自神其教或者自神其术，从而留下了诸如此类的传说。李零《中国方术考》以"绝地天通"为源头，考察由重黎到天官、地官系统之由来，读来还是很有意思的。其中那个举着天的重成为"天官"之祖，压着地的黎当然就是地官之祖。天官一路与祝宗卜史联系密切，主天文、记事之类，其中就包括演变为写写《史记》之类的太史令。地官主要负责土木工程一类，管理百工。

在读《史记》《汉书》的过程中，对于天文志、历律志、五行志之类，读得颇为吃力。数学在中国文化的人文化过程中变得神秘莫测，更是由来已久，以致谙于算者直与神汉同流。历律、阴阳、五行、八卦，尤其河图洛书，离开了数便没法谈。不知数，经学、史学中的很多东西都会变成糊涂账。"辞"与"数"系两套符号表达系统。诗文可以体现惊天地泣鬼神之才，但基本在"情"的范围。若能揭去数术的神秘面纱，则能更多看到数的理性力量。今天不少人靠所谓的风水、算命能够骗到人，就在于我们只是说它们是迷信，而不能真正还原阴阳五行、八卦九数当中数的实际意义。这当然就会给江湖术士、神汉们以可乘之机。而分科过早、过细，也是人为地"绝地天通"的体现。窃以为，博士研究生之前，都应该走通识博雅的教育之路。否则，一个人一辈子只在一棵树上吊死，真不知要少了几多乐趣。

又，年轻的时候，总以为这天下有不少大事在等着自己去做，总盼着做个乱世的英雄，救黎民于水火。小时候的教育根深蒂固，潜意识里总觉得人的一生应该这样度过：夹把油纸伞，踌躇满志，奔走在风雨如晦、鸡鸣不已的泥泞道上。而今忽忽半生过去，知道这辈子大事是做不了，尽管中东、北非人民尚处在水深火热之中。后半生大概也就在《周易》《山海经》《九章算术》《皇极经世》里度日。其实，但凡扬言"躲进小楼成一统""闭户读书"者，年轻时必为"言九世之仇则血脉偾张"之徒，此亦可一叹也！

作为大地魔镜的天空

十年前在称斤书店买的《十三经注疏》《百子全书》，估计为盗版，但因为是影印刻本，查阅起来还是可以放心的。书为盗版，又以斤两而称卖，或谓有辱斯文，但书入肆估卖本身，又有何斯文可言？扬雄《法言·吾子》说："好书而不要诸仲尼，书肆也。"言下有讽刺书商之意。窃谓不然。儒家的孔庙、文庙之类，何时能像佛庙一样印些经书，方便有缘人（儒家叫有志于学的人）取回诵读，那才是确保斯文不坠的善举。论斤买可能便宜，但对于穷书生而言，还是要咬牙的。好像洪帅哥、林主席、吴班长、郑委员、憨税官，及一两个闻风而来的女生，都买了。扛回去的路上，二三子豪气当中不免是要心痛几顿酒钱的。到了宿舍，我将书搁在床头，做起了枕头。当时就想，这些个又重又硬的砖头，怕是没力气读的。

年来读经，似乎是摸到了一点头绪。束之高阁有年的石砖，便有了机会翻出来，还特意买了个放大镜辅助检阅。前人或曰：经学是道学；经学是理学；经学是心学。不一而足。窃谓经学之根本是天文之学。不了解古代的天文之学，读经或读古书基本上是凑热闹。

《周易·系辞上》："是故，天生神物，圣人则之；天地变化，圣人效之；天垂象，见吉凶，圣人象之；河出图，洛出书，圣人则之。"

孔颖达《周易正义》："天垂象，见吉凶，圣人象之者，若璇玑玉衡，以齐七政，是圣人象之也。"

概而言之，"天垂象，圣人则之"（《礼记·郊特牲》）。孔颖达"若璇玑玉衡，以齐七政"之言，出自《尚书·舜典》（"在璇玑玉衡，以齐七政"），可谓往圣之学的根本。此中消息全载于《史记·天官书》。

《史记正义》引张衡《灵宪》云："文曜丽乎天，其动者有七，日月五星是也。日者，阳精之宗；月者，阴精之宗；五星，五行之精。众星列布，体生于地，精成于天，列居错峙，各有攸属。在野象物，在朝象官，在人象事。"日月以外的五星，即荧惑（火星）、填星（土星）、辰星（水星）、岁星（木星）、太白（金星），或为五行说的肇始。而所谓"在野象物，在朝象官，在人象事"，也就是将天上的消息与地上的物候、人事联系在了一起。从今天的意义上讲，古人天文学的科学性在于纪年、纪月、纪日、纪时。比如根据月的圆缺，定下月份，根据春夏秋冬的物候定下"四时"。至于生克、冲合之类吉凶说，则是在生产、军事、政治等实际活动当中衍生出来的，当然属于认知上的"伪科学"。古人相信这些天地、天人之间的感应，除了对天对自然界在认识上的恐惧心理以外，有些也源自对自然界现象的总结，并非全是无稽之谈。比如在朔日（初一）或望日（十五前后）的大潮，今天知道来自日月、地球相互之间的引力，而在古人看来就是天地感应。古人有能力观察到一些现象并加以有限的总结，但没有能力真正意义上解释这些现象，这便是灾异之说的起源。

《周易·系辞上》："仰以观于天文，俯以察于地理，是故知幽明之故。"揭示了原始思维的方向，也揭示了古代文明的起源。天空作为大地魔镜的意义，不仅在于过去，也在于未来。

赵诗人说："新的转机和闪闪星斗，正在缀满没有遮拦的天空。那是五千年的象形文字，那是未来人们凝视的眼睛。"

郭诗人说："我想那缥缈的空中，定然有美丽的街市。"

文学是心学

一直没怎么接受过良好的课堂教育，尤其是在文学方面的耳提面命。小学懵懂，那时候好像全国人民都比较懵懂。初中贪玩，那时候好像全校的男孩子都很贪玩。《少林寺》公映之后，谁见了谁都想小试一下拳脚。高中开始乱读书，莫名其妙想当文学家。那时候的文学青年真多，估计比这两年的中国股民还要多。文学青年大凡比较忧郁，也比较容易激愤，故又在愤青之列。看着一帮子人埋头高考，就很费解。为什么要高考？愤懑不过，将书包往肩上一搭，跑到县城的郊外散步去了。高三差不多散了一年的步，认识了一帮放牛的孩子和放鸭子的大爷，很有点"多余人"的做派。后来不得已，复读了一年去读大学，也很少往课堂上跑。昼寝夜伏的，不知道都干了些啥。再出来读书，认识的却是一帮子只知道喝酒打牌吹牛又自视很高的家伙，出口不是康德便是拉康，不是胡塞尔就是海德格尔，让一个乡下来的年轻人一副闻所未闻状，无地自容得很。没办法，只好买来一大摞子什么"康"什么"尔"的书，很虚荣地拼命补课。总之，临了什么也没弄明白，就上了讲台整天和人胡天海地地开讲了。

这两天无事乱翻读书，得读梁任公、钱宾四大作各一篇。钱先生的文章收《现代中国学术论衡》，名《略论中国文学》，直言文学是心学。此心学非阳明之心学，乃中国学术当中广义上的心性之学。他在《中国历史研究法》里就提到，中国文化由两大学支撑：一为心性之学，所为在明心诚意；一为治平之学，即史学。文学是心学，乍听起来很新鲜，甚至不可思议，实则最得中国文学之要领，又最得中国文化之精神。今天人们谈的文学，实际上是个西方标准的文学。用这个标准来谈中国文学，难免会有鸡鸭同笼、似是而非之嫌。文化共性的东西是存在的，但也不必因此抹杀文化的个性或特性。反之亦然。梁启超的文章，名《惟心》。其曰："境者，心造也。一切物境皆虚幻，惟心所造之境为真实。"并列举了很多的诗词为证。两相比较而言，钱穆先生所论宽广一点，所谓闻一而知十，予人会心之处，故能为人所乐从。而任公所言则失之偏颇绝对，但凡自设樊篱，近乎谈禅。其实，自刘勰《文心雕龙》讲"随物以宛转""与心而徘徊"，到近人王国维的"境界"说，心与物之关系就一直紧紧地与中国诗学联系在了一起。从此处入手而言文学是心学，可谓方便之门。

中国文化在先秦是浑然一体的。换而言之，文与道也是一体。即便是最接近今天文学的"诗"，所重也是它在"讽"的意义上的诗教作用。而在赋的认识上，两汉的意见便大不相同。屈原为辞赋之祖，继而有宋玉、枚乘出，至西汉则以司马相如才华最高。司马迁秉承"诗教"传统，以为屈原可与日月争光。而班固《离骚序》则以为屈子"露才扬己"，"谓之兼诗风雅而与日月争光，过矣"。又云："然其文弘博丽雅，为辞赋宗，后世莫不斟酌其英华，则象其从容。自宋玉、唐勒、景差之徒，汉兴，枚乘、司马相如、刘向、扬雄，骋极文辞，好而悲之，自谓不能及也。虽非明智之器，可谓妙才者也。"班固的褒贬意见，显然受扬雄的影响。这从《汉书·艺文志》里可以看得最清楚。

传曰："不歌而诵谓之赋，登高能赋可以为大夫。"言感物造端，材知深美，可与图事，故可以为列大夫也。古者诸侯卿大夫交接邻国，以微言相感，当揖让之时，必称诗以谕其志，盖以别贤不肖而观盛衰焉。故孔子曰"不学诗，无以言"也。春秋之后，周道渐坏，聘问歌咏不行于列国，学诗之士逸在布衣，而贤人失志之赋作矣。大儒孙卿及楚臣屈原离谗忧国，皆作以风，咸有恻隐古诗之义。其后宋玉、唐勒，汉兴枚乘、司马相如，下及扬子云，竞为侈丽宏衍之词，没其风谕之义。是以扬子悔之，曰："诗人之赋丽以则，辞人之赋丽以淫。如孔氏之门人用赋也，则贾谊登堂，相如入室矣，如其不用何！"自孝武立乐府而采歌谣，于是有代赵之讴；秦楚之风，皆感于哀乐，缘事而发，亦可以观风俗，知薄厚云。

扬雄悔其少作，一个很重要的原因就在于他对于"赋可以讽"发生了怀疑。故改"文"为"学"，放弃了赋名，而作《法言》《太玄》。扬雄从一个文学青年转为粹然儒者，恰好代表了文道合一时代的结束。而一个文德分离的时代也就不远了。这在"才行不相掩"和"文行不相掩"的曹氏父子所开创的建安时代可以看得最清楚。故刘勰《文心雕龙》原道篇加以匡正。而魏晋以下，文学终于是获得"经国之大业""不朽之盛事"之独立地位，故六朝文章独领一时之风骚。韩愈再次出来原道（但宋代的理学家不买账，指责其"学文而及道"是"倒学"），开始复古的道路，一直到桐城古文派，便又遭到新文学派的穷追猛打。真是一部没完没了的无间道。而钱穆晚年论衡文学，言文学是心学，未必就一定是宋学家的文论思想，但要翻的案肯定是针对新文学的。

又，"登高能赋可以为大夫"与"文章经国之大业不朽之盛事"，看似一事，实则不然，很值得玩味。

乡村与诗经

归乡有日，可记者颇多。

日暮与家人门前散步，至山水胜处，鸥鹭翩跹，尽显易安居士《如梦令》之意趣。所谓"兴尽晚回舟，误入藕花深处"，正此间写照。今年天气极反常，时值腊月，却温暖如春。门前湿地，成了鸟儿天堂。即使夜深之时，也能听见来自山林的啾鸣声。

三十、初一，连续两天大雾。站在门口，只能看见院墙，余则渺渺茫茫，恍若天地被收入帷幔。大雾迟迟不散。我去县城接人，开始还打着雾灯，但越靠近城里，雾越少。当乡村被大雾笼罩时，城里几乎就没雾，满是阳光。城里的雾谓之霾，乡村的雾还是雾，且是一种美丽的景观。

入乡随俗。据地方志记载，"正月初旬，内有丧者之家，亲友展礼灵前，谓之拈新香"。乡村最重祭祀之礼。初一大早，族中各家派出代表"拈新香"。今天又到江山村、夏家村"展礼灵前"。在乡村，死者为大。在祭拜死者之后，才轮到生者欢庆节日。

又，乡村的物产丰富。古饶州，地杂湖山，襟连吴楚，"泽有鱼、虾、菱、芡、茭、萑之利，山有果实竹木之饶"。尤以鱼类最丰富。《诗经·周颂·潜》云："猗与漆沮，潜有多鱼，有鳣有鲔，鲦鲿鰋鲤。以享以祀，以介景福。"漆沮，古秦地之水。鳣鲔鲦鲿鰋鲤，据说就是鲤鱼、鲋鱼、参鱼、黄额头和鲇鱼。我对秦地不熟悉。此诗若非出自《周颂》，我还以为是写老家物产。这其中，鲦鱼最为亲切。老家称之为参鱼。以其出游从容行动迅捷之故，又称"游参"。据说庄子与惠施在濠梁所观者，正是此鱼。老家夏天涨水季节，最多鲦鱼，成群结队，密密麻麻，极易上钩。我最爱吃的鲿鱼，又名黄颡鱼。颡者，额也。老家称之为黄额头。与"春不老腌菜"同煮，极鲜美。老家还有一种羹，以鲇鱼肉为料，叫"鲇鱼糊"，是很有名的小吃。

我不知道这首诗所述何以竟是秦地，又为什么所列举者偏偏在鄱阳湖同样具有代表性。甚至，连作为标题的"潜"，也是我童年记忆里极熟悉的捕鱼方式。我如果是个博物学家，真的要考证一下，黄河流域的鱼到底是怎么游入长江流域的？难道《诗经》所言并非秦地？

真是匪夷所思。

仰天

　　山门清冷，唯蛮兄偶尔来访，或寒舍清谈至夜深而散，或一同夜游沙滩至无路处而返。昨夜蛮兄来坐，见一钩新月在天，不好辜负，遂直奔屋顶平台。摆上椅子烟茶，习习凉风中，背山面海，一通快谈。

　　先谈草木鱼虫常识，后至奇技淫巧方术。蛮兄颇推重英人Andrew Dalby所著《危险的味道——香料的历史》，以为有点意思，并发愿来日当作《胡僧药考》一篇，与之并美。续谈种族文化。蛮兄以苗裔自居，早有撰写《苗裔史稿》之心。余虽常谓自己是匈奴后代，无奈前辈陈序经先生已有《匈奴史稿》传世，乃罢议，转谈移民。江西填湖广，两人论起来应该是老表。江冬秀曾抱怨，"适之造的房子，活人住的少，死人住的多"。意谓胡适家所堆多是死人之书也。今夜所叙，也印证了这点。文人聊天，谈死人多，谈活人少。墓志、祖谱以及官史，无一例外。南蛮不禁仰头长叹：历史到底是个什么东西？！于是话题由地下换到天上。浩瀚天空，余只见得一个作逍遥游状之人在泠泠冷笑，以至在南蛮辞归之后，整夜脑子里都是一群蝴蝶在飞。

　　在庄子的世界里，一定有着一些了不起的人在。比如惠施，是朋友，也是一生的辩难对手。没有一个深谙逻辑的惠施，怎么会有一个超越逻辑的庄子。而没有注重名相的惠施，和参透名相的庄子，又何来"濠濮间想"的伟大对话。故庄子要仰天浩叹："自夫子之死也，吾无以为质矣！吾无以言之矣！"
其意义不在孔子"天丧予"之下。孔子所失去的只是位默而识之、不违如愚的
贤弟子，顶多也就是个循规蹈矩的师门楷模。而庄子之失，可能就是他的思想
得以不断超越的动力。这可能直接导致了一种伟大的思想范式的自然流产。将
"语录体"的《论语》，与"对话体"或"诡辩体"的《庄子》做一比较，便不
难发现唯后者才可能与古希腊传统的《对话录》一比高下。而更令人深感惊奇
的是，连伟大的寓言故事也讲得如此近似，都与无边无际的大海发生着迷人的
联系。

　　所以，庄子的世界里一定有着了不起的人在。比如那个"为大钩巨缁，
五十犗以为饵，蹲乎会稽，投竿东海"的任公子，大概就是最早谈论瀛洲的
"海客"之流。庄子的世界何以一定是寓言的世界？庄子的世界又何以必得是
真实的世界？这些问题纷至沓来，最终化成一群蝴蝶围在枕边，等着我大梦
方觉。

不曾出大门

柳存仁先生作《全真教和小说西游记》，以为"在明万历二十年金陵世德堂百回本《西游记》出现之前，有一个全真教本的《西游记》小说存在"。此种假定性研究，虽不可全信，但对于认识《西游记》当中的道教背景还是有益的。

周树人云："评议此书者……或云劝学，或云谈禅，或云讲道，皆阐明理法，文词甚繁。然作者虽儒生，此书则实出于游戏，亦非语道，故全书仅偶见五行生克之常谈，尤未学佛，故末回至有荒唐无稽之经目，特缘混同之教，流行来久，故其著作，乃亦释迦与老君同流，真性与元神杂出，使三教之徒，皆得随宜附会而已。假欲勉求大旨，则谢肇淛（《五杂组》十五）之'《西游记》曼衍虚诞；而其纵横变化，以猿为心之神，以猪为意之驰，其始之放纵，上天下地，莫能禁制，而归于紧箍一咒，能使心猿驯伏，至死靡他，盖亦求放心之喻，非浪作也'数语，已足尽之。"

周氏之言，乃为全书主旨而发。至于各人读后的感受，大可不必拘泥。读第三十六回《心猿正处诸缘伏　劈破旁门见月明》，师徒关于"取经之路"与"望月思乡"的议论，境界大不相同，颇也有些意味。师父与八戒所思所想，终归脱不了凡人的路子，所不同者，师父心里尚装得下一个取经的信诺，八戒心里则只能装得下他高老庄的娘子。沙僧言"三家同会无争竞，水在长江月在天"，像是有些开悟，但毕竟未脱玄家好大言的习气。唯最是通彻的悟空，枉喊了三藏一路的师父。当师父夜来要做念经的功课时，悟空大惑不解："师父差了，你自幼出家，做了和尚，小时的经文，那本不熟？却又领了唐王旨意，上西天见佛，求取大乘真典。如今功未完成，佛未得见，经未曾取，你念的是那卷经儿？"夜夜念经，却也不得要领，岂不是让人枉喊了一路的师父？！难怪这猢狲要诡异笑道："早哩，早哩！还不曾出大门哩！"

原文颇令人深省，摘抄如下：

> 三藏道："徒弟呀，西天怎么这等难行？我记得离了长安城，在路上春尽夏来，秋残冬至，有四五个年头，怎么还不能得到？"行者闻言，呵呵笑道："早哩！早哩！还不曾出大门哩！"八戒道："哥哥不要扯谎，人间就有这般大门？"行者道："兄弟，我们还在堂屋里转哩！"沙僧笑道："师兄，少说大话吓我。那里就有这般大堂屋，却也没处买这般大过梁啊。"行者道："兄弟，若依老孙看时，把这青天为屋瓦，日月作窗棂；四山五岳为梁柱，天地犹如一敞厅！"八戒听说道："罢了！罢了！我们只当转些时回去罢。"行者道："不必乱谈，只管跟着老孙走路。"

绝代佳人

听到一句台词：男人一生最大的惊奇就是遽然老去。据说这是托尔斯泰说的。老去是一种自然规律，似也不必大惊小怪。我更开始关心，什么才能让我们安然老去？

最近在讲钱锺书，对于读书上的事，有了点蓦然回首的意思。《小奢摩馆脞录》曾记云：

> 湘潭王壬秋闿运，治朴学，有前清乾嘉老辈风，海内群推为硕果。顾守旧殊甚，人颇议之。江西陈伯严，曾从壬秋问奇字。伯严为陈右铭宝箴子，或传右铭抚湘时，壬秋尝往来署中，与伯严互为讲习。伯严一日侍父侧，父顾问先生为何如人，伯严谨对曰："东方岁星游戏人间一流也。"父笑颔之。已作谐语告之曰："我初不解古绝代佳人作何状，若先生者真个一绝代佳人矣。汝幸自持，慎勿被其勾引到旧学窝中，溺而不返也。"

我辈读书，"溺而不返"倒未必，却也着实受了不少的勾引，耗去不少的精神。由来读中国古籍，至傅孟真、钱默存诸老，算是读明白了。孟真先生"史学便是史料学""哲学门隶属文科之流弊"诸论，概属先知先觉之见。其《历史语言研究所工作之趣旨》《史料学方法导论》，迄今犹令"溺而不返"者情何以堪。不佞也后知后觉，为诸生导读默存老之书固不称职，唯有一事愿亲提撕其耳——玄言固然高明，然也不足为信。在治理中国古籍上，孟真老执历史学（史料学）一途，默存老执语言学一途，也可谓思虑各殊，指归同一。关于从中国古籍入手治理中国哲学的问题，金岳霖先生早在1930年的关于冯友兰《中国哲学史》的审查报告里就已经讲了，可以说讲得很委婉。

大儒的闲气

抚州三陆，梭山、复斋、象山也。谢山云："三陆子之学，梭山启之，复斋昌之，象山成之。"而梭山"其言皆切近，有补于日用"。他曾致书朱熹，以为《太极图说》与《通书》不类，怀疑非周敦颐所作。结果遭到朱熹两次造书驳斥，以为梭山于理未明，且措辞颇不客气。对于朱熹"求胜不求益"（专意争胜）的嚣张气焰，梭山未置一语，倒不失大儒气象。但却惹怒了象山。象山为兄长强出头，必然落入意气之争。且二人均不示弱，言语之激烈，就只差报以老拳。

梭山怀疑《太极图说》的证据在"无极"二字。即："《太极图说》以无极二字冠首，而《通书》终篇未尝一及无极字。二程言论文字至多，亦未尝一及无极字。""无极二字，出于老子《知其雄章》，吾圣人之书所未有也。"看得出，陆氏将《太极图说》引向"老氏之学"，也就是否定了它作为"圣学"的纯正性。有诡辩的意味在里边。朱熹失礼在先，动辄言他人"理有未明"，不依不饶，故象山以毒攻毒，有逗朱子玩的意思在里面（按：朱陆分歧，本不在有与无，而在博与约、一与多）。而好"争气伤急"的朱子似乎还蒙在鼓里，犹嚷嚷着"宁可见笑于今人，不可得罪于后世"，决意一争到底。着实可爱。

又，南蛮近日复书有云："至于山长提到新儒的佛气出自章太炎，则未必确。晚清瑜伽师说横行中土，章太炎恐怕也只是赶了个时髦，而路数与新儒又相乖违。章氏借唯识以证其虚无说，而熊十力的新唯识论虽从金陵刻经处破空而出，念兹在兹的却是那个流转变化的有。"在"无"与"有"之间再生枝节，似乎是"无极"与"太极"之争的延续。陆子攻《太极图说》的关键一点，就在于它在"太极"之外架屋叠床，生造出"无极"一义。老氏一派言无，与佛家有近似处。故历来以儒家正统自居者，多以"某家近禅"或"某家乃老氏之学"攻而击之。章氏太炎以汉学家身份而言唯识解庄子，自诩其《齐物论释》"一字千金"，便为钱穆所辟。熊十力或不然，"颇涉诸宗，卒归本《大易》"。奈何《易》非余所能言也，熊氏归本《大易》之究竟也非余所能言也。唯有待将来。然凡原道而不愿与释老为伍者，必借《大易》自雄，以为正统。此也近世学界一种新时髦。

第四辑

马略橡树

读张智仁、何勤华翻译的柏拉图《法律篇》，讲公元前4世纪中叶克里特岛的一个夏日，一个雅典来客、一个克里特人和一个斯巴达人碰在了一起。他们相约在从克诺索斯到宙斯洞府与神庙的路上讨论一下立法的问题。他们愉快上路了,谈得很尽兴，留下来满满十二卷的内容。尽管雅典人说，"我们这样边走边谈，直到整个旅程的终点，将不会感到疲惫的"。但从叙事的角度来讲，柏拉图并未交代他们是否抵达终点。可能对于享受到这次朝圣之旅的人而言，重要的不是目的地，而是有那样的一个上午，走在林荫里、溪水边或草地上，做一次惬意的漫谈。

同样，在柏拉图的《斐德罗篇》里，苏格拉底在城外碰见斐德罗，斐德罗告诉苏格拉底，他刚与能言善辩的吕西亚斯坐谈了一上午。这勾起了苏格拉底的兴趣。为了弄清楚吕西亚斯又有什么高论，他同意了斐德罗的散步建议。他们一起涉水溪边，然后在一棵高大的梧桐树下，在蝉鸣的草坡，做了一次深谈。谈了爱的问题，谈了灵魂的问题，谈了辞章之道，最后谈到了年轻的"心灵包含着一种内在的哲学气质"的伊索克拉底。在对伊索克拉底表达了自己的厚望之后，苏格拉底似乎了却了什么心愿，终于提议回去。这时，天空中的暑气也已经消散。

　　这可能是苏格拉底出城享受大自然怡乐的仅有经历。当苏格拉底感谢斐德罗是"陌生人最好的向导"时，斐德罗说："但是你真让我感到奇怪，我杰出的朋友。就像你自己说的那样，你一点都不像本地人，反倒像个陌生人要别人带路。我相信，这是因为你从不离开城邦到国境以外的地方走走，甚至从来没出过城。"苏格拉底解释说："你必须原谅我，亲爱的朋友，我爱好学习，树木和田园不会教我任何事情，而城里的人可以教我。"听起来,苏格拉底似乎关心城邦胜过田园。但据他的另一个弟子色诺芬在《齐家》里讲，苏格拉底对于田园农事也是饶有兴致的。

　　苏格拉底关于城邦的设想见于《理想国》。他的弟子柏拉图记录下了那次扣人心弦对话的全过程，而他的徒孙亚里士多德在《政治学》里则对师祖的设计颇多微词。事实证明，苏格拉底设计的是城邦的理想，而亚里士多德是个现实主义者。当然，城邦设计的真正现实主义者是马基雅维利。有人以为从马基雅维利开始，"现实的政治"替代了"理想的政治"，从而确立了古典政治与现代政治的分野。在城邦的构想中，原本是以正义为出发点的。然而，时至今日，那个被霍布斯称为怪兽的"利维坦"（Leviathan），在保护了一部分人的所谓正义的同时，也在疯狂地吞噬着另一部分人的正义。这不得不让人怀疑"城邦"是否真的装得下正义。从城邦出发讨论的那个正义真的存在吗？

　　这样的审视，无异于回到了苏格拉底关于"无知之知"的意蕴。从修辞的角度讲，正如柏拉图在《法律篇》行文中所暗示的，智者们的最大兴趣或在于享受前往神庙的愉快旅途之中。至于是否能够抵达终点的问题，只能是神说了算。柏拉图如此，其追随者西塞罗也是如此。他们在讨论立法问题之前，不约而同地将立法权交给了神明。而他们自己只不过是将秘密说出来的人。凡是人的理性所无法抵达的地方，只好把它交给神来统治。西塞罗说："统治整个自然的是不朽的神明们的力量或本性，理性，权力，智慧，意愿，或是用其他什么更能充分表达我的意思的词语表示的概念？如果你不同意，那我们最好从别的角度开始我们的讨论。"正是西塞罗所无法准确表达的那个词语，构成了一切问题的源头，无法绕开。所以，迄今我们仍然习惯性地把未知称之为"天晓得"。

无论是柏拉图还是西塞罗，他们在对法或公正问题正式叙说之前，都做了一些修辞意义上的铺垫工作。在柏拉图的描述里，通往神庙的漫长道路旁，长满着参天大树。"你们继续往前走时，在神圣的园林里，你们会找到高耸入云和姿态婆娑迷人的柏树。"这使得行程伊始便有了一种神圣而肃穆的气氛。同样，西塞罗的《法律篇》是由"马略橡树"开篇的。这让整个交谈蒙上了一层神秘的面纱，甚至有了一种仪式的意味。较之柏拉图关于圣林之树的隐喻，西塞罗的开篇则更像诗人的礼赞。他对"马略橡树"不惜笔墨的意蕴揭示，让人不能不遥想柏拉图笔下圣林里的"柏树"。寂寥天空下的参天古木，像是神迹的显现，维系着上苍与众生之间无所不在的启示。于是，我们读到了西塞罗如下的表述：

> 只要你所敬爱的雅典卫城上仍然继续生长那永存的橄榄树，只要人们至今仍然指点得洛斯岛上那棵挺拔、昌盛的棕榈，荷马的尤利西斯说曾亲眼见过它，只要许多地方的许多其他事迹靠记忆留存比它们凭自然法则存在更久远。因此，愿那棵"果实累累的"，"宙斯的金黄色的、外貌惊人的信使"（按：这里的"信使"指鹰）从前曾从上面飞开的橡树就是现在这一棵。即使风雨、时光使它枯竭，但在这地方仍将存在一棵橡树，那橡树将称作马略橡树。

从柏拉图到西塞罗，在悄然发生着一点变化，修辞开始大过于逻各斯，诗人开始接过哲人王的权杖。唯有马略橡树不朽。从修辞的角度讲，它象征着经历时间淘洗之后的一种存在，如思想，如文化，经久永恒。

哑然失笑的深夜

在人睡到不知是醒是梦的时候，耳边响起婴儿咿呀学语的声音。

恬静的脸，干净的眼神，以及偶尔舞动着的小手。这是孩子在喝饱睡足之后，才会有的天真表情。他在对着或许有些空洞的世界，咿咿呀呀地说着什么，煞有其事，怡然自得。

这样子着实可爱，让我哑然失笑，醒了过来。

夜很深，很静，很暗，像人睡着的时候一样。

我又闭上了眼，发现睡着的世界并非想象般黑暗，反而透着一种非物理的光。

这时，咿呀学语的声音又响了起来。

孩子的神情，依旧是让我忍俊不禁。大概怕惊扰到什么，我强忍着，不想笑出声来。这使得我面部扭曲，肺部剧烈起伏，直到把眼泪逼了出来。

人只有在分泌物完全释放出来之后，他的情绪才会由高涨趋向平复。

睡前我在读罗素的哲学史。正如他在副标题所示，这部哲学史兼及了古代史与现代史的联系。这也就意味着在他的这部哲学史里负有很强的现实责任感。罗素对于历史的表达，一贯清晰简明。但相对于他的《西方的智慧》而言，他的哲学史在表现个人的洞察力方面做得更为出色。他在谈到公元前3世纪罗马帝国的道德特点时，引用米德南所言，"我知道有过那么多的人，他们并不是天生的无赖，却由于不幸而不得不成为无赖"，从而为希腊化时代里所遗存下来的爱智之士深感哀叹。在这样的时代里，"哲学不再是引导着少数无畏的真理追求者们前进的火炬，它毋宁是跟随着生存斗争的后面收拾病弱与伤残的一辆救护车"。相对于可调适、可变革的幸运时代而言，这是个衍生悲观的时代。在悲观的时代里，"失望摧毁了这些人天赋的热忱"，他们丧失了纯粹思考的乐趣，仅仅沦为用德性之语告慰世界的安抚者。

罗素说，亚里士多德是乐观面对世界的最后一位哲学家，从他以后哲学走向了悲观避世的渊薮。犬儒派的安提斯泰尼直言，"我宁可疯狂也不愿意欢乐"。并且也正是从亚里士多德开始，哲学成了一种职业。"从柏拉图到笛卡尔之间，所有的哲学家都是教师，沾着这行职业素有的职业优越感。"正是在这个意义上，罗素对笛卡尔以非职业哲学家的姿态写作，文风平易而且文笔出色，大加赞赏，认为这"对近代哲学来讲是很可庆幸的"。由此也不难看出罗素心目当中的哲学理想。

这是一个寒冷的冬天。也是哲学家的冬天。据说苏格拉底惯常在雪地里整天苦思冥想，而笛卡尔则在某个冬天竟日蜷缩在巴伐利亚式的火炉子里，为他的新哲学打着腹稿。

这些天赋热忱的人，都有着一颗赤子之心。

经院哲学的黄金白银

　　经院哲学的黄金时代，大致在1250—1350年之间；白银时代，大致在1525—1625年之间。两个时代活动的中心都是大学，使用的书面表达形式主要是教学活动的结果。

　　在黄金时代，巴黎大学是经院哲学和欧洲知识生活的绝对中心，巴黎则号称"新的雅典"，并且从罗马经过巴黎到牛津，形成了一个知识轴心。而白银时代的经院哲学，大多数集中在伊比利亚半岛（Iberian peninsula）各大学：科英布拉（Coimbra）、阿尔卡拉（Alcalá），尤其是萨拉曼卡（Salamanca）。知识的交流，从科英布拉，经过萨拉曼卡，到达罗马。白银时代的经院哲学尽管依然具有强大的知识力量，但不再像黄金时代那样垄断着全欧洲的知识生活。在人文主义、宗教改革以及地理大发现这三股新生力量的推动之下，经院哲学失去了它的中心地位。即便如此，还是对后来的笛卡尔（Descartes）、洛克（Locke）等近代哲学家产生了很大的影响。

　　就哲学意义而言，经院哲学是亚里士多德的时代。就神学而言，则是论证上帝存在的时代。在对亚里士多德哲学与圣经进行结合的阐释过程中，中世纪出现了浩繁的以大全、论辩和评注为文体特征的著作。神学家们不厌其烦的认真态度，在表达他们的虔诚的同时，也展示了他们的博学。经院哲学的情状，就像中世纪的哥特式（Gothic）拱门，一边是亚里士多德，一边是上帝，神哲学家在中间的上方，精心打造那道漂亮的拱弧。他们烦琐的论证，则更像是簇拥在周围的精雕细刻的纹饰。而一旦两边的门柱子倒了，他们工作的全部意义也就消失了。

渴慕无限

近来查资料查得厌倦了，随手翻了翻福柯的《词与物》。其中提到施莱格尔的《论印度语言与哲学》。我想那一定是本很有意思的著作。找到弗雷德里希·施莱格尔的原著，却是法文版的，读不了。同样原因放弃阅读的，还有葛兰言的著作。这个世界有一些很出色的人物，他们写了一些很有意思的书。因为语言的隔阂，却无法欣赏，实在遗憾。

心有不甘，还是找了本北京三联版的传记《弗·施勒格尔》，匆匆一阅。施莱格尔显然是个天才，勃兰兑斯《十九世纪文学主潮》一书对他有过精彩的评述。在近代文学史学者看来，施莱格尔的伟大之处，可能在于他创作了惊世骇俗的浪漫主义之作《卢琴德》（Lucinde）。但事实上，施莱格尔又是个了不起的古典主义学者。他对古希腊文化十分痴迷，导致他放弃了讨厌的法律专业，潜心自学起希腊文学和文化史。这个巡游于古典主义与浪漫主义两界的天才，令人钦羡。

很遗憾，我最终也没能找到他写作《论印度语言与哲学》的背景资料。也许在施莱格尔丰富的学识与经历当中，这本著作只能算作偶一为之。但它在历史比较语言学上屡屡被人提及，想必是很重要的。《年谱》显示，1807年施莱格尔在科伦讲授《论印度语言与哲学》。时年36岁。

没有能力拜读施莱格尔的原著固然令人遗憾，而借此温习一下德国文化史还是很有益的。从文艺复兴到启蒙运动，阿尔卑斯山脉始终是最近距离观察历史的巨人。而站在阿尔卑斯山之巅看日落中的辉煌，一定是美的。

把《弗·施勒格尔》细读了一遍，发现施莱格尔对于语言的学习能力超强。他在16岁时为了进入哥廷根大学，通过自学拼命补习古典语文学。在通读了希腊文的柏拉图全集之后，他用四个字表达了对于柏拉图的敬意：渴慕无限（Sehnsucht nach dem Unendlichen）。早年潜心希腊文化的研究，为他未来巡游于古典与现代两界奠定了基础。

1803年秋到巴黎寻找新生活的施莱格尔，认识了三位来自科伦的富商之子，他们请求施莱格尔为他们单独讲课：从古希腊文学到当代欧洲文学史。其间，施莱格尔自己则拜师学习了波斯文、梵文。他的梵文老师亚历山大·汉密尔顿，每天两点到五点进行面授。他在学习了一段时间之后，写信给他的兄长说，"四个月后，我将能读原文的《沙恭达拉》"。这大概就是他开始研究东方学及写作《论印度语言与哲学》的起点。而施莱格尔本人同样令人渴慕无限。

《维特根斯坦传》

上午与南蛮边办事边聊，午饭后道别。中午委托楼老弟代办未尽事宜后，赶去车站。路上接到一个有点伤感的信息，接着就开始牙痛。从未有过的痛，痛了一路，忍不住泪眼婆娑。

小楼临行送了我一本《维特根斯坦传》，在动车上强忍疼痛读了不到四章，约70页。据罗素给她情人的信中所载，维特根斯坦说，"自己每个早晨怀着希望工作，每个夜晚结束工作时却伴着绝望"。维特根斯坦所面对的难题或试图摆脱的困境是他所谓的SORGE（德文，烦）。在罗素的眼里，维特根斯坦不怎么待见基督徒，但他非常赞赏《马可福音》里的话："若一人赢得整个世界却失去了自己的灵魂，于他又有何益？"在灵魂保全的问题上，罗素认为"这依赖于有一个真心追求的大的目标"，维特根斯坦则认为"这更依赖于痛苦和承受痛苦的力量"。打动维特根斯坦的竟是一种斯多亚式（Stoicism）的思想，而罗素在《西方哲学史》中对此是有过诟病的。在罗素看来，一部平庸剧作所表达的思想，改变了维特根斯坦的态度。这部叫作《画十字的人》的戏告诉观众：无论世界上发生什么，没有任何坏的事情能发生在他的身上——他独立于命运与环境。

内心的调适同样是罗素所需要的。他在完成《数学原理》之后，发现自已空了，心力交瘁，甚至失去了对哲学价值的信念。他写了一本宗教之书《牢狱》，试图追逐非理性和情绪化的一面。"现在已没有我的牢狱。我伸展出去，触到星辰，穿越时间，到达每一个你的爱为我照亮了世界的地方。"这个时候的罗素俨然是个"文青"，他写了自己后来销毁掉的《自传》，也借助《自传》的素材创作了中篇小说《约翰·福斯蒂斯的迷茫》。好在中年罗素及时发现了年轻的维特根斯坦的天赋，他为自己能够遇到哲学的接班人而庆幸。维特根斯坦的出现，意味着罗素的哲学使命结束。

小楼在书的扉页留了一句话：飞得很高的鸟不必装点人们的视野，因此，天才没有责任。而这本传记的副标题恰恰是"天才之责任"（The Duty of Genius）。在维特根斯坦看来，"任何事情都不可忍受，除了创造出伟大作品或欣赏别人的伟大作品"。这是个绝不妥协的思想者，自从他追随罗素选定哲学之路开始。他遭遇的第一个哲学问题，是在八九岁。"撒谎对自己有利的时候，为什么要说真话？"他当时能给出的答案，是"在那种情况下撒谎说到底没任何错"。但在后来，在他成为哲学家之后，他更愿意人们"称我为真之寻求者"。他开始追求"不留情面的诚实"。

一二三

一生二，二生三，三生万物。这是从数出发解决起源问题。总领的是抽象的"一"，包罗的是万物。这里面既有混沌式的创世论，也包含了线性的历史论。

对于"一"的崇拜，在思想上似乎暗示着回到原初或太初的冲动，也是哲学的出发点与终极。

二是二元思维的基础，从动与静而来，或从阴与阳而来。告往知来，是典型的线性思维，其结果就是今天的历史学。中国的历史学最发达，所以思维的特征以线性为主。线性思维讲的是始终，即构成线段的起点与终点。线性思维解决不了生死问题。所以干脆只讲生，不讲死。这种思维的特点，就是讲究在世的享有或自我完善，所以礼乐文化发达，核心是中庸和谐。但没有超越性，容易受到宗教神秘文化的引诱。线性思维里，还产生了一种文化，就是追求长生的仙文化。它的意义开始是医学上的，后来演变成了宗教，但同样不能形成真正的超越性。长生，仍然是线性思维的产物。永远不老，只是个物理时间概念。是物理时间，就一定有始终，也就不存在所谓的永恒性。

线性思维的进一步，还有待形的概念的产生。在柏拉图那里，也讲一二三。一是什么？点或者原点。二是什么？两点构成的线。由两点到三点，则构成形。也就是平面几何的出现。三点之形，是形的最简单概念。形的最复杂概念，是圆。圆上任意三点可以构成最简单的形——三边形，但不能保证构成三边形的任意三点就一定都在圆上。圆的概念的形成，可能是由形的三边等值关系演变而来的。先是等边，后是全等。可以肯定的是，全等三角形的三个点一定是在同一个圆上。在三点的位置上还有一种可能，那就是三点中的其中两点重合了（全整合则回到了原点）。而这个看似回到线性阶段的重合，有可能是历史性的伟大重合。它改变了两点运动的方式，不一定是向前的无限的方式，而是周转的循环方式。圆作为最复杂的形，由此也成为最圆满的形。它的圆满之处或者说伟大之处，就是让关于起点与终点的问题有了变通的可能。通俗地说，钟的发明就是一个象征。由三点之形的概念出现，到最复杂而圆满的形的概念的出现，是一次观念的突破，也是一次伟大的思维革命。作为圆上的任意一点，或者指针，可以是起点，也可以是终点。数学史或哲学史的发展大势是否一定是这样的，好像并不重要。就认识论而言，圆的概念本身，提供了一种新的思维模型，从而使得诸如有始有终、无始无终、亦始亦终这样的问题，有了一个圆通解释的基础。历史的循环论，佛教的缘起论，大致都可以视为这种思维的产物。可以说，正是圆的概念，使得两点式时代的时间观、生死观具备了超越的条件。

但三点式思维，毕竟还是平面的。将这个平面上的三点，与其上方的任意一点连接起来，便构成了空间概念。平面思维由此进入立体思维，也就是一般意义而言的由二维空间（线性空间）发展到三维空间乃至多维空间。如果说三点式思维在某种意义上可以解决两点式思维的时间观、生死观问题，那么是否也可以说在进入到立体思维之后，人的存在难题又在受到新的挑战呢？那种看似圆通的超越性解释，显然还不是最后的答案。简约地说，空间概念有可能会成为时间概念的新的坟墓。

　　一二三，在很多人眼里可能是最简单的数字。因为简单，也常常容易被人忽略。而事实上，所谓哲学、神学、历史学等等我们称之为知识的东西或信仰的东西，无一不是从这些最简单的数字起步。徐光启在四百年前说过，"无用之用，众用之基"。那时他正在与意大利人利玛窦一起翻译《几何原本》。

遗忘

禅定，或者说坐忘，是一种无思无虑的状态，寻求在静心之中到达无我之境。据说修到一定程度的人，甚至会非常贪恋那样一种妙不可言的境地。显然，那是需要相当定力的，非常人所能及。但在方外之人看来，禅定终归也还是一种遗忘。在世之人以收拾心神的方式，获得暂时的解脱而已。

在世的遗忘方式，大概不会只有一种。比如大隐于市的高人，在熙熙攘攘的尘俗世界里，眼不见，耳不闻，穿街过市，心若古井。其祖师爷大概是传说中为倏、忽二帝日凿一窍，至七日而死的"浑沌"。还有一种形式则是所谓的失忆症。失忆的症状有多种，轻度的表现为局部性或选择性的失忆，重度的则表现为连续性或全盘性的失忆。在某种意义上而言，人不同程度地患有失忆症。比如醉酒之后的局部性失忆，与时过境迁的选择性失忆，基本属于人之常情。而如普鲁斯特那样精细入微地复制似水年华，倒更像是一种病态。人不可能永远生活在过去，人也不可能一丝不苟地重现或刻录过去，就像人不可能两次踏进同一条河流。即便可以再现一个人的音容笑貌，但他的内心世界也是捉摸不定的。因为人在大多数时候连自己在想什么也未必清楚。茫然或者茫然中的倦态，似乎反倒更接近实情。这么说来，人由局部性失忆到选择性、连续性、全盘性失忆，未必不是一生的宿命。如果时间能证明人的实在性，那这道证明题一定像迷宫一样复杂，就如博尔赫斯耗尽一生之力所昭示的，人将永远走在无限回溯的时间之旅。时间有多少种可能性，人的证明之旅就有多少种可能性。为什么在时间的证明上是回向过去，而不是祈向未来？未来在未知范围。未来是时间的假定。不仅如此，连现在也是转瞬即逝的。所以佛说，一念即是九世，一念顿具十法界。关于时间之谜，大概佛学的解释最是圆通。有如恒河之沙，大到无穷，细若微尘，收放自如。

在某种意义上而言，遗忘与记忆都是一种在世的徒劳。那些在我们看来由时间之网所显现的存在，如同地球的刻度或者说飞鸟的痕迹，当然都是一种名相。对于名相的执着，就如莫迪亚诺小说《暗铺街》中的失忆侦探居依，他可以靠为别人破解谜团谋生，而对于自己的身世却一无所知。这是"知"的象征，也是"存在"的象征。听说有一种"边界体验"（border experience），知之不详。想来可能是一种模糊身份的体验，比如生死之间，比如国别之间等，归结起来可能就是处于时间与空间的不确定生存状态。人关于时间与空间的概念，在很多时候是"被给"的。当一个人处在一个完全陌生的世界时（这种方式也只能建立在一种假定基础上，因为这个句式里已经包括了时间与空间的因素，而且时间与空间的存在性与不存在性都很难证明），他所体验到的这种"时间概念下的时间"与"空间概念下的空间"可能都会变得毫无意义。从这个意义上而言，边界体验更近似于陌生化体验，从最熟悉中剥离出来，在最陌生中开始认识。

知识海洋的刻度

　　每天能够像蚂蚁将一袋一袋的书，顺利地从图书馆搬进搬出，得益于校园网提供的信息查询；实在找不到的纸质书籍，也可以通过网络下载各种各样的电子浏览版本。而且即便是外文资料，也可以通过安装词霸解决生词问题。显然，阅读或者说学习进入到一个全新的时代。有人将它称之为E时代。美国作家戴瓦·索贝尔写过一本书，叫《经度：寻找地球刻度的人》，讲的是大航海时代人们寻找地球经度的传奇故事。最终一个名叫约翰·哈里森的木匠，改变了地球没有经度的历史，也改变了所有航海人的命运。读书也有大海泛舟的说法，E时代的到来，事实上也为知识的海洋寻找到了新的刻度。它正在悄悄地改变着我们阅读或者说学习的习惯。毫无疑问，这也必将是一场知识的革命。对于它的认识应该是全方位的。

　　去年年底，一个已毕业的学生返校补考英语和教育学。我们在一起吃饭聊天时，他讲到很想建立一个庞大的网络图书馆，让人们待在家里就能实现轻松的查阅。当时我不大理解他的意思，现在我明白了。他就是一个在E时代里寻找着知识海洋刻度的人。他对补考这件事情似乎不是太在乎，说是家里人逼着他来的。那么他在乎什么？他在乎有一个E图书馆，在乎这个时代最优秀的人在思考什么。那天他手里拿着一本介绍培根的书，美国学者魏英伯格的《科学、信仰与政治——弗兰西斯·培根与现代世界的乌托邦根源》。现在回想起来，我为这个很有天赋的孩子深感到一种悲哀！在我看来，他应该是同龄人里为数不多的有过大量阅读经历的学生，而且他特别喜欢阅读西方书籍，他会很流利说出这些书的英文名。我不能理解他为什么会补考英语？就今天的考试模式而言，词汇考试仍然是国内各种英语考试的重点。我至今记得十多年前参加博士生入学考试，词汇考试题里的单词几乎见都没见过。十多年后的情形依然没变，一些在我看来很有读书潜力的学生，常常在参加研究生入学考试时倒在了英语这一关。这不得不让人反思：我们今天考试的目的或选才的标准到底是什么？尤其是今天的"词霸"时代，一个有读书爱好和潜力的人，完全有能力做英文原版阅读。为什么我们的考试方式或者观念还是如此一成不变呢？

今天的学校常常用"知识改变命运"鼓励学子。确实，有大量的孩子通过自己的努力获得了不断深造的学习机会，从而也在不同程度上改变了自己的命运。但在我看来，以现有的教育体制与知识要求来衡量，知识可能会改变个人的命运。但这很可能是一种最低限度的改变，或者说是个人功利意义上的改变。我们不妨做如下思考：怎样的知识？在改变怎样的命运？如果我们意识到我们已经处在了一个新的时代，就像历史上曾经出现过的丝绸之路时代、大航海时代、工业革命时代等等，首先就应该在知识观念上、在体系结构上有敏感的预见能力与富于创造性的评估能力。如果仅仅满足于当下的、功利的要求，必然在新的起跑线上远远被抛在后面。

知识的概念是很广义的。但有一点是很明确的，那就是每一个新的时代里一定有属于那个时代的精神性的特征。换而言之，我们今天称之为伟大的历史人物，就是他那个时代里的精神楷模。雅斯贝尔斯在他的《大哲学家》所推崇的"思想范式的创造者""思辨的集大成者""原创性形而上学家"之类的伟大人物，他们属于任何一个时代，权且不论。而被称为"近代人"的蒙田、培根、笛卡尔、帕斯卡尔等，事实上就是时代楷模型的人物。黑格尔说，"从笛卡尔起，我们踏进了一种独立的哲学。……在这里，我们可以说到了自己的家园，可以像一个在惊涛骇浪中长期漂泊之后的船夫一样，高呼'陆地'"。所以有了一个被称之为"笛卡尔式"或"笛卡尔精神"的法国。而蒙田、培根、帕斯卡尔的思想随笔，一直成为人们阅读的经典。需要强调的是，他们不仅仅是一般意义上的文学家，也不只是一般意义上的玄思者。除蒙田之外，他们还是那个时代里近代科学思想的奠基人，在数学、物理诸领域都有着卓越的贡献。培根在《学问的进步》（*Advancement of Learning*）里，讨论的显然不是我们今天一些人所理解的"知识改变命运"的简单问题，而是由对"古典政治哲学"的反思而展开"近代政治哲学"的思考。他和前面提及的他的同时代人，显然已经意识到或预见到新时代的到来。他们的随笔，只是思想的直觉，属于摸着时代脉搏的敏锐感受。他们同时又在提供类似于《方法论》《新工具》这样的方法论，以及《形而上学的沉思》《学问的进步》这样的系统性思考。所以最终知识不仅仅改变了个人的命运，也改变了欧洲的命运、西方的命运，乃至世界的命运——人类的命运。可见，拥有什么样的知识观决定我们会做出什么样的改变。与其盲目崇拜知识本身，不如思考我们今天的知识是如何累积而成的，不如思考我们今天到底需要怎样的知识。

今天的学者，开始重新认识为我们提供了一个高度"现代"社会的设计者们——那些16、17世纪的时代楷模。《科学、信仰与政治——弗兰西斯·培根与现代世界的乌托邦根源》就是这样一部作品。我在阅读的时候想起了那个补考的学生，正是他向我推荐了这篇文章。我为能结识这样一个年轻人深感荣幸！

屋顶上的海

按：《淮南子·庄子略要》曰："江海之士，山谷之人，轻天下，细万物，而独往者也。"司马彪注曰："独往，任自然，不复顾世也。"故陶渊明有"怀良辰以孤往"之咏。然孤往或可，不复顾世岂又是我辈可以轻言的？！

20年前流行着一种明信片，流光溢彩的黄昏沙滩上，跑着一对携手欢呼的情侣，下方印着一句话：我们看海去！这大概就是对于海的最初的认识。

现在终于住到了海边，坐在窗前，从屋顶望过去就是海。大多数时候，因为能见度低，海与灰蒙蒙的天连成一片，说不清到底哪是天，哪是海。只有船从屋顶驶过，才能获得一种确信，船之行经处就是海。即便天朗气清，眼前的海也只是一汪水——有船开过的浅浅的屋顶上的海。没有潮声的喧哗，只听得见汽笛鸣响。关于海的印象，终归还是停留在一种类似无声动画的想象当中了。

近海而居的新奇感，随着视觉的司空见惯，渐渐有了"看海不是海"的感觉。真正理解海的，也许只有那些整天与海生死相搏的人。栖居陆地的人，是很难真正懂得海的。因为在他们看来，海是天之尽头，代表着梦想的边界，也是事实上的思考的终点。施米特在他那本有趣的书《陆地与海洋——古今之

"法"变》里写道：当人站在海边，他会很自然地从陆地向海洋眺望，而不是反过来从海洋向陆地眺望。这无疑造就了一种文明天生而又致命的缺陷。海已不单是一种风景，更是一种思考的维度。历史似乎不断地印证着这样的事实：习惯着从陆地向海洋眺望的人群，往往被反过来从海洋向陆地眺望的人群征服。"望洋兴叹"是栖居陆上的人的宿命，也是一种不幸。从早期的内陆河流文明（包括幼发拉底河、尼罗河与黄河等），到逐渐兴起的以地中海为中心的内海文明，再到近代的远洋文明，乃至未来的深空文明，事实是一个由"地球"到"海球"再到"星球"的文明进程。

帕斯卡尔说，人的所有不幸都是由于我们不能安安静静待在自己的房间里造成的。这是因为人有去自己想去的地方的自由。但大多数时候人放弃了这种自由。放弃这份自由的人，其实正是习惯于从陆地向海洋眺望的"望洋兴叹"者；而充分享用这份自由的人，无疑属于换位思考从海洋向陆地眺望的那些少数人。

枇杷熟了

从凌云路走可看山，从海滨路走可望海。

海滨路边种了一些枇杷树。刚来时，结满枝头的果子还是青色的。转眼，一部分已经黄了，隐约透着吴昌硕画中的神韵。据孙诒让《永嘉闻见录》记载："邑产枇杷，肉薄而核多，惟巡道署及谕署所植，肉厚有独核者，风味不减家乡。"

来居海边半月，整日翻书，颇受益者，计有（法）谢和耐《中国和基督教》、（法）安田朴《中国文化西传欧洲史》、（意）利玛窦《利玛窦全集》、（英）布鲁斯《圣经正典》、（美）穆尔《基督教简史》、黄一农《两头蛇：明末清初的第一代天主教徒》等。加之一批国之古董，朱熹《四书章句集注》、王阳明《大学问》、李贽《四书评》、方以智《东西均》、王夫之《四书训义》，以及明末清初四尊宿之所造，林林总总。方才"应是枇杷斜影里,欲唤卷帘无一人"，忽又"蓦然回首，那人却在灯火阑珊处"。正是此间读书情境之写照。

又，近日当专读《论三位一体》《使徒行传》，以及马丁·路德最喜欢并称之为"基督徒自由宣言"的《加拉太书》。当保罗说"那美好的仗我已经打过了，当跑的路我已经跑尽了，所信的道已经守住了"时，天国的门也就随之打开了。

"标致"人也

当年章炳麟大张佛法，力倡"以勇猛无畏治怯懦心，以头陀净行治浮华心，以唯我独尊治猥贱心，以力戒诳语治诈伪心"，非此世风人心不可救。今读《中庸》，至"有弗学，学之弗能弗措也；有弗问，问之弗知弗措也；有弗思，思之弗得弗措也；有弗辨，辨之弗明弗措也；有弗行，行之弗笃弗措也"一语，精神不由为之一振。所谓弗措，不罢手也。朱子注曰："君子之学，不为则已，为则必要其成。"何等气概！

近来复有感慨者，当为耶稣会士之西来东土。面对陌生的人群、文化，他们硬是白手起家，从识字始，到逐字逐句翻译中国典籍，个个都称得上是"标致"的人物。李贽《续焚书》卷一《与友人书》曰："凡我国书籍无不读，请先辈与订音释，请明于《四书》性理者解其大义，又请明于《六经》疏义者通其解说，今尽能言我此间之言，作此间之文字，行此间之仪礼，是一极标致人也。"及满人入关，复又研习满文，甚至蒙文、藏文、梵文。若不是耶稣会被教皇解散（1773年），这帮教士恐怕是要让中国典籍乃至东方典籍统统登陆欧洲的。

我常常会想，若不是有一帮教士，而是仅凭武夫、商人间的交往，中欧之间文化的对话又会是怎样的情形呢？韦伯倡言新教伦理与资本主义精神，而在我看来，天主教教士在文化推动方面的贡献当更胜一筹。耶稣会在中国的最后一任会长钱德明（Jean-Joseph-Marie-Amiot，1718—1793年），不仅编有《满法字典》（*Dictionaire Mandchou-francais*）、《满语语法》（*Grammaire Tartare-mandchou*），还编过一部《梵藏满蒙汉多语种字典》（*Dictionnaire Polyglotte Sanskrit-tibetain-mandchou-mongol-chinois*）。与以前耶稣会士不同的是，钱德明在基督神学方面没有什么作为，留下来的著述如《中国兵法》《孔子传》《中国古今音乐考》《中国药物》《唐代简史》《中国历代帝王纪年》等著述，足以让他赢得"中国通"的名号。

隐在孤山

张若羲《孙文玉眼镜法序》云："其术乃亲炙于武林日如诸生、桐溪天枢俞生、西泠逸上高生，私淑于钱塘天衢陈生，远袭诸泰西利玛窦、汤道未、钱复古诸先生者也。诸生慷慨尚义，卓荦超轶，工竹石山水，追踪夏昶，省会驰誉。镜法乃陈生所授，文玉寓武林，倾盖如故，即以秘奥相贻。嗣遇俞生，贫而好侠，与文玉萍逢，一晤语即意气相投，倾其所知以赠。高生灵慧天成，技巧靡不研究，挟技游吴，为之较榷分寸。"

孙文玉，名云球，苏州人氏，以善制镜而名噪一时。据《虎阜志》记载，康熙初卒，年三十四。云球之早逝，当与斯宾诺莎同，以磨镜故，染上肺病而不治。云球所师从者，武林诸日如，名升，善画竹。西泠高逸上，名云，祖籍山阴，长于篆刻。唯桐溪俞天枢、钱塘陈天衢，生平不详，或也隐于孤山之高人。这些人何以对镜法均有兴趣，尚不是太清楚。但可以肯定，这是一帮有趣的人。

又读《快雪堂集》，作者冯梦祯，晚年隐于孤山。其中《快雪堂日记》，记录万历丁亥至乙巳（1587—1605年）西湖边日常生活。有同隐者，名宋应昌。其人天生异相，方面紫髯，乃豪杰之士。万历二十年（1592年）曾踏冰渡鸭绿江，抗倭援朝。晚年归隐孤山，与冯梦祯同拜于莲池大师座下，一心向佛。

西洋的夏布

方豪先生为耶稣会士作传，以《毕方济》最为引人入胜。毕方济当年在南京，与冒辟疆、阮大铖等文士交往密切，留下不少佳话。阮氏曾有诗赠毕方济，收《咏怀堂诗集》；毕方济则送冒辟疆西洋夏布一段，见于《影梅庵忆语》。

《影梅庵忆语》云："壬午清和晦日，姬送余至北固山下，坚欲从渡江归里。余辞之，益哀切，不肯行。舟泊江边，时西先生毕今梁寄余夏西洋布一端，薄如蝉纱，洁比雪艳。以退红为里，为姬制轻衫，不减张丽华桂宫霓裳也。偕登金山，时四五龙舟冲波激荡而上，山中游人数千，尾余两人，指为神仙。绕山而行，凡我两人所止，则龙舟争赴，回环数匝不去。"张公亮《冒姬董小宛传》则云："姬着西洋布退红轻衫，薄如蝉纱，洁比雪艳，与辟疆观竞渡于江山最胜处。千万人争步拥之，谓江妃携偶踏波而上征也。"

夏天的北固山江边，一个风尘女子，霓裳轻扬，风姿绰约，宛如仙子临波，引得万人争睹。此情此景，真不知是该感慨西洋夏布的魅力，还是感慨文人生花的妙笔。

格物致知与修辞立诚

曩日读《管锥编》，默存公引经据典，屡将中西方修辞之胜境、常理，拈出比照。会心处，不禁莞尔。其所引西方神秘家之言，多也见于近来所读宗教家之书中。

今日读明末耶稣会士所译西方修辞语，其中"雨泽偏注于卑地，天恩多降于谦人"，及"谷随山，山愈峻，谷愈深。谦随德，德愈高，心愈下"之语，颇见《老子》"卑下守弱"之德。而类似铁杵成针、水滴石穿之成语，乃至恶犬不吠之俗语，也是屡见不鲜。正所谓人同此心，心同此理。大千世界，近取诸身，远取诸物，一本万殊。

西方自然哲学，或者中国格物之学，其旨归无非"致知"。"致知在格物"，这讲的就是学习自然哲学的意义。"物格而后知至，知至而后意诚"，这讲的则是从自然哲学到道德哲学的认识之路。在进德的道路上，为了能够更好地理解德性的意义，道德家们不得不通过自然界浅显的道理加以说明，这就涉及了修辞的功能，比如打比方。所谓"修辞以立其诚"，讲的就是这层意思。

今天的修辞更多只是技巧、噱头、手段，不怎么讲诚意了。明末西僧借道德家的话加以劝诫，"读史正如赴宴，饩核毕具，不但宜择其所嗜，犹宜择其益人者而食之"。又云："蜜蜂不采朽花，洁人不读秽史。""读史而逢不洁，当掩目而过之矣"，此也可与"非礼勿视"等观，共同见证古典主义时代的道德余光。

强脱不如善解

伊索寓言讲风日争胜，唯以脱人衣服赌输赢。结果一味强脱的风，败给了深谙火候的日。此也见于明末天主教东传文献，其译文如下：

风与太阳争力强弱，试解人衣。风先暴起，击人之体，似欲强夺其衣裳者，而人愈谨持其衣。太阳不然，旁射其光，熏入肌骨，使人不觉袒裼。风遂让太阳为胜。

其寓意强脱不如善解，宗教家常引为巧于劝说之佳例。神学好以设譬劝人，故佛教有譬喻经，基督教有布道修辞专书。修辞者，口说而已。意思到了，却不可对号入座。此则寓言，意谓风不如日"善解"。风若不善解，何来"风情"之说辞？岂有"如沐春风"之胜境？何况春风可以化雨，暖日融得坚冰，则风、日不但善解，而且善化。风日争胜，输赢何从说起。

风、日本为死物，就看辞人如何活用。故佛说地、水、火、风，四大皆空。明末四尊宿之一的袾宏，论人对世间财色名利境界，以喻明之："有火聚于此，五物在旁。一如干草，才触即燃者也。其二如木，嘘之则燃者也。其三如铁，不可得燃者也，然而犹可熔也。其四如水，不惟不燃，反能灭火者也。然而隔之釜瓮，犹可沸也。其五如空，然后任其燔灼，体恒自如，亦不须灭，行将自灭也。"《管锥编》曾引此而论"水火孰胜"，以为"语妙天下"，"彼法谓释迦号'文佛'，即以示佛者须能文，如袾宏此等笔舌庶几'佛'而'文'矣"。

了不起的盖茨比

从南蛮家小酌归来，经过海边时见鹭岛对面的漳州，灯火辉煌，竟然想起了菲茨杰拉德的《了不起的盖茨比》。

菲茨杰拉德的杰作《了不起的盖茨比》，中英文版本都有收藏，但一直没有好好读。直到去年有个学生要跟我写毕业论文，选题是外国文学，无法推辞，便信口开河，让他写一写《了不起的盖茨比》，借机自己也翻了翻。关于这本小说，是早年从村上春树的《挪威的森林》里看来的。一方面，《挪威的森林》大概属于今天中国的"80后"才可能真正读懂的作品，而我们那代人的阅读兴趣基本停留在19世纪之前的外国名著。这也是我迟迟没有读《了不起的盖茨比》的原因之一。另一方面，我对第一次世界大战之后的美国文学本能地抱有偏见。美国文学可能是在经过所谓"迷惘的一代"（Lost Generation）之后，才进入了真正意义上的新教时代。事实上，司各特·菲茨杰拉德笔下的盖茨比正代表着传统意义上的清教徒最后的道德坚守。在事隔多年之后，盖茨比与黛西之间，所隔的不仅仅是一个海湾，而是人生信条的鸿沟——有人活着的目的在于吃得舒服，有人活着的目的在于睡得安宁。

马克斯·韦伯在《新教伦理与资本主义精神》一书中曾引用过奥芬巴赫的话："新教徒宁愿吃得舒服，天主教徒则乐意睡得舒服。"但马克斯·韦伯本人对此并不认同。按照他的理解，恰恰是传统的清教徒以其天职（Calling）观念与克制品格，才赋予了资本主义一种特有的精神。美国圣经考证学派学者穆尔在他的《基督教简史》（商务印书馆1981年版）中做过如下推荐："十七世纪英国浸礼会中最著名的人物是约翰·班扬（卒于1688年），他由于坚持世俗信徒讲道权，被监禁了多年。他的《天路历程》出版于1678年，是英国文学中最畅销的书籍之一。在整个清教徒世界中，除圣经以外，也许没有别的书有这么家喻户晓；如果现代的读者要知道，宗教对一个真正的清教徒意味着什么，那么最好就是读一读这篇文章。"马克斯·韦伯在《新教伦理与资本主义精神》中也有类似的表达，并特意提到"当基督徒意识到他是生活在毁灭之城时，当他受神召要他开始天路历程时"，他高叫着"生命啊，永恒的生命"跟跄着走向原野。马克斯·韦伯显然是被这个虔诚的新教徒所感动，他由衷地赞道："无论怎样的文采也无法与班扬这个补锅匠单纯的情感媲美。"

菲茨杰拉德在《大亨小传》（哈尔滨出版社2002年版）结尾处指出：

> 对于盖茨比——这篇文章的主人翁却是例外，因为他代表了我们鄙视的一切。如果人的性格就是一连串迷人的姿势所造成的，那么，盖茨比确实与众不同。他对人生的期待、灵敏的像一具最精密的地震仪，万里之外的微颤也测得出来。这种感应力和所谓的"创造性的特质"完全是两回事。有这样的超凡能力，方有人生的"希望"。像他那种热狂、乐观、浪漫地期待人生的人，我从没见过，世上再也找不着第二个。盖茨比一生的最后结局颇为圆满，人们也祈祷他有那样的收场。至于他如梦境般一生中，所飘浮的一些尘污，就暂时不必理会了，因为生命里，所有的悲哀或得意都是那么短暂。

西部片与黑帮片

周一赶早到动车站，没买到时间合适的票，回家继续读手头资料。出门与阅读似乎变成了同一件事。一个在现实中，一个在纸上，都是阅读。漂泊在时间之流，在不同的空间。

周二到杭州，除了办事，纸上阅读依然是件让人颇感充实的事。在候车室，在动车上，在宾馆，不断流动的空间，给了我不同于镇日枯坐家中的新鲜感，也喜悦了我有时烦闷的阅读心情。

周三大早坐大巴回家，看了电脑中的两部电影《激情岁月》《天地苍茫》。农庄，牧场，最后的印第安人，最后的自由放牧者，影片讲述了那些正在消失的生活。近来，在看了《教父》《美国往事》《无主之城》等所谓的黑帮片之后，又看了一批西部片。总体上都在讲述移民的历史，或者原住民与外来者的故事。在殖民历史阶段，秩序被打破，或者说新的家园根本就没有秩序。无论是家园的守护者，还是为了生存流入异邦的外来者，从根本上而言都是无政府主义者。秩序的建立，政府的意志，在殖民历史的早期始终是困难的。问题仅在于，这是谁的正义？这是谁的政府？《激情岁月》中的老中校，是原住民利益的捍卫者，他至死都在向外来的权力竖他的中指。而《教父》的立场，则在于政府管不了的事情由教父来管。于是，在每一发子弹里，都回响着争夺自由与正义的声音。其实，要读懂黑帮历史，最应该看《无主之城》。外来者靠武力建立的秩序，启发了身居弱势的原住民靠武力强夺现实利益。这就是枪在城市泛滥成灾的历史。时有曝光的枪案，迄今仍是移民国家最头疼的问题。

原住民的梦想，仅仅在于他们的生活不要为外来者所打搅。而外来者恰恰也是为了一个梦想而来，正如《走出非洲》中的那句台词所表达的，"I had a farm in Africa, at the foot of the Ngong Hills". 移民或殖民的历史，在不断酿成梦想之间的冲突。西部片、黑帮片，是美国类型片的代表，也是殖民历史的见证。权力是这样的一种东西，它是如何建立起来的，也会以同样的方式被毁灭掉。财富也是如此，怎么聚敛的，也将怎么消散。这应该是一种常识。但人们还是会崇尚眼前的现实利益。所以，历史循环往复。

黑泽明的《梦》

　　黑泽明讲述了八个梦，几乎看不出多少关联。印象深刻的是其中的好梦，美梦。比如雨后寂静而神秘的树林、满目的桃花、童话般的水车村。好奇窥探到某种秘密而惊慌失措的孩子，在雨后透明的阳光下从树林一路跑向家门的场景，尤其令人感到温馨。懵懂、好奇以及对于安全感的本能需求，那是每个人成长的起点，也是生命接近终点之时最温暖的回顾。而满目桃花中若隐若现的少女，像是从唐诗或唐传奇里脱胎而出，带着一种清新自然的生命气息，抒发的又当是一种怅惘的少年情怀。

　　严格来讲，适合做梦的年龄，就在童年与少年时期。过了这个年龄，所能体验到的便不再是梦，而是现实的存在。即使要与梦发生瓜葛，那也只能说是梦魇——存在的梦魇。黑泽明接下来讲的五个梦，就像那个深长而幽暗的隧道，伴随着孤独、焦虑、恐惧乃至绝望，怎么走也走不出来。而关于水车村的想象，也就由此成为这个漫长隧道里仅存的最后的一点安慰。八个几无关联的梦，其实就是人的一生。伟大的导演几乎都绕不开这个主题。伯格曼的《野草莓》、安哲罗普洛斯的《养蜂人》，概无例外。

　　从公寓往后山走，有一条公路。公路上有条隧道，穿过去就是水库与林区。隧道叫凌云隧道，水库叫凌云水库。因为每天都要走这条道去食堂、图书馆，私下里便叫它凌云路。每次穿过隧道，都会想起黑泽明的第四个梦。而每穿越一次，就是一生。

黄色的幸福

　　山田洋次的电影不一定拍得很精致，但很人性。人性是相通的，所以他的电影在20世纪80年代就感动过许多中国观众。像《远山的呼唤》《幸福的黄手帕》《寅次郎的故事》等。但那时还是有很多细节上的东西会被忽略掉，或者说根本就不可能有所共鸣。重看山田洋次，不仅怀旧，而且知新。《幸福的黄手帕》的开头，从阿钦辞职到买车，我都觉得很熟悉。这种熟悉在80年代是无从感受得到的。在我看来，嘈杂的加工厂、橘红的马自达，就像是看到了今天的中国。而更令人感到熟悉的镜头，则是《幸福的黄手帕》里的矿难与天天在涨的物价，以及《钓鱼迷日记》里的拆迁。这种细节上的熟悉感，是重看山田洋次的意外收获。换而言之，只有在重看的过程里，才会对山田洋次的电影细节处理有一种心领神会。如果我们对所生活的时代尚缺乏清晰的认识，看看日本电影，尤其山田洋次的电影，是会有所获益的。对照我们的今天，日本的过去是面镜子。这点感受，约在20年前就有过。那是中国打工潮兴起之初，我和那些从田地里走出来的农民兄弟，常常会相遇在拥挤的车站、码头，一样的漂泊，一样的辛苦，一样的茫然，使我想起了《啊，野麦岭》。《啊，野麦岭》这部电影，原以为只可以当成中国的《包身工》来看的。而在富士康事件、宋山木案曝光之后，才发现野麦岭的那群女孩其实就生活在我们的这个时代里。

在光影的世界里，我曾从侯孝贤的《冬冬的假期》《风柜来的人》当中，看见自己前20年的影子。而今又从山田洋次那里看见了自己后20年生活的本质。

夏目漱石说过，"苦痛、愤怒、叫嚣、哭泣，是附着在人世间的。我也在三十年间经历过来，此中况味尝得够腻了。腻了还要在戏剧、小说中反复体验同样的刺激，真吃不消"。在严正的艺术里，恰到好处地附着一点喜感的东西，就像调味品。山田洋次的电影里，就从不缺少喜感，以及喜剧式的人物。从寅次郎到阿钦，都很讨喜。他们常常会让我想起在南京时的一位朋友。他比我们高一届，毕业时应聘到肇庆，不久又跑了回来，发誓一定要留在南京。正好我们寝室有个上铺空着，他就住了进来。每天出去找工作，回来就唉声叹气，满脸苦笑。但他很有韧性，善于苦中作乐。他讲话时丰富的表情、怪相，以及要嘴皮子的功夫，常给我们带来许多乐趣。乐过之后他继续出门找工作，满脸受挫的样子回来又继续乐。不知过了多长时间，他终于挺不住，回了老家。从此，我们寝室门口少了一个疲惫的身影，也少了寅次郎式的"我回来了"的招呼声。

那是一段值得记忆的时光。生活越是无趣，越需要有喜感的人物出现在我们的身边。像南京的宏哥，温州的崔少、憨哥、修哥，鹭岛的阿巍等，都是我见过的喜感十足的人物。与他们在一起，从来都不会感到生活乏味。

《寅次郎的故事》的经典台词是男人说："我回来了。"

《幸福黄手帕》的经典台词是女人说："你回来了。"

由此可知，山田洋次是最能洞悉男人心思的导演。

临终的眼

《日本的美与我》是川端康成在诺贝尔文学奖授奖仪式上的演讲词，也是他对日本文化所做的饶有意味的诠释。他从和歌入手，讲禅师在与自然融合当中的开悟，讲具有超越情怀的"和颜蔼语"，讲"雪月花时最怀友"的茶道，这些都是可以与知堂讲日本文化的人情之美相参证的。宗教般的心灵，使得日本文化拥有一种执着追求完美无垢的品质。通过体悟的方式，看见了那朵摇曳在彼岸世界的完美至善之花。但在如何打穿此生与彼岸之间的通道问题上，却遭遇到了危机。开悟之后，因为执着，因为拒绝通融，生命之花奇怪地指向了死。这算不算是真正的开悟呢？川端康成借芥川龙之介的"临终的眼"，批评过日本文化当中的自杀倾向。但他自己终归也没能摆脱自绝的命运。其实他从禅师良宽的绝命歌当中是找到过答案的，而且他以小说的方式诠释过这种精神（《古都》）。但正如一休禅师所云，"入佛界易，进魔界难"。一语道破世间真相。

川端康成的小说，最喜欢《古都》。"北山杉"一章，清新如雨后。但他小说的正面或主流，毕竟在《雪国》。《雪国》与《古都》，是两个世界的人与事，指向阴阳两界。但无论是生者身处的大自然，还是死者身后的大自然，都一样的美。日本作家将自然之美写到了一种极致。因为正如芥川龙之介所言："自然的美，是在我'临终的眼'里映现出来的。"

第五辑

立言"功德"与晚清说"晚"

近日读书，基本在魏晋与明清间学术史出入。《汉学师承记》（外二种）、《魏晋清谈思想初论》颇佳。感慨有二：一、著书立说还是从小处着眼好，真正力大者毕竟不多，动辄几卷数十万言，既费我辈银子又累眼力，终了并无多少创获，不过抄书公一个而已。真是罪过！《魏晋清谈思想初论》，虽为薄薄一本，然用力很深，关节处于后学多有启发。也是功德一件。二、近人论学，好讲晚清。以前多讲近代，今人多言晚清，风气有若此，其中微妙不可不察。然仔细检读坊间流行的多种著作，发现"晚清"名号不过羊头而已，至多是只讲了一个尾巴，于70年历史少见真正疏通。有清一代，历康雍、乾嘉之盛，自道咸以后则尽显衰败之相。"咸同中兴"有若回光返照，已不足支撑危局。所以，近代也好，晚清也罢，史家多自道咸讲起。所谓70年，在1841—1910年之间也。窃以为，这70年间的学术思想之大变尚欠真正疏通，近人已急着要讲"晚清至民初"的关节问题，虽冠名"晚清"，实则多为蜻蜓点水，一跃而"民国"了。诚不妥。不知道讲晚唐、晚明的是不是也这样。所谓一朝之"晚"，其若人生，也当由盛年而来。齐大夫要加害孔子，孔子向景公寻求庇护，景公曰："吾老矣，弗能用也。"说通俗点，人们都关心独生子女去了，置老人问题只好作着没看见。趋新有若此，风气可见。

《国粹学报》及其他

　　几年前在上海购得《国粹学报》汇编本16册。观之可略窥1905—1911年学风之大体。今百年过去，而黄节之《国粹学报叙》、邓实之《古学复兴论》尤其值得回味。《国粹学报叙》云："不自主其国而奴隶于人之国，谓之国奴；不自主其学而奴隶于人之学，谓之学奴。"国之不国，学之不学，故有国粹保存之念。《国粹学报》之宗旨即为"保种爱国存学"。又，邓实（秋枚）《国学今论》谓，清代学术已历三变（顺康、乾嘉、道咸之世），再变则为"今日之周秦学派"。邓实以周秦诸子比之古希腊七贤，作《古学复兴论》，以为"十五世纪为欧洲古学复兴之世，而二十世纪则为亚洲古学复兴之世"。由此可知，《国粹学报》所复兴者非仅经学，乃本诸"诸子出王官"之旨，也为诸子学别开生面。邓实关于欧洲古学复兴的认识，固然有其时代的局限性，但他以欧洲古学复兴为参照，提出以诸子学为本复兴亚洲古学的话题，即使放到今天来看也不过时。

　　手头正好有本阿伦·布洛克的《西方人文主义传统》一书。他在追溯拉丁文humanitas一词时，提到paideia，即一种全面的（包括语法、修辞、逻辑、算术、几何、天文、音乐七门）和发展人的个性的教育概念。也就是说，全面教育才是人文主义之本。全面教育在希腊文里叫enkykliepaedeia，英文里的encyclopaedia即"百科全书"一词即源出于此。阿伦·布洛克认为，希腊和Encyclopaedia即

"百科全书"一词即源出于此。阿伦·布洛克认为,"希腊和罗马传统一直到十九世纪末都对西方教育发挥着异乎寻常的影响"。他其中就提到牛津大学的"大课程"literae humaniores,即以希腊和拉丁原文学习古代世界的文学、历史和思想。而这一传统在民国年间清华大学的博雅教育中可以找到影子。如果说广义上的"诸子学"可以等同希腊文的enkykliepaedeia、拉丁文的humanitas或英文里的encyclopaedia,那么再来谈"古学复兴"就不会是一纸空言了。

又,黄节、邓实曾就简朝亮学。晚清岭南有两大儒:陈澧和朱九江。九江门下又有两大弟子:康有为和简朝亮。故梁启超《近代学风之地理的分布》云:"道咸以降,粤学乃骤盛。《国粹学报》由邓实、黄节主编,得到章太炎、刘师培大力支持。其中以刘师培撰文最勤。刘师培出仪征传经世家,可以说是扬州学派的殿军人物。扬州学派的中坚人物为阮元。阮元曾以官员身份先后在岭南和浙江兴学,西湖中有一景,曰阮公墩,即纪念此公。"

史语所与史语数

近日过目之书为梅文鼎的《勿庵历算书目》，江永的《翼梅》《戴震全集》
（二），李俨的《中国算术史》《中国数学大纲》《中算史论丛》，田淼的《中国
数学的西化历程》，克莱因的《西方文化中的数学》等。突然想到，罗素与泰
戈尔在民国年间先后造访中国，想必泰戈尔的风光是要远盖过罗素的。又据说
当年徐志摩留学剑桥，是冲着罗素去的，可惜罗素先一步离开了康桥，才有了
诗人徐志摩，而不是哲学家徐志摩。这个说法的可信度，权且不论。但真要一
个诗人去面对数理逻辑，一定是个灾难！真正继承罗素衣钵的，实际上是徐志
摩的"同情兄"金岳霖。林徽因既没有嫁给热情似火的诗人，也没有嫁给理性
十足的哲学家，而是嫁给了在艺术与数理之间寻找平衡点的建筑学家，说明诗
人与哲学家各自生活在人的精神世界的两极。有点八卦，还是打住。

当年傅斯年创办历史语言研究所，希望借西方新观念以及新出的材料，重
振中国古老的历史学与语言学。在他的《历史语言研究所工作之旨趣》一文
中，不仅将老派的章太炎之流骂为"人尸学问"，而且高呼："一、把些传统的
或自造的'仁义礼智'和其它主观，同历史学和语言学混在一气的人，绝对不
是我们的同志！二、要把历史学语言学建设得和生物学地质学等同样，乃是我
们的同志！三、我们要科学的东方学之正统在中国！"可谓来势汹汹，英气

十足!

民国以来，治文史哲诸新进之士，虽言必称德、赛二先生，实则就知识结构而言，于赛先生的真面目真精神，恐也知之寥寥。中学为体，西学为用。赛先生来中国基本在技与器的"用"之范畴，从来进入不了道与理的"体"之范畴。民国搞文科的新进之士，实在不该破口大骂先贤国粹的，至少有清一代上自康熙下至布衣，对于赛先生是很下过功夫的。数学在清代之发达，从算术、几何、代数到微积分，一样也没落下。若民国的新进之士，像梅文鼎、江永、戴震、焦循、汪莱、李锐、李善兰、华蘅芳一样，将数学的传统继承下来，想必要创办的或不是"历史语言研究所"，而是"历史语言数学研究所"。

阮元《畴人传·戴震》云："九数为六艺之一，古之小学也。自暴秦焚书，六经道湮。后世言数者，或杂以太一三式占候卦气之说。由是儒林之实学，下与方技同科。是可慨也！"千年之叹，又可证虚玄当道，而道术为天下裂久矣！真正应了那句话：信言不美，美言不信！

《古史辨》与《大公报》文学副刊

查目录，《古史辨》共出七册。分别由顾颉刚、罗根泽、吕思勉、童书业等辑成（按：第一至三册和第五册由顾颉刚编辑，第四、六册由罗根泽编辑，第七册由吕思勉、童书业合编。共收入20世纪二三十年代学界重要文章350篇，计325万字）。其中第一至五册由自筹资金的朴社印出。第六至七册由开明书店印出。

"古史辨派"历经近20年，涉及经、子、史三大领域，代表了20世纪20—30年代新的学风，即由信古而疑古。

关于"古史辨派"当中傅斯年、顾颉刚与胡适的治学路子，钱穆《八十忆双亲　师友杂忆》有所辨析，"时傅斯年孟真主持中央研究院历史语言研究所，亦自广州迁北平。孟真与颉刚虽一时并称适之门下大弟子，但两人学术路向实有不同。颉刚史学渊源于崔东壁之《考信录》，变而过激，乃有《古史辨》之跃起。然考信必有疑，疑古终当考。二者分辨，仅在分数上。如禹为大虫之说，颉刚稍后亦不坚持。而余则疑《尧典》，疑《禹贡》，疑《易传》，疑老子出庄周后，所疑皆超于颉刚。然窃愿以考古名，不愿以疑古名。疑与信皆须考，余与颉刚，精神意气，仍同一线，实无大异。而孟真所主，则似尚有迥异于此者。如其以历史语言二者兼举，在中国传统观念中无此根据。即在西方，亦仅德国某一派之主张。大体言之，西方史学并不同持此观念。其在中国，尤属创新。故在其主持之史语所，其时尚仅有地下发掘与龟甲文研究两门，皆确然示人以新观念，新路向。然孟真心中之史学前途，则实不限于此两者"。又称，"适之于史学，则似徘徊顾刚孟真两人之间。先为《中国大史学家崔东壁》一文，仅成半篇。然于顾刚《古史辨》则备致称许。此下则转近孟真一边。故北大历史系所定课程似先注意于断代史"。

《古史辨》之前影响最大者，乃20世纪初由刘师培、章太炎等组成的"国粹学报派"，但学术思想尚在传统经学的范畴，基本未出信古的樊篱。《古史辨》曾发表胡适《诸子不出王官》一文，公然反对"国粹学报派"观点。

又1928年吴宓编辑《大公报·文学副刊》，得意门生张荫麟（其才干深得梁启超赏识，与钱锺书有南能北秀之称，可惜天妒其才，英年早殇）几度撰文，反驳"古史辨派"观点，颇有影响，或以为近于冯友兰所谓"释古"一派。此也吴、胡之争一余波。1934年文学副刊由杨振声、沈从文接手（按：吴宓退出文学副刊原因，可参见钱穆《八十忆双亲 师友杂忆》），走新文学的路子，意味着胡适的新文学派成功挤兑了吴宓一派。其后吴门另一干将贺麟倡导《宋儒的思想方法》，与胡适的《清代学者的治学方法》大相异趣，并与张荫麟一起假《思想与时代》为阵地，大有复兴宋学之势。此也可视为民国时期汉宋之争的缩影。

附：钱穆《八十忆双亲 师友杂忆》

余亦因锡予识吴宓雨生。彼两人乃前中大同事。余在清华兼课，课后或至雨生所居水木清华之所。一院沿湖，极宽适幽静。雨生一人居之。余至，则临窗品茗，窗外湖水，忘其在学校中。钱稻孙与余同时有课，亦常来，三人聚谈，更易忘时。雨生本为天津《大公报》主持一文学副刊，闻因《大公报》约胡适之傅孟真诸人撰星期论文，此副刊遂被取消。雨生办此副刊时，特识拔清华两学生，一四川贺麟，一广东张荫麟，一时有二麟之称。贺麟自昭，自欧留学先归，与锡予在北大哲学系同事，与余往还甚稔。荫麟自美留学归较晚，在清华历史系任教。余赴清华上课，荫麟或先相约，或临时在清华大门前相候，邀赴其南院住所晚膳。煮鸡一只，欢谈至清华最后一班校车，荫麟亲送余至车上而别。

《休宁金氏族谱》

《休宁金氏族谱》，江都金门诏撰，鄂尔泰、张廷玉乾隆元年序。

据金门诏《重修族谱序》，"予家自先秅侯曰磾公"，"昆弟子孙，同袭侯封，世名忠孝，……望于京兆"。其后迁徙简述如下：

九世祖珍公，"遂家南阳"，"凡一百五十余年，五世同居，世称义门金氏"。

十七世道震公，遂家建康，为南阳迁建康之始，时在晋咸宁中。

二十六世简公，遂家苏州，为建康迁苏州之始，时在唐贞观中。

二十九世仑公，主桐庐簿，为苏州迁桐庐之始，时在唐开元中。

三十五世武显公，唐僖宗时仕淮南都统司护军戟符，己亥破黄巢，屡捷，转兵马使。生博道公兄弟三人，伯曰明道，仲曰载道，公其季也。自桐庐迁休宁自博道公始也。

江都金门诏为六十六世。

又，金门诏（1673—1751年），清藏书家、史志目录学家。字轶东，号东山。江都（今江苏扬州）人。乾隆元年（1736年）进士，授翰林兼明史三礼馆纂修，任寿阳知县。家有藏书楼"二酉山房"，治史尤勤。深感辽、金、元三史无艺文志，对研讨学术源流颇有不便，在乾隆中，卢文弨提出补志，分为《宋史艺文志补》《补辽金元史艺文志》，他对前诸史悉加补订。取三史所载，旁收博采，合为一志，名曰《古今经籍志》，收书1000余家，近万卷。著作有《金东山文集》十二卷。卷一为明史经籍志叙录，卷二为明史传总论，卷三为补三史艺文志，卷四为读史自娱，卷五至九系各体自著，为杂文体。

《彭城金氏宗谱》

　　暑期返乡，携《彭城金氏宗谱》归。稍事排比，知吾为匈奴休屠王子、汉侍中秅侯金日磾公第88代后裔。然事无详载，考无可考，唯姑妄听之。宗谱收《金氏家藏谱序》，乃嘉靖甲子岁（1564年）会稽陶大临所作。其云：

　　　　嘉靖丙辰（1556年）春，予与达公、瓯公同登进士榜。追叙同年齿录，一系浮梁人，一系六安州（今安徽六安）人。予见其同姓而居异，问其所分，皆未之答。及二兄退，各究源流，犹知六安州即浮梁县羊九源之分。羊九源则达公所居之英溪（浮梁黄墩英溪）。于是达公与瓯公曰："世有一姓，而觌面不相识者，由于宗谱不修，变迁靡常，以至缌公（疑为"功"字之误）之亲，未尽相识，视为途人也。余与弟俱幸登第，其于祖功宗德，世代源流可自吾辈而失哉？"

　　此也吾所见最早之宗谱记载。所记乃修谱之缘起，时在明代嘉靖年间。《青山金氏重修家谱序》（作于乾隆二十七年，1762年）亦云："其族之谱，一修于明之嘉靖，再修于万历壬申（1572年）。"

　　又据《童陵金氏重修祖谱源流序》（嘉靖三十六年1557年，德兴鸿源戴儒拜撰），本支繁衍秩序如下：

　　　　第50代世祖金日安（浮梁县令）

第51代世祖金叔迟（浮梁县令）

叔迟长子可灿（大理评事；石岭腾溪建德之祖）

可灿季子汝臣（新建县骑都尉）

汝臣孟子君杰（兴国州通判）

君杰曾孙秉彝（同"彝"）公（第57代）

秉彝公子西隐公（第58代，元国子监博士）

西隐公子槐卿公（明洪武信州儒学教谕）

槐卿公子伯埙公（第60代）

伯埙公生子八：良迪、进、侃、佐、仲、毂、佑、英。

西隐公九阳先生乃童陵（鄱邑童子渡）金氏之始祖。据《彭城金氏宗谱》云，"吾宗本新安金氏，……日安公之后"。

又，宋代《金氏文集》作者金君卿，也见于《彭城金氏宗谱》，为秺侯第55代后裔。《曾巩集》内收《卫尉寺丞致仕金君墓志铭》一文。其云："金氏，或曰出少昊金天氏，或曰出汉侍中秺侯。秺侯传至孙则亡，至曾孙复侯。而秺侯有弟伦，伦子若孙，四世六人，皆侍中，以忠孝名尊显于世，世称金氏云。"所记当出自《史记·匈奴列传》《汉书·金日磾传》。其又云："至君之先，皆家京兆。唐僖宗时，有令浮梁者，遭黄巢乱，徙人筑险自保，所活人以数万，因留治之，凡十有七年，遂家浮梁，以功至检校尚书、右仆射、昭信军节度使，讳某，君曾祖也。子讳某，君祖也。"据《彭城金氏宗谱》记载，该浮梁令即金氏第五十世祖金日安（宗谱所记金日安事迹，即出自曾巩《卫尉寺丞致仕金君墓志铭》一文）。安公弟：日迁、日进、日升。均有功名。其中日进公为南唐状元。日安公子四：叔彦、叔虔、叔润、叔迟。其中叔迟"迁槐里开基创业而家焉"，"着族于三槐"。此第五十一世祖。第五十二世祖为可字辈。第五十三世祖之一纯臣公，字温舆，即君卿公之父。据谱，"亲家彭汝砺状元作（君卿公）墓志"。

《金氏文集》

据家谱记载，本族金氏乃宋代自浮梁瑶里迁入。苦于先祖不显，文献不载，一直无法考证其迁徙始末。读《曾巩集》，内收《卫尉寺丞致仕金君墓志铭》一文。其云："金氏，或曰出少昊金天氏，或曰出汉侍中秅侯。秅侯传至孙则亡，至曾孙复侯。而秅侯有弟伦，伦子若孙，四世六人，皆侍中，以忠孝名尊显于世，世称金氏云。"所记大概出自《史记·匈奴列传》《汉书·金日磾传》。其又云："至君之先，皆家京兆。唐僖宗时，有令浮梁者，遭黄巢乱，徙人筑险自保，所活人以数万，因留治之，凡十有七年，遂家浮梁，以功至检校尚书、右仆射、昭信军节度使，讳某，君曾祖也。子讳某，君祖也。"这段话提供了一点新鲜的内容，也大致能够从中理出一点眉目。

墓主讳某，字温叟，浮梁人。其子讳君卿，字正叔，尝读书浮梁山，登庆历进士。皇祐二年（1050年）官秘书丞。五年（1053年），官太常博士。尝与范仲淹、欧阳修、曾巩相唱和。曾巩称他"以材自起于贱贫，欲以其所为为天下，慨然有志者也"。有《金氏文集》行世。尝著《易说》《易笺》，但"今并不存，独有《传易之家》一篇"。

又，《金氏文集》收《吴司封墓志铭》，于鄱阳著姓吴氏（出自吴芮）有所交代。

附:《四库总目提要·金氏文集》

《金氏文集》·二卷(永乐大典本)

　　宋金君卿撰。君卿字正叔,浮梁人。《江西通志》载:"君卿登庆历进士。累官知临川,权江西提刑。入为度支郎中。"洪迈《夷坚志》载"君卿读书浮梁山"一条,称其"策高科,历郡守,部使者,积伐至度支郎中"。与《通志》相合,然亦不详其事迹。考曾巩《元丰类稿》有《卫尉寺丞致仕金君墓志铭》一篇,乃为君卿父温叟而作。称温叟四子,君著、君佐、君卿、君佑,皆举进士。君卿以皇佑二年官秘书丞,五年官太常博士,得以褒崇其亲。其叙述颇详。又称君卿"方以材自起于贱贫,欲以其所为为天下,慨然有志",则其人亦非碌碌者也。《宋史·艺文志》载《金君卿集》十卷,《江西通志》作十五卷。考《永乐大典》载是集,有富临原序一篇,称临川江明仲求遗稿,编成十五卷,号《金氏文集》。则《宋志》称十卷者误矣。原本久佚。今掇拾《永乐大典》所载,仅得十之一二。然北宋文集,传者日稀,此本尤世所罕见。残珪碎璧,弥少弥珍。谨以类编次,分为上、下二卷。集中所作,有文彦博、韩琦《生日诗》,《范仲淹移镇杭州次韵诗》,和欧阳修《颍州西湖》及《芍药》二诗。是君卿所与游者,皆一代端人正士。故诗文皆清醇雅饬,犹有古风。陈灾事、贡举诸疏,剀切详明,尤为有裨世用。又如《和介甫寄安丰张公仪》一首,即用《临川集》中《安丰张令修芍陂》之韵。而据君卿诗知张宇为公仪,为李壁注所未引。又《和曾子固直言谏官者》一首,检《元丰类稿》无其原唱,知此篇为巩所自删。亦均可互资考证。富临序称君卿长于《易》,尝著《易说》、《易笺》。今并不存,独有《传易之家》一篇,具载传授本末,疑即《易说》前所载之叙录。今既无可考,姑并附于集末焉。

月下江西

一

早年读《世说新语》，心神向往魏晋名士风流之余，因故里在江西，又特别摘录几则"豫章太守"的条目。计有殷洪乔、顾劭、谢鲲、韩康伯、梅颐等，无不当世名流。他们的走马豫章，实则为"名士江西"平添了一番佳话。"殷洪乔作豫章郡，临去，都下人因附百许函书。既至石头，悉掷水中，因祝曰：'沉者自沉，浮者自浮，殷洪乔不能作致书邮。'"即为著例。殷洪乔还是韩康伯的舅公，后者曾与王弼一起注《周易》，时人评价，"门庭萧寂，居然有名士风流"。顾劭为顾雍之子。当年蜀中名士庞统庞士元至吴，吴中士子以其善相，份至交结。"庞士元至吴，吴人并友之。见陆绩、顾劭、全琮，而为之目曰：'陆子所谓驽马有逸足之用，顾子所谓驽牛可以负重致远。'或问：'如所目，陆为胜邪？'曰：'驽马虽精速，能致一人耳。驽牛一日行百里，所致岂一人哉？'"顾劭自己也当面讨教过，庞统答曰："陶冶世俗，与时浮沉，吾不如子；论王霸之余策，觉倚仗之要害，吾似有一日之长。"至于谢鲲，作为权极一时的世家子弟，更是当仁不让。当年明帝问谢鲲："君自谓何如庾亮？"答曰："端委庙堂，使百僚准则，臣不如亮；一丘一壑，自谓过之。"。

正因了这几则条目，也就有了一个闲谈的话题。那就是"豫章太守"与"名士江西"。单是一篇《滕王阁序》就足使一个不尽天年的诗人流芳千古，也使古老的豫章城一时间名满天下。如果说"落霞与孤鹜齐飞，秋水共长天一色"这一联句，不仅是这位不幸诗人生命中的绝唱，也是诗歌史上一桩千古的佳话，那么"物华天宝""人杰地灵"的赞誉就不能不说是诗人曲意奉承的夸饰之词。纵使诗人才高，也只能拿一个子虚乌有的典故和一位不拘形迹的名士说事。反倒是"控蛮荆而引瓯越"的"蛮"，和"台隍枕夷夏之交"的"夷"一语道破了豫章地处中原边缘的实情。一篇应景之作，曾使古往今来多少人长哦动情，只不过有人是为诗文叫好，有人是在为景致喊绝。相信从人才荟萃的长安而来的诗人，有心赞扬美景是真，而要把一位隐士誉为"人杰"却实在是无奈之举。因为这根本就是一个只适宜息影山林、醉心田园的边地。"睢园绿竹，气凌彭泽之樽；邺水朱华，光照临川之笔。"诗人尽管想网罗与唐代地域相称的江西历史名流，但毕竟只有徐孺子和陶渊明这两位隐居名士可以入选。而如果说曾在临川做过一段时期内史的谢灵运只是拉来应景的装饰，那么所谓的"孟学士"与"王将军"之流则要算是充数的陪衬了。无意之中，年轻的王勃为江西文化的边缘性与隐逸性特征做了一次才子气十足的总结。

"人杰地灵，徐孺下陈蕃之榻。"只此一语，微言大义，道出了汉魏两晋时期的江西名士会聚的特点，而为此提供大量佐证的记载则见于南朝人刘义庆编撰的《世说新语》。其中关于陈蕃与徐孺子的交往故事也是另有佳话：

> 陈仲举言为士则，行为世范，登车揽辔，有澄清天下之志。为豫章太守，至，便问徐孺子所在，欲先看之。主簿白："群情欲府君先入廨。"陈曰："武王式商容之闾，席不暇暖。吾之礼贤，有何不可！"

那么陈蕃是何许人也？陈蕃，汝南人氏。据《后汉书》记载，他年少时常常把自己关在一间房子里，庭室杂乱污秽不堪。客人来访，就问他："孺子何不洒扫以待宾客？"他回答："大丈夫处世，当扫除天下，安事一室乎！"那时他才15岁，由此被当时的人认为有清世之志。后来果然官至太尉，和颍川李元礼并重于世，因为一起反对阉党擅权，而深得太学生的拥戴。

> 汝南陈仲举，颍川李元礼二人，共论其功德，不能定先后。蔡伯喈评之曰："陈仲举强于犯上，李元礼严于摄下，犯上难，摄下易。"

所以仲举在"三君"之下，元礼居"八俊"之上。陈蕃生性方峻不接宾客的事实在《后汉书》上也是有所记载的。当他因为忤犯权贵被贬来豫章后，与徐孺子有着不同寻常的交往，自然属于破例破格之举，成为当世的美谈，也为后世树立风范。《三国志·吴书》记载，顾劭出任豫章太守，首先祭拜的就是徐孺子墓。

> 邵字孝则，博览书传，好乐人伦。少与舅陆绩齐名，而陆逊、张敦、卜静等皆亚焉。自州郡庶几及四方人士，往来相见，或言议而去，或结厚而别，风声流闻，远近称之。权妻以策女。年二十七，起家为豫章太守。下车祀先贤徐孺子之墓，优待其后；禁其淫祀非礼之祭者。

又据《南史》记载，另一位豫章太守王纶之（左光禄大夫王敬弘之曾孙），"为政宽简，称良二千石"（钱穆《中国历代政治得失》："汉代郡长官叫太守，地位和九卿平等，也是二千石。不过九卿称为中二千石，郡太守是地方上的二千石。"）。

> 齐永明中，历位侍中，出为豫章太守。下车祭徐孺子、许子将墓，图画陈蕃、华歆、谢鲲像于郡朝堂。

"豫章太守"就这样与"名士江西"紧紧联系在了一起，也成就了一桩桩礼贤下士的佳话。比如前文提到的韩康伯，在豫章任上便与另一位垂留名士风范的人物范宣交好。范宣是一位精于《礼经》的隐士。根据他的传记（《晋书》卷91），他应该属于正统的儒家，反对研究《老子》和《庄子》。他和徐孺子一样，尽管隐居在江西豫章，名望却远播中原，以至当时身在许昌、洛阳游学的21岁的慧远产生了南来追随范宣的想法。虽然当时因为战乱暂未成行，但也为慧远最终在庐山创立净土宗建立了一种难解的缘分。关于范宣的德行与操守，《世说新语》里的两则记载显得很有意思，甚至可以说固执得可爱。当然都与韩康伯礼贤下士有关。

> 范宣未尝入公门。韩康伯与同载，遂诱俱入郡，范便于车后趋下。

> 宣洁行廉约，韩豫章遗绢百匹，不受；减五十匹，复不受。如是减半，遂至一匹，既终不受。韩后与范同载，就车中裂二丈与范，云："人宁可使妇无裈邪？"范笑而受之。

显然，"豫章太守"与"名士江西"是一个难以道尽的话题。另一个关于"豫章太守"的话题则得从王纶之为何祭许子将墓说起。"吴兴沈季，吴天纪二年，为豫章太守。白日，于厅上见一人，着黄巾练衣，自称汝南平舆许子将，求改葬，倏然不见。季求其丧，不知所在。遂招魂葬之。"（《太平广记》卷第三百一十七）事出《豫章记》。相似的记载早自汉代就已盛传。"巴使徐州还，再迁豫章太守。郡土多山川鬼怪，小人常破赀产以祈祷。巴素有道术，能役鬼神，乃悉毁坏房祀，剪理奸巫，于是妖异自消。百姓始颇为惧，终皆安之。"（《后汉书》卷五十七）事另见《太平广记·神仙传》，冯梦龙《警世通言》第三十六卷《皂角林大王假形》也有演义。更称奇的是："汉武时，苍梧贾雍为豫章太守，有神术，出界讨贼，为贼所杀，失头，上马回营中，咸走来视雍。雍胸中语曰：'战不利，为贼所伤。诸君视有头佳乎？无头佳乎？'吏涕泣曰：'有头佳。'雍曰：'不然。无头亦佳。'言毕，遂死。"（《搜神记》卷十一）如此等等，说的还是"信巫鬼，重淫祀"的地方风气。

总之，两汉魏晋南北朝时的江西，既是隐逸时代的名士江西，也是巫鬼盛行的蛮荒江西。

二

当我们谈论汉末或魏晋时期的江西时，可能会为它高士隐逸的潜渊、清虚之风而激赏不已。但我们又不得不承认的是，它所体现出来的更多的还是那个时代的士子逃祸避乱的末世心理，终究掩饰不了地域的政治文化的边缘性质。直到北宋，江西士子才以积极入世的态度，为江西文人步入政坛赢得了声誉。这就是我们所熟悉的以晏殊、欧阳修、王安石等为代表的北宋政治名流。

首先值得骄傲的是，江西士子步入政治中心不仅代表江西的地域身份，更是代表整个南方。钱穆在《国史大纲》"新旧党争与南北人才"中有详尽论述。相对大一统的中国历史文化而言，政治一直就是以北地为中心，文化也一直以北地为正统。偶有政权南迁偷安，也属大厦将倾，去日不多矣。所以南人在政治上大凡难有作为，甚至连个像样的机会都没有。北宋开始重用南人，有两方面的原因。其一，世袭门阀制度渐次破坏，北宋承前制科举取士，像范仲淹、欧阳修这样的寒士也就有了机会。其二，宋太祖"黄袍加身"，天下取之不义，害怕手下效仿，所以"杯酒释兵权"，开始走文治的道路。用钱穆先生的话说，"宋朝养士经历百年之久，终于要收到他的成效"，所指即为庆历、熙宁年间由范仲淹、王安石领导的变法。

相传宋王朝有不可使用南人的遗戒，这导致在使用南方士子的问题上，常起争议。景德元年（1004年），晏殊以神童荐，与进士千余人并试，赐同进士出身，就因为他是"江外人"而遭到宰相寇准的反对。后真宗欲立王钦若（江西清江人）为相，也遭到大臣王旦的极力阻拦。他的理由是，"臣见祖宗朝未尝有南人当国者"。王旦死后，王钦若还是当上了宰相，戏言"为王公迟我十年作宰相"。反对归反对，在国家急需用人的情势之下，南人尤其是江西士子很快走上了政坛高位。王钦若尽管也当过宰相，甚至在时间上更早，但真正形成巨大影响并带来良好声誉的江西政治名流，还得属晏殊、欧阳修和王安石。

晏殊（991—1055年），江西临川人，有"富贵闲人"之称。宋史记载，晏殊一生富贵闲适，雅好宾客。《示张寺丞王校勘》云："元巳清明假未开，小园幽径独徘徊。春寒不定斑斑雨，宿醉难禁滟滟杯。无可奈何花落去，似曾相识燕归来。游梁赋客多风味，莫惜青钱万选才。"晏殊以汉代梁孝王自诩，想象着宾客中有如司马相如、枚乘之才的名流出入相府，显示了一派不惜金钱、广罗天下人才的宰相风范。王勃所谓："睢园绿竹，气凌彭泽之樽；邺水朱华，光照临川之笔。"其中的睢园即汉梁孝王的菟园，其地多竹，又名竹园，是当世文人雅聚、饮酒赋诗之地。晏殊的文才无须赘述，而说到他的政治才能，主要在于知人善用。宋史称，"殊平居好贤，当世知名之士，如范仲淹、孔道辅皆出其门。及为相，益务进贤材，而仲淹与韩琦、富弼皆进用，至于台阁，多一时之贤"。

其实范仲淹还年长晏殊两岁，只不过比起少年得志的晏殊来就出道晚了而已。"晏殊知应天府，闻仲淹名，召寘府学。上书请择郡守，举县令，斥游惰，去冗僭，慎选举，抚将帅，凡万余言。服除，以殊荐，为秘阁校理。"可见，正是在晏殊的赏识、奖引之下，范仲淹才一步步走上仕途。至庆历三年（1043年），晏殊为相，范仲淹已官至参知政事，推行了北宋历史上第一次大的改革，史称"庆历新政"。发现和使用范仲淹，可以说是晏殊在政治上最得意的手笔。而作为回报，范仲淹也发现了一个人才，他就是富弼。"富弼，字彦国，河南人。初，母韩有娠，梦旌旗鹤雁降其庭，云有天赦，已而生弼。少笃学，有大度，范仲淹见而奇之，曰：'王佐才也。'以其文示王曾、晏殊，殊妻以女。"

这也等于是范仲淹为晏家选了一个乘龙快婿。

另一个得到晏殊提携的是欧阳修（1007—1072年）。欧阳修，庐陵人。四岁而孤，随母学，家贫，至以荻画地学书。幼敏悟过人，读书辄成诵。后得唐韩愈遗稿于废书箧中，读而心慕焉。苦志探赜，至忘寝食，必欲并辔绝驰而追与之并。及举进士，从尹洙、梅尧臣游，遂以文章名冠天下。入朝，为馆阁校勘。

欧阳修比起晏殊来，晚了一辈。他在《六一诗话》中称："晏元献公文章擅天下，尤善为诗，多称引后进。"表达的是知遇之感。晏殊曾经为了提拔欧阳修而招致异议，遭坐贬外放。"殊出欧阳修为河北都转运，谏官奏留，不许。孙甫、蔡襄上言：'宸妃生圣躬为天下主，而殊尝被诏志宸妃墓，没而不言。'又奏论殊役官兵治僦舍以规利。坐是，降工部尚书、知颍州。"又因为同出晏殊门下的缘故，欧阳修与范仲淹订交。"时吕夷简执政，进用者多出其门。仲淹上《百官图》，指其次第曰：'如此为序迁，如此为不次，如此则公，如此则私。况进退近臣，凡超格者，不宜全委之宰相。'"后又在言语上屡屡冲撞这位当时最得势的宰相，结果招贬外放饶州。欧阳修与尹洙、余靖等群起鸣不平，也被贬，因此作《朋党论》。所谓"君子以同道为朋，小人以同利为朋"云云。后范仲淹转任陕西，举荐欧阳修出掌书记，被他笑而辞谢："昔者之举，岂以为己利哉？同其退不同其进可也。"应该说，由晏殊而范仲淹，继而欧阳修，代表着一股新兴政治力量的形成。朋党之论的背后，隐藏的也正是北宋政治的静水深流。它最直接的后果就是"庆历新政"。新政的推行，也就意味着"新党"的胜利。"庆历三年，知谏院。时仁宗更用大臣，杜衍、富弼、韩琦、范仲淹皆在位，增谏官员，用天下名士，修首在选中。"这是否是新一轮任人唯亲"百官图"的开始呢？钱穆《国史大纲》有论："时称任用谏官、御史，必取天下第一流。非学术才行具备，为一世所高者，莫在此位。"观《宋史·欧阳修传》，当名副其实。

由此而走向政治高位的欧阳修，同样继承了晏殊"称引后进"的风范。"奖引后进，如恐不及，赏识之下，率为闻人。曾巩、王安石、苏洵、洵子轼、辙，布衣屏处，未为人知，修即游其声誉，谓必显于世。"很快以他为中心形成了又一轮新兴政治力量。但世事总难料，所谓三十年河东三十年河西。当他的同乡王安石变法时，他已走向对立面。"欧阳修乞致仕，冯京请留之，安石曰：'修附丽韩琦，以琦为社稷臣。如此人，在一郡则坏一郡，在朝廷则坏朝廷，留之安用？'"此为后话，当另成专文。因为王安石之最终走向政坛高位，借重的是北方巨室韩、吕的力量，演绎的是另一种政治风流。最后想补充一点，欧阳修虽以诗文名动天下，但在文章与政事之间，还是以政事为先。"方贬夷陵时，无以自遣，因取旧案反覆观之，见其枉直乖错不可胜数，于是仰天叹曰：'以荒远小邑，且如此，天下固可知。'自尔，遇事不敢忽也。学者求见，所与言，未尝及文章，惟谈吏事，谓文章止于润身，政事可以及物。"可为借鉴。

史学江西

按：钱锺书在日本演讲《诗可以怨》，顺口讲了一个"他发明了雨伞"的意大利笑话。大意是有个没见过世面的人，在路上遇到下雨，急忙将手里拿着的一根棒撑起一块布，居然也顺利到家。他很得意，觉得这个法子应该公之于世，便夹棒带布赶到城里，申请他的发明专利。专利局里的职员听他说明来意，哈哈大笑，拿出一把雨伞来。其实我辈读书，不务正业，大致也在"把棒撑布"之列。固然无知，却亦无畏。

一

前日购《欧阳修全集》6册、《曾巩集》2册。

读吴怀祺《中国史学思想通史·宋辽金卷》，内收一篇附论浙东史学、蜀中史学、江西史学的文章。言及刘敞、洪迈于江西史学有功，特点是一博，二精。又读余嘉锡《四库提要辨证》，方知《隆平集》作者曾巩也在史家之列。加上私撰五代史记的欧阳修，江西史学在宋代可谓盛极一时。其中尤以刘敞博学善疑而名于当世。著有《公是集》54卷，又有《春秋权衡》《七经小传》《公是先生弟子记》等。欧阳修评价他，"自六经、百氏、古今传记，下至天文、地理、卜医、数术、浮图、老庄之说，无所不通。其为文章，尤敏赡"（《集贤院学士刘公墓志铭》)。吴曾《能改斋漫录》也记载，"国史云：庆历以前，学者尚文辞，多守章句注疏之学，至刘原父为《七经小传》，始异诸儒之说。王荆公修经义，盖本于原父云"。

公是先生有《疑礼》一文，说"今之礼，非醇经也"，乃"圣人之徒合百说而杂编之"。朱子言："江西士风，好为奇论，耻与人同，每立异以求胜，如荆公、子静。"也非全出自偏见。欧阳修疑《易》，公是疑《礼》，便是著例。

<h1 style="text-align:center">二</h1>

难得无事。为学生写论文审查意见毕，乃读《四库提要辨证》遣日。

欧阳修奉敕重修唐书，较之旧书，事增文省。其中旧唐书承骈俪之遗绪，叙事烦冗，与宋士重质简古文不合。宋祁云："文有属对平仄用事者，供公家一时宣读施行似便快，然不可施于史传。"对偶之文能否入史策，自新书出褒贬不一。此名为史法之争，实也古文与骈文之争也。又，欧公《集古录》为金石学之祖。自称"吾家藏书一万卷，集录三代以来金石遗文一千卷"。洪适则有《隶释》，荟萃汉隶，"译其文，又述其所以然"。

温公修通鉴，甚得江西二刘之力。新喻刘攽（刘敞弟）辅修两汉之史，筠州刘恕辅修南北朝。其中筠州刘氏，一门三代，俱有高名于世。祖刘涣（疑之），"年四十，挂冠隐庐山"，与陈舜俞乘犊往来山中。黄庭坚言其"依于庄周、净名之间"。子刘恕（道原），博闻强记。司马光称赞他，"坐听其谈，滚滚无穷，上下数千载间，细大之事如指掌，皆有稽据可验"。孙刘羲仲（奥壮），慕唐元结高名，自号漫浪翁。著有《通鉴问疑》，"衷录恕与光往还论难之词"。宣和初，官于京师，修道教史。吕本中《师友杂志》称，与其"日相问讯"。

《庐山记》与《庐山志》

（宋）陈舜俞《庐山记》，刘涣序；

（民国）吴宗慈《庐山志》，陈三立序，章太炎题辞（有"求仕不获无足悲，求隐而不得其地以自审者，毋乃天下之至哀欤！"句）。

附：陈三立公20世纪30年代曾隐居庐山，筑"松门别墅"。又，在南昌西山有"崝庐"。崝，念zhēng，合青山二字之义。陈宝箴与黄夫人合葬于此。陈宝箴之死，《巡抚先府君行状》言"忽以微疾卒"，《史家陈寅恪传》采此说；另据近人戴明震之父远传翁（字普之）《文录》手稿记载："光绪二十六年六月二十六日，先严总兵（名闳炯）率兵弁从巡抚松寿驻往西山崝庐，宣太后密旨，赐陈宝箴自尽。宝箴北面匍伏受诏，即自缢。巡抚令取其喉骨，奏报太后。"[1]

陈宝箴父子当年在长沙推行新政，受戊戌事败牵累，同被革职，永不叙用，遂退居南昌西山。散原先生著《巡抚先府君行状》《崝庐记》二文，及吟西山崝庐诗数首，怀念先君，辞气哀痛异常，似有难言之隐情。由此推断，《文录》之记或可信。

---

[1] 宗九奇.陈三立传略［J］.江史文史资料选辑，1982（3）：100-105；孙老虎，胡晓明.孤儿·残阳·游魂：陈三立诗歌的悲情人格［J］.浙江社会科学，2005（1）：183.

陈寅恪自称"思想囿于咸丰同治之世，议论近乎湘乡南皮之间"，其实也是在为先祖辩护。《读吴其昌撰〈梁启超传〉书后》云："至南海康先生治今文公羊之学，附会孔子改制以言变法，其与历验世务欲借镜西学以变神州旧法者，本自不同。故先祖先君见义乌朱鼎甫先生一新《无邪堂答问》驳斥南海公羊春秋之说，深以为然。"说的就是"余家之主变法"思想源流，在郭嵩焘等之稳健派，而非康梁之激进派。一句话，陈宝箴因康梁事败而被慈禧太后赐死，实属冤屈！

附：

散原先生吟西山崝庐诗二首

崝庐述哀诗

平生报国心，只以来訾毁。

称量遂一施，堂堂待惇史。

惟彼夸毗徒，浸淫坏天纪。

唐突蛟蛇宫，陆沉不移晷。

朝夕履霜占，九幽益痛此。

儿今迫祸变，苟活蒙愧耻。

百哀咽松声，魂气迷尺咫。

由崝庐寄陈芰潭

分应亲故不相收，万口訾謷满嘲诮。

……

无何昊天示灾凶，坐使孤儿仆且叫。

抚学述略

　　"抚学"一词，出自《朱子语类》。所谓"抚学有首无尾，婺学有尾无首。禅学首尾皆无，只是与人说"，乃评象山（抚州金溪）之学耳。近读贺麟《王安石的哲学思想》，其言王安石的哲学思想，"以得自孟子、杨雄为最多，而与陆王的思想最接近"，且出发点为"建立自我"，作"立本、立大、务内之工夫"，"有开陆王的先河的地方"。此论为"心学"之渊源做一疏通，也为抚学引渡津梁。又，钱锺书《朱子论荆公东坡》，以为朱子好以荆公象山并举，"殊耐寻味"。似乎只注意到学争之意气。然于朱子言"江西士风，好为奇论，耻与人同，每立异以求胜，如荆公、子静"，这其中的学理并未措意深究。此也贺麟之文可观之处。

　　元代独尊朱子理学，姑置不论。明代王学则又复兴抚学。黄梨洲《明儒学案》谓："姚江之学，惟江右得其传。"这一结论，颇招异议。钱穆《略论王学流变》、牟宗三《王学之分化与发展》，均有商榷。牟宗三先生甚至大唱反调，以为"阳明后，唯王龙溪与罗近溪是王学之调适上遂者，此可说是真正属于王学者"。其推重浙中派泰州派，反以为"江右之双江与念庵则不得其门而入，恐劳扰攘一番而已"。罗近溪汝芳先生，乃泰州派王艮的隔传弟子（王艮—徐波石—颜山农—罗近溪），抚州南城人。临川汤显祖列其门下。黄梨洲"江右得其传"之论，实从师说。其师刘蕺山评浙中派"虚玄而荡"，又谓泰州派"情识而肆"。"临川四梦"之《牡丹亭》，大张"情教"，或可作"情识而肆"之注脚。

清之李绂（穆堂），"起于临川，确宗陆王"（刘师培《近儒学术统系论》）。作有《朱子晚年全论》，调和朱陆，可以说是抚学最后的作结人。

答南蛮书

　　昨日作游仙岩。上午往化成洞，观千年山茶花。傍晚逗留圣寿禅寺，
颇清静。

蛮兄道友：

　　仆自山中归来，得足下书质疑，故匆匆作答如下。

　　所谓"抚学有首无尾，婺学有尾无首。禅学首尾皆无，只是与人说"，原
只是朱子的讲词而已，或有可商榷处。大致说来，首，即头或本，指主旨精
神；尾，即末，指基础工夫。抚学立本、立大、务内，讲的是本心自得。其
首，就是本心，到王阳明那儿便成了良知。然其尾，也就是上手工夫方面，则
近似虚悬。类似"突然的当下的顿悟或触机""神契的经验""灵感的启示"。
苦于难入者，无工夫可下手，自然会觉得神龙见首难见尾。婺学，即吕学（吕
祖谦）或浙东史学，与陆学、朱学构成南宋三家之学。吕氏一门独得中原文献
传统，可以说是北学南渡的产物，开南方史学之先河。钱穆《象山龙川水心》
一文，以经学、史学为分界，辨析"抚学有首无尾，婺学有尾无首"，值得参
照。朱子又言："伯恭失之多，子静失之寡。"于婺学"有尾无首"，庞杂支离，
多有不满。而抚学之"有首无尾"，毕竟还是在理学"务求内本"的传统精神
里着意拓展。故钱穆认为，朱子"近象山远浙东"，"宁取抚学"。需要指出的

是，浙东史学在清代得一大发扬。尤其章学诚之《文史通义》，是对婺学的重要革命。尽除其庞杂支离之沉疴，可谓有尾又有首。而到了章太炎，其之《检论》《国故论衡》，则不仅为"浙东史学"殿后，也为"新史学"奠基。又，朱子以象山近禅病抚学，是攻其"尾"。

　　草草作复，未必尽意，但乞雅正。敬颂大安。

复友人书

小地方待得久，人本分，文局促。乡曲之士，怕是入不了阁下的眼。

整日在故纸堆里讨生活，若不是你提起，早忘了自己也是弄过文学的。前几年较闲，把周作人、钱锺书的书读了读，以为有点小小的心得。二位都是难得的一等一的人物，才学好，有见识，能总揽，也能细微。读其文如见其人，能写出这样文章的人，是越来越少了。读其书恨不能见其人，怕是不会有了。废名的学问不如他的老师，但悟性极高。在黄梅乡下撰写《阿赖耶识论》，在北大开讲《论语》，出入儒佛之间，近乎孟子说的"自得之，取之左右逢其源"，像是个有道之人。又，杨绛的"聪明挑剔"，是不是可以看作精明或城府？若非人情练达，是写不出《洗澡》的。《围城》与《洗澡》，借你的话说，大概是两个极"聪明挑剔"的南方人眼中的世界。它们的共同点，都是将人情世故里那一点可怜的小伎俩、小把戏，不留情面地拆穿了给人看。温情的东西，大概只能去《我们仨》里找。而即便是在这个相互依存相互赏识的三人世界里，也还是处处离不开女主人的精心打理与呵护的。南方人有精明的一面，也有温厚的一面。在我看来，温厚是人的本性，精明多是逼出来的。

至于你说的视读书如闲事，我早几年是有过的。但现在还是跑了出来寻不自在。要真正做个通脱的人总是很难的。废名算是个通脱之士，进过庙，坐过禅，但据说新中国成立后也是积极用世，很忙过一阵子的。

《书林秋草》

很偶然的一个机会，孙犁先生的《书林秋草》又被翻了出来。

《书林秋草》，三联书店1983年版，定价1.05元。扉页上题有书主的大名，可惜没记购书时间。从歪歪斜斜的签名上判断，估计是高中时期的收藏。大概也可以说，这是自觉购书的开始。犹记得1989年在广丰教育实习，曾一单买下《财主的儿女们》与《日瓦戈医生》两部皇皇巨著，让在旁的英文专业的师友好生诧异。那天是周末，阳光很好，逛过街后，还一道上信江边上走了走。

这些书其实早年都没有能力通读，只能说随手翻了翻，便扔到了一边。读《书林秋草》的记忆，仅停留在孙犁先生谈宗璞小说《鲁鲁》的那篇文章。这也可以说是为后来从事专业而埋下了一粒种子。而对于他的那些书话性质的文字，几乎就没有印象。现在有机会重读，自然多了几分亲切。这种亲切来自两个方面。一是温故，一是知新。就温故而言，书外的意义远胜过书里。而就知新言之，"书衣文录""耕堂读书记"，这些早年不知所云的文字，今天读来则别有兴味，甚至觉得不过瘾，将后来出版的《孙犁书话》也找来翻了一遍。读到感同身受处，难免有"只是当时已惘然"之恨。

孙犁先生读古书的因缘，固然是多方面的。认为自己不合时宜，当是其一。"进城"，是他笔下常用词。我以为，这也是他以及他的同道人之人生的一道分水岭。何日得闲，关于现代文人的"进城"心路历程是要写点文字的。"能安身心，其唯书乎？"其中的况味，断不是三言两语能够说得的。而于"随周读书"一节，耕堂老人与我不谋而合，又以为幸之甚矣。

《书林秋草》里，至今尚夹着一片银杏叶，色泽早已黯淡。这应该是当年从老家的芝山捡的。芝山山脚的那棵银杏树，很有年头，上面经常停着白色的鸟群。

怀良辰以孤往

晨起，想写篇废名的文章。搜索材料当中，还是禁不起诱惑，随性手谈了几局。午间，就着一碟花生、一盒方便面，喝半瓶红酒，重新下笔，犹是草草收场。很无奈。

从冯文炳到废名，是1926年的事。据《忘却了的日记》："从昨天起，我不要我那名字，起一个名字，就叫做废名。我在这四年以内，真是蜕了不少的壳，最近一年尤其蜕得古怪，就把昨天当个纪念日子罢。"所谓蜕变，不单是名字变了，写日记的行为也可以视为修身功课。将所谓"不洁净"的心理如实记录下来，当是一种生之体验，也借此缓解情与礼的冲突。废名将之公开发表在《语丝》上，并言"忘却了"，但愿读者不要如小和尚见老和尚背女人，迟迟"放不下"。他曾经说过：

> 孔子比后来儒者高明，常在他承认过失，他说"直"，而后来标"诚"，其中消息便可寻思。曰"克己复礼为仁"，曰"观过斯知仁"，此一个"礼"与"过"认识不清，"克己"与"仁"俱讲不好，礼中应有生趣，过可以窥人之性情。

又，废名喜欢陶渊明"怀良辰以孤往"的诗句。

见于自述一：

　　我还是从以前写《读〈论语〉》时的经验说起。那时我立志做艺术家，喜欢法国弗禄倍尔以几十年的光阴写几部小说，我也要把我的生命贡献给艺术，在北平香山一个贫家里租了屋子住着，专心致志写一部小说，便是后来并未写完的《桥》。我记得有一天我忽然有所得，暂我的书斋起了一个名字，叫做"常出屋斋"，自己很是喜悦。因为我总喜欢在外面走路，无论山上，无论泉边，无论僧伽蓝，都有我的足迹，合乎陶渊明的"怀良辰以孤往"，或是"良辰人奇怀"。不在家里伏案，而心里总是有所得了。而我的书斋也仿佛总有主人，因为那里有主人的"志"。

见于自述二：

　　我做学生并不用功。然而我并不因此可惜。我所受的教育完全于我无好处，只有害处，这是我明明白白地可以告诉天下教育家的。一直到在大学里读了外国书以后，我才明白我们完全是扮旧戏做八股，一脚把它踢开了。从此自己能作文，识道理，中国圣人有孔子，中国文章有六朝以前，而所谓古文是八股的祖宗。……只有"自然"对于我是好的，家在城市，外家在距城二里的乡村，十岁以前，乃合于陶渊明的"怀良辰以孤往"，而成就了二十年后的文学事业。

　　"怀良辰以孤往"的独特生命体验成就了他的《桥》。与《论语》里孔夫子的不世之"遇"则成就了他的《莫须有先生传》，周作人说它是"贤者语录"。这是他的文艺事业。而后返乡，在黄梅任教，可以说是知而行的结果。所以，他会说，"我喜欢读《论语》，觉得它是世界上一部最好的学校日记"，"我把孔子就当作我们学校的先生一般，孔门弟子便是我们学校里的学生"。有趣的是，陶渊明的诗在废名看来也不过是一部日记："一部陶诗是不隔，他好像做日记一样，耳之所见闻，心意之所感触，——以诗记之。"似有万般皆日常之意。

虚空的宿命

今春在绍兴，与某夜谈。感慨老庄一路的思想，虽圆融自转，实又跳脱不出虚空的宿命。老子五千文，庄列寓言，尽管妙不可言，但终归是空进空出，全无生气。玄思与文艺借此发达了，满足的也只是哲学家与文艺家的个体生命诉求，于生民的需要实在渺茫。汉末魏晋间，佛老相扇，玄学别出，儒法两家就再也收拾不住了。由此形成道教、佛教乘虚而入之局面。而经学一蹶不振，做了读书人呈才使气、竞奔利禄的工具，也正是在这样的背景下开始的。所幸在礼玄双修之士身上，还保留有一点根底在，尽管力量微末，总不至于让风气败坏到底。章太炎《检论·案唐》言："尽唐一代学士，皆承王勃之化也。……徒能窥见文章华采，未有深达要理、得与微言者。……若夫行己有耻，博学于文，则可以无大过，隋唐之间，其推《颜氏家训》也。"检讨的就是这段历史的后遗症。而到了理学出来收拾残局，已经元气大伤，底气不足，于事无补矣。

说到礼玄双修，犹记得曩日曾作一文《久不读书》，其中的一段话可以拿来做个印证：

先读十力语要，次读太炎文录。能为中国文化作一超悟神解者，舍太炎、十力二公或有他人在乎？二公肯定魏晋文化，着眼点都在玄言与六艺方技之相互扶持上。抑或暗合，抑或十力受太炎启发？太炎曰："夫经莫穷乎《礼》、《乐》，政莫要乎律令，技莫微乎算术，形莫急乎药石，五朝诸名士皆综之。其言循虚，其艺控实，故可贵也。……自唐以降，玄学绝，六艺方技亦衰。"十力也云"玄家逮于六艺"："名、数、礼典、音律、医术，精擅者亦众。工艺复极其巧。……然而初唐之盛未几，社会复归混浊，政治乱于武夫。六代已来之学艺，造端虽宏，至此而一切斩焉绝迹。"其结果，两宋学术虽宗主儒家，力图复兴，然受佛学影响太深，专求在反诸内心上下功夫，而六艺方技则沦落淫巧之列，有玩物丧志嫌疑。故文化逐渐走向偏枯，有若无源之水，宏阔不再。十力翁云："魏晋人上追晚周，派别却多。（后人提及六朝，便以清谈家了之，而不肯细察当时学术流别。）宋人比之，似觉规模狭隘。"

圣人情怀

美国人艾恺有本书，叫《最后的儒家：梁漱溟与中国现代化的两难》。原来手头有，可惜没怎么看，就弄丢了。没有怎么看的原因很简单，觉得梁漱溟太狂，太把自己当回事。圣人岂是什么人都可以做的？现在看来，不是梁先生太狂，而是当时自己太肤浅。那时候在读硕士，中专业的"毒"很深，一听人家谈儒家就肝火很盛，而脑子里能容得下的也只有一个钦定的"现代圣人"。其实梁先生是不是圣人并不重要，重要的是他有一腔救世情怀。孔门教人，也只是教人有仁者之心而已。

其实，民国时候有圣人情怀的人不少。所谓救民于水火之中，是仁人志士视为己责的。读熊十力的《新唯识论》、废名的《阿赖耶识论》，以及欧阳竟无的《孔学杂著》，都不难发现他们身上洋溢的救世热情。儒佛在民国甚至更早在清末的相互接引，在思想界是了不起的盛举，所以出来不少人物。我甚至认为，熊十力所造新论为何或许不重要，重要的是他何以要造新论。读他的语体本删定自序，便不难体悟到他忧世伤生的情怀。

读废名的《阿赖耶识论》，觉得他自许得道的样子很像个孩子。而卞之琳的《山山水水》（又名《水远山长》）中写到的洪先生，就是以废名做原型，却是高深莫测。卞之琳是废名的道友，所以对这个洪先生的形象充满好奇。可惜是个残稿，没有下文。其实要理解废名，可以看他如何讲《论语》。抗战结束后，废名在北大开过《论语》课。而周作人也说过，废名的《莫须有先生传》，可以认作"贤者的语录"来看。

一点缅怀

按：蒋兄电话告知许志英先生辞世消息。原本决意近期安心养病的我，闻讯后久不得平静，特辑录一点自己不成样子的文字以表缅怀。

一

2006年第四期《收获》上有许志英先生一篇回忆文章，名《东岳"五七干校"》。"文革"时期许先生在中国科学院（现中国社会科学院）文学研究所工作，和他一起下放的同事里，有前辈"钱半开"默存、养猪倌何其芳等。许先生所记，文字干净，亦庄亦谐。又以其中的几个段子颇为解颐，可入"新世说"。许先生是"文革"后来的南大，具体时间不清。我们进校是在20世纪90年代初，他正当着系主任。印象里许先生不苟言笑，望之俨然。不过听新来温州的苏博士讲，渐入晚景的许先生和气了许多，没事总爱往荟萃楼跑，找弟子吃美食聊天。他文章里的几个段子，大概就是在这么无拘无束当中聊出来的。许先生在文学研究所时，还不到30岁，有才子名，参与过唐弢主编的《中国现代文学史》的编写工作。而今一晃眼，离开金陵也已多年，犹清楚记得许先生吸纸烟、喝浓茶时极享受的样子。

二

当年求学金陵，听说南京大学是个名士气很重的地方，尚不以为然。拜读钱谷融先生的纪念文章《我的老师伍叔傥先生》，算是开了窍。听过一些段子，是关于已故现代文学研究专家邹恬先生的。邹先生学问好，现代文学方面的掌故，聊来如数家珍，但不怎么写文章。爱好游山逛水，看世界杯，属于述而不作的性情中人。他烟瘾很重，"文革"下放时穷，只能用报纸卷烟丝抽；恢复公职后，买的烟都有过滤嘴，他嫌不过瘾，就把过滤嘴掐掉，照样抽得如入仙境。又记得1993年听研究生课，许志英先生烟瘾最大，多抽555（三五），偶尔中华。甫一落座，顺手掏出烟盒放在桌上，一边讲，一边吸，丝丝有声，引得我辈当中的瘾君子一个个口水直流。许先生为人严谨，不苟言笑，但课间发现我辈也好这么一口，便会指指他面前的烟盒说：你们抽这个。我们那时在研一，还拘谨得很，没好意思动。后来不知因为何事，与蒋兄一起上许先生家拜访，发现许先生其实很健谈，人也随和，天南海北地聊了不少事。聊着聊着，开始还客气说不抽不抽的我们，就主动伸手从许老的烟盒里抽出一支，点着，一样地吸得丝丝有声。

德性、美趣与智悟之外

王弼注易，扫空象数，既复活了老庄之学，也为般若之学坦平道途。虚玄之风由此大兴。自魏晋玄学，而至隋唐禅学、宋明理学，其来也有自也。其间，义理之易最多发挥，也最难统一。而象数之易，与谶纬占术搅混在一起，则泥沙俱下，河清无日。易之不易，反成秘术。

中国学术经历两次西来思想融合，面目是宗教的，但融合之后的影响力却远远超过了宗教。就易学而言，释教西来，与儒道合流，开启义理之易新风；耶教西来，则中西历算争胜，不仅复兴了中国的古算之术，也为近代科学理性精神的输入打开了大门。梁启超在《中国近三百年学术史》中，于后者论之甚详，其功大焉！义理之易，在中古的时代得到了彰显与发扬。象数之易，则在近古的中国恢复了本来面目。中国近代学术思想史的发端，起自晚明可知也。

我辈读书，在佛学上不免要止步于法相唯识，在易学上则望洋兴叹于天文历算。前者的因明逻辑之学，与后者的古算，在中国均为偏门僻学，最不发达。相对而言，西方学术传统恰恰是最重视数理逻辑的。而所谓的西方哲学根本就是从数学起步的。这一点，罗素《西方的智慧》讲得很清楚。反观易学之所以成为秘学，其根本原因或在于象数真原——算术的湮没。易学之规模，凡立数、立象、立卦、立辞四大宗。数为根本，辞乃末属。数之根本不论，言辞焉有不浮夸荒诞之理？系辞云："是故君子居则观其象而玩其辞，动则观其变而玩其占。"玩辞与玩占的古训，终归是成就了一部盛产浮诞之文人与不经之占家的历史。在中国文化固有之德性、美趣与智悟之外，是不是也该多讲讲数理呢？在《大学语文》之外，何不开一门《大学数学》以供公选。李俨先生的《中国算学史》就很不错。

又，近来脑子里常常会想起两位我中学时代的老师。一位是数学老师，姓戴；一位是地理老师，忘了姓名，权称地师。戴师是北航的高才生，据说可以留在京城，不知缘何回了县城。以其之才，执教小小县中，着实委屈，但也实实在在泽及一帮乡里后生。戴师原本带的都是理科班，到了我们那一届，因为他女公子读文科，也就跟着屈尊枉驾。文科班多是些"玩辞"之人，数学底子很差。但两年下来，高考竟然多人拿了满分。这是做学生的福气，也是为师的恩泽。可恨我那年硬是鬼使神差，推错了一道最简单的算式，白白丢了十分，与大学擦肩而过。但也因祸得福，复读时能有幸聆听地师的课。地师与戴师年龄相当，六十上下，但风格迥异。戴师极严，平日里只见着他高视阔步，一副不怒自威的样子，难免要战战兢兢。地师则是个可爱的小老头，嗜烟如命，课堂上也是抽得嘶嘶响。复读前不逃数学课，也不敢逃。这种不敢逃的结果，就是为数学打下了一个不错的基础，以致复读时有资本大逃特逃。但地理课是个例外。非不逃也，实不舍也。诸如洋流、气压带、日期变更线等等，这些无影无形还变来变去的东西，我以前最怕。但从地师的嘴里讲出来，就像是变了一通戏法般，顿然清晰易晓。看到我们心领神会或惊讶不已的样子，他便抽空美美地吸口烟，难掩得意之色。慢慢地我才知道，地师乃军校出身，曾当过军需官。

20多年过去了。印象里，两位老师还是有一个共同点的。他们腰板都好，挺得直。底气是真足。

Imperfect Understanding

昨夜凯风邀往池上楼喝茶。五六个人聚在一起瞎聊，从六点开始，到十一点结束。平生第一次饮茶也这么有好兴致。坐在出租车上，想起流落京城的崔少与沪上的邓公，便有了如下文字。既谓不够知己，便请各位主人公担待。

那年初来温州，凯风、崔少和邓公，邀我一同拜见唐湜先生，顺道在松台山一带转了转。这是我第一次参观谢公的池上楼。那好像是在国庆之后，太湖边已经有了凉意，而温州似乎还停留在和煦如春的季节。我穿了件黑色的长外套，好像还系着领带，热得样子有点狼狈。我们一路聊着，像是比较投缘，不久就成了同事。处在同一个教研室，都喜欢把脚搁在桌子上聊天。

在我初期的印象里，崔少似乎是和海子联系在一起的。他写过有关海子的诗评。据说有次在酒吧里，他喝得酩酊大醉，竟然蹿上桌子，大声朗诵起海子的诗。想必诗人气很足。后来接触多了，发现他固然有着诗人非常纯粹的一面，其实更具有表演家的天分。那年春天，一道去楠溪江玩。他一路哼着《手机》里的主题歌，还把葛大爷接听手机的场景，模仿得惟妙惟肖。学范伟的那一段河南方言，也令人捧腹。

崔少写的诗，一直无缘拜读。但听过他讲课。他讲老舍的《断魂枪》，确实好，像一台精心准备的大戏。旁若无人的样子，似乎底下坐着的全是来捧场的观众。这一刻，他特别出彩。黄宗羲为柳敬亭作传云："每发一声，使人闻之，或如刀剑铁骑，飒然浮云，或如风号雨泣，鸟悲兽骇，亡国之恨顿生，檀板之声无色。"此正崔少风采。

在某种意义上，我觉得崔少不是一个适合离群索居的人。他非常需要观众，更需要一个纵情表演的舞台。他可以在生活中演着喜剧，也可以在课堂上演着悲剧。我的意思是，他不应该老待在京城的某个角落坐着冷板凳，茶山的戏园子里很久没有听到喝彩声了。

凯风与崔少同龄，尤喜茶，素有雅人之称。他身上所流露出来的闲雅老成之气，恰与崔少的率真顽性相映成趣。凯风喜茶，我好酒，一般情况下除了工作日，难得谋面。有几次因为公差，同往海宁、杭州，才渐渐有了一些深谈。他似乎是个与茶，与旅游，与林语堂，与十四行诗联系在一起的人物。

在海宁，他急于要去拜访的，是徐志摩故居与墓地。兴致盎然，流连忘返。在杭州，他除了领我去茶楼，就是上素菜馆，令我这个酒肉之徒叫苦不迭。凯风在杭州大学读过三年书，对杭城，对西湖有着难了的情缘。据他说，每年都要来此走上几回。西湖边的他，好似卞之琳笔下那个站在桥上看风景的人。他在乎的是眼中所看到的，并且沉醉在自己憬然冥想的世界里。这和他讲课的风格一样。听过凯风讲《边城》，娓娓道来，很唯美，不经意间便装饰了许多人的梦，尤其是女孩子的梦。

我总觉得，一个喜欢站在西湖断桥上看风景的人，内心里一定藏着某个前生的约定。昨晚刚从杭城归来的凯风，很急切地告诉我，西湖边新立了一座林徽因的铜像。我很茫然地问："林徽因和杭州有关系吗？"他笑着回答："林徽因出生在杭州。"

崔少与凯风，生在20世纪70年代初，属鼠。邓公和我，则生在60年代末，同属猴。要说起来，我们在如火如荼的年代里所做的那点事，他们还是从电视里看来的。只是他们没大没小的，从不把我们当老同志看待。我们把脚跷在桌子上，他们也跷，尤其崔少，跷得比我们还高。这情形常常引来路人侧目，很是不堪。但也因此招引得其他教研室的小字辈眼红得不行。他们不敢在自家放肆，便常跑到我们这边来跷足闲谈，确实聚了不少人气。

邓公在我们当中，是元老级的人物。他的冷幽默，与崔少的模仿秀，均独步天下。初来温州的时候，还在学院路。课间没少听邓公关于"勤俭楼"的苦难叙事，也就是关于九山湖边老校的掌故。据说那时候温州的大人吓唬女孩子的口头禅是：不好好读书，就嫁给温州师范学院的老师。此话虽当不得真，也足见那时候的日子不好活。

邓公以冷幽默方式讲的那些事情，说明我们与崔少、凯风活得不怎么一样。他们多半活的是激情与梦想，我们多半活的是阅历与承受。我与邓公最谈得来，有过多次联床夜话的经历，但真要落笔便没有了写的兴致。邓公像一部好的小说，以人物性格引人入胜。据说当年有痴情女子从上海追到温州，非他不嫁。他便从朋友那里借了点钱，陪女孩子上雁荡山玩，一路苦口婆心做思想工作，硬是把她劝回了头。邓公与崔少同出华师大，痴迷电影，人称"周里京"（电影《人生》的主演）。我以为，作为一名性格人物，他的故事应该是越到后面越精彩。那就以后再讲吧。

又，崔少，安徽潜山人。凯风，本地龙港人。邓公，湖南武冈人。

封箱记

下月要迁出黄龙，往江滨、百里一带租房，顺道拜访夏鼐、瞿禅、西谛、佩弦诸公故居，惶惶然不敢为邻。被一场春雨浇透全身，但丝毫不影响我坐下来喝一杯。一个人心中常怀杯中之物，上无片瓦下无寸土又有何妨。

今日开始理书。只是些平常之书。现在读书条件好，不仅图书馆都能找到，电子版也多得是。除了手头常用的书，私人收藏的书大多似乎已显得不那么紧要。书不多，但真要一箱子一箱子收拾起来，也是颇费力的事。听说《西游记》里有件宝物，叫乾坤袋，又名袋中天，神力无边，可纳万物，现在正用得上。

书无论巨细，不分贵贱，闻而念之，念而购之，全凭缘分。念30年来，所得无多，可谓缘浅。今迁居封箱日近，翻检一过，记上几笔，借以打发无聊。

一、过早结束的春天

1989年春天，到广丰某中学实习，在新华书店购得《财主的儿女们》《日瓦戈医生》。书价不菲，十个大洋。当年秋天毕业，谋食农村某中学，薪水不足九十，故此举堪称豪购。又《书林秋草》一本，仅费资一个大洋，虽不记得所购年份，自当为所存藏书之第一购。30余年追随左右，不嫌不弃，其之忠勇，殊为可嘉矣。

本来箱中还应该有一本赵园先生的《艰难的选择》，查了一下价格，四元出头。为购此书，曾降低烟资，直接由云南的恒大、大重九，调整到芜湖的大江。上海文艺出版社的一套"文艺探索书系"，对年轻人影响很大，我后来陆陆续续都买了，比如《性格组合论》。可惜，赵园先生的这本不知何时弃我而去，现在箱中倒是有本《明清之际士大夫研究》，算是弥补，也见着一点读书人风气的转变。

1989年的春天还算明媚，一个年轻人尚可读到几本不合时宜的书。唯春去夏来，人生的春天也随之结束。犹有一事可记者，在广丰的灯光旱冰场，被一帮贪玩的学生簇拥着，跌跌撞撞学会了滑冰，只是以后再没滑过。

二、从王小波到钱穆

1997年，王小波英年早逝，令人惋惜。箱中《黄金时代》《白银时代》《青铜时代》《思维乐趣》，都是那时候买的，也因此买了奥威尔、杜拉斯、卡尔维诺的书，算是他的忠粉。

那时我在无锡工作，偶然机会读到钱穆先生《八十忆双亲 师友杂忆》，竟然有了要去荡口镇寻访七房桥的念头。后陆续买到他的《中国近三百年学术史》《国史大纲》《先秦诸子系年》诸书，读书兴趣由之大变，开始喜读民国学人的书，尤嗜史学。

西书一途，总的来说读得很失败。一来资质愚钝，悟性有限，读来终究隔膜；二来没有根底，莽撞行事，门都没摸着；三来某些译文毫无章法，不堪卒读，自己又没有能力参照原文，读的后果之严重，就是不会好好说话写文章了。

读钱穆先生的书，锻炼了我的汉语修养，也让我摸到了一点中国人做学问的门径。我还有一本他的《论语新解》，巴蜀书社1985年版，其中讲"学而时习之"的"习"，颇让人豁然开朗。可惜这个版本编辑得不够严谨，有不少错漏之处。

比王小波高明的作家，比钱宾四高明的学者，想必大有人在。我所记者不在高下，而在缘分。又，1997年的书价已涨至两位数，较之八年前翻了四五倍，当然购书人的薪水也涨了。

三、乡贤的书

自25岁离乡，正好把一半的时光辜负在了异地。箱中存了一点乡贤的书，无事翻翻，也是一种寄托。"维桑与梓，必恭敬止。"此之谓也。

陶诗，晏殊词，欧王曾的文章，汤若士的曲，王介甫的事功，陆九渊的心性，都是一等一的，也是学不来的，唯心向往之。义宁陈氏三代，可谓开近代之风气的人物。而近代江右人物风光，又可谓尽收在国垣先生《光宣诗坛点将录》里。清道人和竟无老，大致是一个"有酒学仙"，一个"无酒学佛"。

四、中年仓皇读经

大概2005年起，时兴玩博客，我也辟得一亩三分地，与南蛮、崔少、叶疯、刘憨等一干人，常聚拢唱和，把酒言欢。偶尔也会为了《诗经》里的一束"芭茅"，出言不逊，大打出手。然"霁月光风，终然洒落"。又有贺东山者，闲时不忘过来唱个肥诺。五六年后，时兴QQ、微博，遂作鸟兽散。

此亦一段快意时光。虽谓人到中年，仓皇读经，其实玩得还是很嗨。箱中所藏，多为此时购得。传统意义上的经学，在清末就结束了。我们现在读经讲经，实已归入文史哲三门。

五、缘浅

　　江右之地，与佛缘深，自来士人景从。吾乡欧阳渐，早年在南昌经训书院，从皮锡瑞修习儒业，后因科举废除，乃赴金陵追随皖人杨仁山老，光大刻经处，创立内学院。其于近代佛学之提振，功莫大焉。

　　不佞与佛缘浅，没有耐心读经，估计也读不懂，仅从许理和的《佛教征服中国》、吕澄的《中国佛学源流略讲》中得点常识。箱中一点收藏，无异于叶公好龙。自读舍尔巴茨基的《佛教逻辑》，与佛缘更是渐行渐远。一本厚厚的《大佛顶首楞严经浅释》，乃多年前学生所送，今封箱在即，恍若隔世。

后　记

　　本文集共分五辑。第一辑为近年来公开发表文章或会议论文，收入文集时略有增改。第二辑为未刊稿，其中部分书目由我的硕士研究生张朔、宋剑帮忙整理。第三、四、五辑为读书札记或随感，其中第三辑内容偏于中国典籍，第四辑偏于西方典籍和文艺作品，第五辑则比较杂。今不揣浅陋，拢总收于一册，大致能见着这些年来自己读书思考的轨辙，算是一个纪念。

　　弘一上人近花甲之年曾有一番自述："近来我自己起了一个名字，叫'二一老人'，什么叫'二一老人'呢？记得古人有句诗'一事无成人渐老'，清初吴梅村（伟业）临终的绝命词有'一钱不值何消说'，这两句诗的开头都是'一'，所以我就用来做自己的名字，叫作'二一老人'。"以上人之盛德，此言过谦。若是套在不学如我辈身上，倒也贴切。然双亲健在，又何敢以老自居？只好自名"二不居士"，取为人不江不湖、读书不古不今之意，聊以自慰。古人云：书中自有黄金屋，书中自有颜如玉。这种功利读书的好处，我没有体会。倒是凭着性子找了些书读，得到一点自在与乐趣。这和2005年博客的兴起有关，一帮子朋友因此有了常相唱和的地盘。读书有伴，相互激发，客观上也会督促着人看点书。

　　那时候我对佛学有点兴趣，遂起心动念，想到紧邻南普陀寺的厦门大学游学，结果待了三年，做的却是明末西学东传的研究，有点阴差阳错的意思。游学这件事，还是我的朋友蒋小波帮忙促成的。他是我在南京大学六年的同学，也是那时候博客唱和的主将（博主大名：南蛮缺舌）。我俩在鹭岛重逢，少不了要把酒长谈，秉烛夜游，颇为快意。友人周琰是我在博客上认识的，博主大名"夕岚无住所"。她那时候还在西安工作，我喜欢她翻译的诗歌，偶尔留个言，一来二去，就成了朋友。后来她移居加拿大，在多伦多大学深造，我没少劳烦她帮着买外文书，找外文资料。

　　收入文集里的文章、读书札记、随感，多半是在当年那种无功利的读书氛围中写成的。那段时光，率性，自在，畅快，令人难忘。

图书在版编目（CIP）数据

马略橡树：中西文化论札/金文兵著.—杭州：浙江
大学出版社，2020.6
ISBN 978-7-308-20021-9

Ⅰ．①马… Ⅱ．①金… Ⅲ．①东西文化—比较文化-
研究 Ⅳ．①G04

中国版本图书馆CIP数据核字(2020)第025840号

马略橡树：中西文化论札

责任编辑	牟琳琳
责任校对	杨利军　牟杨茜
封面设计	林智广告
出版发行	浙江大学出版社
	（杭州市天目山路148号　　邮政编码　310007）
	（网址：http://www.zjupress.com）
排　　版	杭州林智广告有限公司
印　　刷	虎彩印艺股份有限公司
开　　本	710mm×1000mm　1/16
印　　张	18
字　　数	234千
版 印 次	2020年6月第1版　2020年6月第1次印刷
书　　号	ISBN 978-7-308-20021-9
定　　价	58.00元